当代世界学术名著 • 哲学系列

对真理与解释的探究

（第二版）

Inquiries into Truth and Interpretation

(Second Edition)

[美]唐纳德·戴维森(Donald Davidson)/著

牟博　江怡/译

中国人民大学出版社

“当代世界学术名著”
出版说明

中华民族历来有海纳百川的宽阔胸怀，她在创造灿烂文明的同时，不断吸纳整个人类文明的精华，滋养、壮大和发展自己。当前，全球化使得人类文明之间的相互交流和影响进一步加强，互动效应更为明显。以世界眼光和开放的视野，引介世界各国的优秀哲学社会科学的前沿成果，服务于我国的社会主义现代化建设，服务于我国的科教兴国战略，是新中国出版工作的优良传统，也是中国当代出版工作者的重要使命。

我社历来注重对国外哲学社会科学成果的译介工作，所出版的“经济科学译丛”、“工商管理经典译丛”等系列译丛受到社会广泛欢迎。这些译丛多侧重于西方经典性教材，本套丛书则旨在迻译国外当代学术名著。所谓“当代”，我们一般指近几十年发表的著作；所谓“名著”，是指这些著作在该领域产生巨大影响并被各类文献反复引用，成为研究者的必读著作。这套丛书拟按学科划分为若干个子系列，经过不断的筛选和积累，将成为当代的“汉译世界学术名著丛书”，成为读书人的精神殿堂。

由于所选著作距今时日较短，未经历史的充分淘洗，加之判断标准的见仁见智，以及我们选择眼光的局限，这项工作肯定难以尽如人意。我们期待着海内外学界积极参与，并对我们的工作提出宝贵的意见和建议。我们深信，经过学界同仁和出版者的共同努力，这套丛书必将日臻完善。

中国人民大学出版社

当代世界学术名著·哲学系列

威里斯和马里昂·斯拉塞哲学教授

迈克尔·达米特
英国，牛津大学
威克汉姆逻辑学教授

约尔根·哈贝马斯
德国，法兰克福大学
杰出哲学教授

露丝·巴坎·马库斯
美国，耶鲁大学
瑞本·波斯特·哈莱克教授，高级研究学者

托马斯·内格尔
美国，纽约大学
大学哲学教授，费奥里罗·拉瓜迪亚法学教授

约翰·R·塞尔
美国，加利福尼亚大学伯克莱分校
米尔斯心灵哲学和语言哲学教授

彼特·F·斯特劳森
英国，牛津大学
维因弗里特形而上哲学教授

希拉里·普特南
美国，哈佛大学

柯根大学教授

H·斯丹迪希·撒耶尔

美国，纽约城市大学城市学院

哲学教授

乔治·亨利·冯·赖特

芬兰，赫尔辛基大学

哲学教授

Contemporary Western Philosophy In Translation

Donald Davidson

Willis S. and Marion Slusser Professor of Philosophy

University of California, Berkeley, USA

Michael Dummett

Wykeham Professor of Logic, Emeritus

Oxford University, UK

Jurgen Habermas

Distinguished Professor of Philosophy

The University of Frankfurt, Germany

Ruth Barcan Marcus

Reuben Post Halleck Professor, Senior Research Scholar

Yale University, USA

Thomas Nagel

University Professor of Philosophy

Fiorello LaGuardia Professor of Law

New York University, USA

John R. Searle

Mills Professor of the Philosophy of Mind and Language

University of California, Berkeley, USA

Peter F. Strawson

Waynflete Professor of Metaphysical Philosophy, Emeritus

Oxford University, UK

Hilary Putnam

Cogan University Professor, Emeritus

Harvard University, USA

H. Standish Thayer

Professor of Philosophy, Emeritus

City College, the City University of New York, USA

Georg Henrik von Wright

Professor of Philosophy, Emeritus

University of Helsinki, Finland

总序一

人类持续关注着哲学的那些基础性和长期有争议的问题，例如关于真理和实在的本性，人类在这个世界中的位置，知识的可能性，理性和经验的作用以及关于伦理的、政治的和美学的价值等的问题。不过，哲学的传统和风格在这个世界的不同文化之间变化极大。我们希望，通过使中国读者能够接触到近50年来某些最重要和最有影响的著作，当代世界学术名著·哲学系列能够有益于国际学术共同体，并且对哲学探究的进步有所贡献。

当然，“西方哲学”（像“东方哲学”一样）是一个非常宽泛和模糊的词，包括了很不相同的传统和探究方式。近50年来，西方传统以下述明显的划分为标志，即所谓的“分析”传统和“大陆”传统——这是一对奇怪的范畴，把一种或一族以方法论为特征的探究方式（即“分析的”）与另一个靠地理位置来区隔的传统（即“大陆的”）相对照。在很大程度上，“分析的”探究方式在英语哲学中，也就是在英国和美国，持续占据主导地位；而“大陆”哲学在大多数欧洲和拉美国家一直保持优势地位。不过，在美国也有很多“大陆”哲学占优势的系科（并且新近的法国哲学在许多文学系有明显的影响），在欧洲和拉丁美洲也有许多能干的逻辑学家和偏向于分析的哲学家。

当然，“分析哲学”和“大陆哲学”本身都是宽泛和模糊的词，它们包括了很不相同的主题和先入之见——这些主题和先入之见在本系列所涉及的过去50年间已经有所改变和演进。在分析传统内，逻辑分析和语言分析起初居于支配地位，并且由于逻辑实证主义的延续性影响，形而上学只是偶尔被小心地加以探讨；但是，目前各种牌号的“自然主义”借助于物理学、认知科学或进化生物学等，已经产生了影响，并且变得相当热门；形而上学已经恢复了它的中心地位：心灵哲学、认识论、科学哲学以及道德哲学和社会哲学，已经不再被简单地视作语言哲学的特殊分支。

类似地，大陆哲学也总是处在演变中。过去50年内，法国哲学逐渐蚕食了50年前由德国哲学所占据的地盘：存在主义在关于人类自由的中心问题上产生了重要的进展，随后它又被结构主义所超越，后者把人类主体看做是既受制于社会结构又产生于社会结构；结构主义反过来又受到“后结构主义”对它所假定的这种结构稳定性的批评。在德国，同一时期见证了法兰克福学派的新马克思主义的演进，从一开头对启蒙理性的批评，到新近关于交往合理性的工作，它一直把关注重点放在使哲学在政治上成为进步的力量。

在这两个传统之间常常充满了敌意。分析哲学家指责他们的大陆同行，其晦涩故作高深，其模糊令人绝望；大陆哲学家则指责他们的分析同行，毫无意义地炫耀技巧和咬文嚼字。但是也有一些哲学家倾向于宽容、兼收并蓄，甚至是和平共处，其中就有明显受古典实用主义传统影响的哲学家——古典实用主义是典型的美国风格的哲学，在时间上它先于分析哲学和大陆哲学的分裂，把逻辑和科学的严格性与对人在真实世界的福祉的关切结合在一起。实际上，皮尔士作为实用主义的奠基人，一方面被蒯因、普特南和我本人所引用，另一方面也被萨特、哈贝马斯甚至是德里达所引用。

很明显，本系列只可能包括过去50年间西方哲学的涉及范围很宽的著作的少许样本。我们选择了原创性著作而不是教科书；我们没有选逻辑学和特殊学科的哲学方面的专门著作，也没有选严格局限于哲学史的著作。在这些限制之下，我们既收入了最初用英语（在美国和英国）出版的著作，也收入了最初用法语或德语出版的著作。除收入来自分析传统和大陆传统的著作之外，本系列还收入了来自哲学的不同领域的著作——这些领域包括形而上学、语言哲学、心灵哲学、认识论、道德哲学、社会哲学和政治哲学。

在完成“把哪些著作选入本系列”这一极其困难的任务时，陈波教授和我极大地受益于来自我们杰出的国际性编委会的意见。（令人十分悲痛的是，我们编委会的两位成员，芬兰赫尔辛基大学的冯·赖特教授和美国加利福尼亚大学伯克莱分校的戴维森教授，在给我们提出他们的建议之后不久，于2003年相继谢世。）对于慷慨地把时间和思想贡献给本系列的所有那些著名的和有学识的哲学家，对于中国人民大学出版社鼓励和支持本系列出版的那些人士，我们表示最由衷的谢意。

苏珊·哈克

2004年4月

总序二

2002年2月初，我作为受美国学术团体理事会、国家科学院、社会科学研究理事会共同资助的CSCC Fellowship（研究员），将赴美国迈阿密大学哲学系，与国际知名的哲学家、逻辑学家苏珊·哈克（Susan Haack）教授合作研究一年。临行前一个月左右，当时的中国人民大学出版社社长王霁教授和我谈到，中国人民大学出版社有意译介当代世界哲学学术名著，希望了解当代哪些西方哲学方面的著作是重要的，并问我能否在美国帮助做这件事。我答应一试，但要求有该社的正式授权。王霁教授同意，于是起草文件，签字盖章。到达美国之后，我与哈克教授谈起此事，她很乐意与我一起为之。于是，从2002年3月份开始，我们联名向美国、英国、德国、澳大利亚、芬兰、巴西六国的16位哲学家发出邀请信，邀请他们参加“当代世界学术名著·哲学系列”的编委会，并向我们推荐他们认为的近50年来最重要的10本西方哲学著作。我们的邀请得到了热烈的回应，约翰·R·塞尔（John R. Searle）说此构想“棒极了”（wonderful），戴维森（David Davidson）的评价是“非常好”（very good）。共12位哲学家接受了我们的邀请，他们分属美国、英国、德国、芬兰、巴西五个国家，多数是当今世界一流甚至是顶尖的哲学家。由于他们大都是国际知名人士，异乎寻常地繁忙，所以推荐单姗姗来迟，到2002年9月3日为止，我们共收到11位编委会成员的推荐信，加上苏珊·哈克本人的推荐单，一共12份。

由于编委会成员除哈贝马斯外，都是英美系的哲学家，所以推荐书目主要侧重在英语哲学，对大陆哲学虽有提及，但数量不多且不集中。编委会人员非常认真、审慎地进行了他们的推荐工作，其中有一位编委是美国俄亥俄大学哲学系主任，他告诉我们，他自己先列出近60本著作，然后在本系教授中间投票，选出最重要的10本，并且投票的结果基本一致。下面的统计结果的计算方法是，凡提到一次的就算一票，尽管有的编委列出的书目不到10本，有的编委列出了恰好10本，而有的编委列出的书目远超过10本。编委们共推荐或提到近50年内的著作107本，不属于这个时间范围但他们认为仍然重要的著作11本，论文3篇。我下面先介绍得票最多的一组，后提及得票次多的一组，至于有人提到但得票不到两张的著作则不予介绍。

下面是得票最多的一组：

1. 维特根斯坦：《哲学研究》（*Philosophical Investigation*，1953）。

提到维特根斯坦的票数是13张，其中《哲学研究》9票，《逻辑哲学论》（1933）、《蓝皮书和棕皮书》（1958）各一票，《论确实性》（1969）2票。

2. 蒯因（W. V. O. Quine）：《语词和对象》（*Word and Object*, 1960）。

提到蒯因的总票数是15张，其中《语词和对象》8票，《从逻辑的观点看》（1953）5票，《本体论的相对性和其他论文》（1969）2票。

3. 斯特劳森（Peter Strawson）：《个体：论描述的形而上学》（*Individuals: An Essay in Descriptive Metaphysics*, 1959）。

提到斯特劳森的总票数是11张，其中《个体：论描述的形而上学》8票，《感觉的界限：论康德的〈纯粹理性批判〉》（1966）1票，《逻辑理论导论》（1952）1票，《怀疑论和自然主义：某些变种》（1985）1票。

4. 罗尔斯（John Rawls）：《正义论》（*A Theory of Justice*, 1971）。

提到约翰·罗尔斯的总票数是9张，全部集中到他的《正义论》一书。

5. 纳尔逊·古德曼（Nelson Goodman）：《事实、虚构和预测》（*Fact, Fiction and Forecast*, 1954）。

提到古德曼的总票数是10张，其中《事实、虚构和预测》7票，《世界构成的方式》（1978）2票，《艺术的语言》1票。

6. 索尔·克里普克（Saul Kripke）：《命名和必然性》（*Naming and Necessity*, 1972）。

提到克里普克的总票数是8张，其中《命名和必然性》6票，《维特根斯坦论规则和私人语言》（1982）2票。

7. 伊丽莎白·安斯康姆（G. E. M. Anscombe）：《意向》（*Intention*, 1957）。

提到安斯康姆的总票数是8张，其中《意向》6票，《哲学论文集》1票，《形而上学和心灵哲学》1票。

8. 奥斯汀（J. L. Austin）：《如何以言行事》（*How to do Things with Words*, 1962）。

提到奥斯汀的总票数是7张，其中《如何以言行事》5票，《感觉和可感觉的》1票，《哲学论文集》1票。

9. 托马斯·库恩（Thomas Kuhn）：《科学革命的结构》（*The Structure of Scientific Revolution*，1970）。

提到库恩的总票数是5张，全部集中在《科学革命的结构》。

10. 达米特（M. Dummett）：《形而上学的逻辑基础》（*The Logical Basis of Metaphysics*，1991）。

提到达米特的总票数是8张，其中《形而上学的逻辑基础》3票，《弗雷格：语言哲学》2票，《弗雷格：数学哲学》1票，《真理和其他之谜》（1978）1票。

11. 普特南（Hilary Putnam）：《实在论的多副面孔》（*The Many Faces of Realism*，1987）。

提到普特南的总票数是8张，其中《实在论的多副面孔》3票，《实在论和理性》2票，《哲学论文集》2票，《意义和道德科学》（1971）1票。

12. 福柯（Michel Foucault）：《词与物——人文科学的考古学》（英译本书名为 *The Order of Things: An Archaeology of the Human Sciences*，1966）。

提到福柯的总票数是5张，其中《词与物——人文科学的考古学》2票；《知识的考古学》（*An Archaeology of Knowledge*，1969）1票；《训诫和惩罚——监狱的诞生》（*Discipline and Punishment*，1975）2票。

下面是得票次多的一组：

1. 托马斯·内格尔（Thomas Nagel）：获得提名票4张，全部集中在《无源之见》（*The View From Nowhere*，1986）。

2. 诺齐克（Robert Nozick）：获得提名票4张，全部集中在《无政府、国家和乌托邦》（*Anarchy, State and Utopia*，1974）。

3. 黑尔（R. M. Hare）：获得提名票4张，《道德语言》（*The*

Language of Morals，1952）和《自由和理性》（*Freedom and Reason*，1963）各2票。

4. 塞尔（John R. Searle）：获得提名票5张，其中《言语行为》（*Speech Acts*，1969）1票，《意向性》（*Intentionality*，1982）2票，《心灵的再发现》（*The Rediscovery of the Mind*，1992）2票。

5. 威廉姆斯（Bernard Williams）：获得提名票4张，其中《伦理学和哲学的限度》（*Ethics and the Limits of Philosophy*，1986）2票，《笛卡尔》（*Descartes：The Project of Pure Enquiry*，1978）1票，《道德运气》（*Moral Luck：Philosophical Papers 1973—1980*，1982）1票。

6. 卡尔·波普尔（Karl Popper）：获得提名票4张，其中《猜测与反驳》（*Conjecture and Refutation*，1963）1票，《发现的逻辑》（*Logik der Forschung*，1934）2票，《开放社会及其敌人》（*Open Society and Its Enemy*，1945）1票，但后两本不属于过去50年内的著作。

7. 赖尔（Gilbert Ryle）：获得提名票3张，全部集中在《心的概念》（*The Concept of Mind*，1949）。

8. 戴维森（Danold Davidson）：获得提名票3张，其中《行动和事件论文集》（*Essays on Action and Event*，1980）2票；《对真理和解释的探究》（*Inquiries into Truth and Interpretation*，1984）1票。

9. 麦克道威尔（John Mcdowell）：获得提名票3张，全部集中在《心灵与世界》（*Mind and World*，1994），其中2票分别来自斯特劳森和普特南。

10. 丹尼特（Daniel C. Donnett）：获得提名票3张，其中《被解释的意识》（*Consciousness explained*，1991）2票，《意向态度》（*The Intentional Stance*，1987）1票。

11. 阿姆斯特朗（D. M. Armstrong）：获得提名票2张，《心灵的唯物主义理论》（*Materialist Theory of the Mind*，1993）和《可能性的组合理论》（*A Combinatorial Theory of Possibility*，1989）各1票。

12. 哈贝马斯（Jurgen Habermas）：获得提名票3张，其中《交往行动理论》(*Theory of Communicative Action*，1981) 2 票，《在事实与规范之间——关于法律和民主法治国的商谈理论》(*Between Facts and Norm*，1992) 1 票。

13. 德里达 (Jacques Derrida)：获得提名票 3 张，《言语和现象》(*La Voix et le Phenomene*，1967)，《论文字学》(*De La Grammatologie*，1967) 和《胡塞尔的"几何学起源"：导论》(*introduction a "L'origine de la Geometrie" par Edmund Husserl*，1962) 各 1 票。

14. 利科 (Paul Ricoeur)：获得提名票 3 张，其中《自由和本性》(*Freedom and Nature*，1950) 1 票，《隐喻的规则》(*Le Metaphore Vive*，1975) 2 票。

15. 乔姆斯基 (J. Chomsky)：获得提名票 2 张，《句法结构》(*Syntactic Structure*，1957) 和《笛卡尔主义语言学》(*Cartesian Linguistics*，1966) 各 1 票。

16. 帕菲特 (Derek Parfit)：获得提名票 2 张，集中在《理性和人格》(*Reasons and Persons*，1984)。

17. 苏珊·哈克 (Susan Haack)：获得提名票 2 张，集中在《证据与探究——走向认识论的重构》(*Evidence and Inquiry: Towards Reconstruction in Epistemology*，1993)。

18. 哈特 (Herbert Hart)：获得提名票 2 张，《法律的概念》(*The Concept of Law*，1997) 和《惩罚和责任》(*Punishment and Responsibility*，1968) 各 1 票。

19. 德沃金 (Ronald Dworkin)：获得提名票 2 张，《严肃地对待权利》(*Taking Rights Seriously*，1978) 和《法律王国》(*Law's Empire*，1988) 各 1 票。

哈贝马斯推荐了三本德国哲学著作：霍奈特 (Axel Honneth) 的《为获得承认而斗争——社会冲突的道德文法》(*Kampf um Anerkennung*，1992)，弗斯特 (Rainer Forst) 的《正义的语境》(*Kontexte der Cerechtigkeit*，1994)，施内德尔巴赫 (Herbert Schnadelbach) 的《黑格

尔法哲学评论》（*Kommentor zu Hegels Rechtephilosophie*，2001）。

值得注意的是，声名显赫的理查德·罗蒂（Richard Rorty）仅获得1票，有一人提到他的《哲学和自然之镜》（1979），提到戴维森的也只有3票。耐人寻味。

苏珊·哈克和我将从以上所列书目中，挑选出一组重要的、尚未译成中文、并且能够买到中文版权的书，组织译者翻译，由中国人民大学出版社于近年内出版。

陈　波

2004年4月

谨以此书献给W. V. 蒯因：

没有他，本书无以问世

目　录

应　用

彻底的解释

语言与实在

字面意义的限度

论文出处

Essay 1, "Theories of Meaning and Learnable Languages", was read at the 1964 International Congress for Logic, Methodology, and Philosophy of Science at the Hebrew University of Jerusalem. It was subsequently published in the Proceedings of that congress in a volume edited by Yehoshua Bar-Hillel and published by North-Holland Publishing Company, Amsterdam, 1965. It is reprinted here with the permission of the publishers.

An earlier version of Essay 2,

"Truth and Meaning", was read at the Eastern Division meeting of the American Philosophical Association in December 1966. The main theme traces back to a paper delivered at the Pacific Division in 1962. The present essay owes much to John Wallace with whom I discussed these matters from 1962 onward. My research was supported by the National Science Foundation. The paper was first published in *Synthèse*, 17 (1967), 304－323. Copyright © 1967 by D. Reidel Publishing Company, Dordrecht-Holland, and reprinted by permission of D. Reidel Publishing Company.

Essay 3, "True to the Facts", was first presented at a symposium on Truth in December 1969 at a meeting of the Eastern Division of the American Philosophical Association. The other symposiast was James F. Thomson. The paper first appeared in the *Journal of Philosophy*, 66 (1969), 748－764, and is printed here with the permission of the editors.

"Semantics for Natural Languages", Essay 4, was read at a symposium organized by the Olivetti Company in honour of its founder, and held in Milan in October 1968. The proceedings were published in *Linguaggi nella Società e nella Tecnica*, Edizioni di Comunità, Milan, 1970.

Essay 5, "In Defence of Convention T", was read at a conference on Alternative Semantics held at Temple University in December 1970, and was published in *Truth*, *Syntax and Modality* (the title *Truth Valued*, suggested by Dana Scott, was unfortunately rejected). The book was edited by Hugues Leblanc and published by North-Holland Publishing Company, 1973. It is reprinted here by permission of the publishers.

The next Essay, number 6, "Quotation", was published in a

special issue of *Theory and Decision* on Language Theory edited by H. L. Berghel (*Theory and Decision*, 11 (1979), 27–40). Copyright © 1979 by D. Reidel Publishing Company, Dordrecht-Holland, Reprinted by permission of D. Reidel Publishing Company.

"On Saying That", which is Essay 7, was published in a double issue of *Synthèse* devoted to the work of W. V. Quine (*Synthèse*, 19 (1968—1969), 130–146). It was subsequently published in *Words and Objections*, *Essays on the Work of W. V. Quine*, edited by D. Davidson and J. Hintikka, D. Reidel, 1969, pp. 158–174 (revised edition, 1975). Copyright © 1969 by D. Reidel Publishing Company, Dordrecht-Holland. Reprinted by permission of D. Reidel Publishing Company. Quine's reply to this essay is on pages 333–335 of *Words and Objections*.

Essay 8, "Moods and Performances", was read at the second Jerusalem Philosophical Encounter, held in Israel in April 1976, and was commented on by W. V. Quine. It was published in *Meaning and Use*, edited by A. Margalit, D. Reidel Publishing Company, Dordrecht-Holland, 1979.

"Radical Interpretation", Essay 9, was read at a colloquium on Philosophical Problems of Language in Biel, Switzerland, in May 1973, and in another version at a conference on Language and Meaning at Cumberland Lodge, Great Park, Windsor in November of that year. It was published in *Dialectica*, 27 (1973), 313–328, and is reprinted here with the permission of the editor, H. Lauener.

Essay 10 on "Belief and the Basis of Meaning" was prepared for a conference on Language, Intentionality, and Translation Theory held at the University of Connecticut in March 1973, and was published in a double issue of *Synthèse* edited by J. G. Troyer and

S. C. Wheeler Ⅲ (*Synthèse*, 27 (1974), 309–323). This issue also contains valuable comments by W. V. Quine (325–329) and David Lewis (331–344) and my replies (345–349). David Lewis's reply has the title "Radical Interpretation". Copyright © 1974 by D. Reidel
xi Publishing Company, Dordrecht-Holland. Reprinted by permission of D. Reidel Publishing Company.

Essay 11, "Thought and Talk", was a 1974 Wolfson College lecture, and was published in *Mind and Language*, edited by Samuel Guttenplan, © Oxford University Press, 1975. It is reprinted here with the permission of Oxford University Press on behalf of Wolfson College.

In June 1974 John Foster read a paper, "Meaning and Truth Theory", to the Oxford Philosophical Society, and Essay 12, "Reply to Foster", is my reply to the parts of his paper that concerned my work. Foster's paper and my response were published in *Truth and Meaning: Essays in Semantics*, edited by Gareth Evans and John McDowell, © Oxford University Press, 1976. My paper is reprinted here with the permission of the Oxford University Press.

Essay 13, "On the Very Idea of a Conceptual Scheme", was slow to reach its present form. The sixth and last of my John Locke lectures, titled "Invariants of Translation", was an early draft, delivered in Trinity Term, 1970, at Oxford. In January of the next year I gave two lectures on Alternative Conceptual Schemes at the University of London which contained much of what is in the present essay. The material was distilled down to almost final form for my presidential address to the Eastern Meeting of the American Philosophical Association in Atlanta, 28 December 1973. After that, but before publication, I gave a closely related talk, "The Third Dogma of Empiricism", to the Philosophical Society at Oxford. The discussion was opened by W. V. Quine, and his comments helped me write the final draft. Some later fall-out from that discussion will be found in Quine's "On the Very Idea of a Third Dogma". My paper was published in the *Proceedings and Addresses of the American Philosophical Association*, 47 (1974), and is reprinted here with the permission of the Association.

Essay 14, "The Method of Truth in Metaphysics", was first published in *Midwest Studies in Philosophy*, *2*: *Studies in the Philosophy of Language*, edited by P. A. French, T. E. Uehling, Jr., and H. K. Wettstein, The University of Minnesota, Morris, 1977. To my great profit, Gilbert Harman and W. V. Quine commented on earlier versions.

Essay 15, "Reality Without Reference", was first given in different form at a Semantics and Linguistics Workshop at the University of Western Ontario, London, Ontario in April 1972. Criticisms and suggestions followed, and changed, the paper over the years. It xii
was first published in *Dialectica*, 31 (1977), 247-253, and is reprinted here with the permission of the editor.

"The Inscrutability of Reference", Essay 16, was written for a special issue of *The Southwestern Journal of Philosophy* devoted to the work of W. V. Quine, but I missed the deadline and the paper appeared in a later issue, *The Southwestern Journal of Philosophy*, 10 (1979), 7-19. It is reprinted here with permission of the Journal. Quine replied to my paper along with others in "Replies to the Eleven Essays", *Philosophical Topics*, 11 (1981), 242-243.

Essay 17, "What Metaphors Mean", was read at a conference on metaphor at the University of Chicago in February 1978. It was first published in *Critical Inquiry*, 5 (1978), 31-47; © 1978 by Donald Davidson. The extract from "The Hippopotamus" on p. 256 is from *Collected Poems 1909—1962* by T. S. Eliot, copyright 1936 by Faber and Faber and Harcourt Brace Jovanovich, Inc.; copyright © 1963, 1964 by T. S. Eliot. It is reprinted by permission of the publishers. In a subsequent issue of the same journal, Nelson Goodman and Max Black responded to my piece. Neither found much to agree with in what I had written. (Nelson Goodman, "Metaphor as Moonlighting", *Critical Inquiry*, 6 (1979), 125-130 and Max Black, "How Metaphors Work: A Reply to Donald Davidson", *Critical Inquiry*, 6 (1979), 131-143.)

The last essay, Essay 18, on "Communication and Convention", was read at the first Campinas Encounter in the Philosophy of Language at the Universidade Estadual de Campinas in August 1981. It was published in *Synthese* 59 (1984) 3-17.

The Appendix to Essay 10 contains my replies to David Lewis's and W. V. Quine's comments on that essay. See the provenance of Essay 10 for details.

第二版序言

我在本版中增添了我对蒯因（W. V. Quine）就所宣读的论文10所做评论和戴维·刘易斯（David Lewis）就同一论题所做评论的答复。蒯因在听到宣读这篇论文之前没有阅读过它，而刘易斯仅知道这篇论文主题。我对我的答复做了编辑加工以便表示出评论内容中他们所针对的问题所在。全书［第一版］中的印刷错误均已更正。但在第299页上我更正了一个真正的错误。这个错误是由牟博（Bo Mou）在将该文翻译成中文时发现的。据我所知，我的这个错误尚未被此前将该文翻译 xiii

成其他（七种）语言的译者所注意到。原有论文在其他方面没有改变。依安·哈金（Ian Hacking）在《纽约书评》中给予本书一个精彩的送别式书评；当然，该书也引发相当多批评。据悉一个朋友说过，本书中的观点使英语国家哲学倒退十年；而弗瑞狄·艾耶尔（Freddie Ayer）十分愤怒，以至于他在对另外一位作者就不相关论题的一本书所撰写的书评中对本书的影响加以广泛抨击。书中很多观点在一方面或另一方面依然是有争议的或名声不佳，而我本人对这些观点中的某些观点要么业已放弃、要么加以修饰。我不仅从同道者（其中一些人改进或扩展了我的思路）那里，而且从我的批评者那里学到很多东西。我向大家表示感谢。

（牟博　译）

导　论

语词具有它们所具有的意义，这是怎么一回事？在收集于本书的论文中，我探索这样一种看法，即，如果我们知道如何建构一种满足下述两种要求的理论，我们便会对上述问题予以回答：该理论会对一个说话者或一组说话者的所有（实际的和潜在的）话语提出一种解释；它会在不知道说话者的具体命题态度的情况下可证实的。第一个条件承认语言理解的整体性。第二个条件旨在防止将那些与意义概念过于类似的概念贩入该理论之基础。无法将一种未满足这两个条件的理论说成是以一 xv

种哲学上有教益的方式回答了我们在开头提出的问题。

头五篇论文主要关注于怎样一种理论会满足第一个条件这一问题。

论文 1（《意义理论与可学会的语言》）极力主张，如果一种令人满意的理论要证明对于一个具备有限能力的人是有用的，那么，它就必须在有待解释的言语现象中发现有限的基本词汇。如果情况如此，那么，就不可避免地需要将潜在无限多的语句之语义特征归之于有限词汇的语义特征。结果表明，一些为人们所熟悉的理论不满足这一条件：弗雷格对含混语境的分析、丘奇关于含义与所指的逻辑、塔尔斯基对引语的非形式化处理便是例子。关于状语修饰语的标准理论很可能也在此列。

论文 2（《真理与意义》）所要论证的是：一种按照塔尔斯基真理定义的思路、但以不同方式加以修饰以便应用于自然语言的真理理论对于解释者开展［意义解释］工作是足够的了。这样的理论具备明显优点。它们没有将意义用做实体；没有引入对象来对应于谓词或语
xvi 句；并且，从有限的公理，可以为有待解释的语言中的每个语句来证明一个为该语句陈述真值条件的定理。进而言之，对这样一个定理的证明相当于对于该语句的真或假如何依赖于它从有限词汇构造而成的方式做出一个分析。倘若这样的理论的确真正满足在第一段落中所列的两个条件，那么我们便可以严肃看待“意义理论”这一词组中的“理论”二字。

真理理论能够承担意义理论的职责这一论断受到很多异议。我在本书中的其他论文里试图回答其中某些异议。但是，无论这一论断是否能够成立，在《真理与意义》一文中对该论断的一些论证是有毛病的。读者会发现，当我试图改进这一核心论点或对之加以澄清时，我不止一次地改变论证立场。我仅仅逐渐地才认识到的一点是：尽管塔尔斯基想要通过求助于意义概念（在意义相同性或翻译概念的掩饰下）来分析真理概念，我则在心目中持有相反的意图。我认为真理概

念是最重要的初始概念，希望通过详细说明其结构而把握意义。这些评论是**关于**真理理论的评论，当然并非可以在真理理论当中可以找到的评论。

我逐渐领悟到的另外一点是：既然我将真理理论视为经验理论，其公理和定理不得不视为定律。所以，一个诸如"'Schnee ist weiss'在一个德语说话者嘴里说出是真的当且仅当雪是白的"的定理不仅必须视为真，而且必须视为能够支持反事实论断。的确，假定对这一定律（如果它确是一定律）的证据最终依赖于在说话者与世界之间的某些因果关系，人们可以说"Schnee ist weiss"是真的当且仅当雪是白的这一点并非偶然；正是雪的白色性质**使得**"Schnee ist weiss"为真。我认为，这在多大程度上对内涵性（intensionality）做出让步依赖于人们对定律概念的分析。看来清楚的是，无论做出什么样的让步，那是对于任何经验科学都必须做出的让步。这些问题在论文 12 中加以讨论。

论文 3（《对事实为真》）探询是否一种塔尔斯基式的真理理论应当被称为符合论。这样的理论并不像大多数符合论那样通过找到真语句对之符合的实体（如事实）来解释真。有（可以追溯到弗雷格那里的）充足理由来拒斥作为实体的事实可以发挥这种作用。另一方面，这里所考虑的那种真理理论确实要求对于实体与表达式之间的关系 xvii
（"满足"关系）加以表征。难以看到的是，倘若这种理论所处理的语言具备通常量化资源，一种对真理概念的令人满意的处理方式如何能够逃脱这一步。

论文 4（《自然语言的语义学》）极力主张真理理论能够对自然语言提供一种与自从乔姆斯基以来的语言学家所偏爱的那种形式句法相匹配的形式语义学。当撰写这篇论文时，句法的深层结构被认为是语义解释的载体。论文 4 提出一个语句的深层结构应当符合真理理论赋予该语句的逻辑形式。

论文 5 所辩护的塔尔斯基约定 T 是比照人们对真理概念的前理

论理解来检验真理理论的一种非形式化但强有力的工具。在其最直接应用中，这种检验方法仅仅要求我们意识到真理谓词的去引号（dis-quotational）特征；诸如“‘雪是白的’在英语中为真当且仅当雪是白的”这样的语句无关紧要地为真。既然这样的全部语句为英语唯一地确定真理谓词之外延，一种蕴涵所有这样语句的理论必定是在外延上正确的。批评者经常错误地这样认为：既然这些表明一种理论为正确的定理是无关紧要的，因此这种理论或它所表征的真理概念也必定是无关紧要的。

一种真理理论仅仅在它能胜任对一个说话者的所有语言资源做出说明的情况下才会用于解释该说话者。但是，一种满足约定 T 的理论对于自然语言是适当的吗？这里有两个问题。一个问题是：在关于该理论的语言中使得或考虑哪些理论手段是可用的；另外一个问题是：如何将这些手段应用于说话者的语言。我以往的工作假设是这样：只有标准的一阶量化理论是可用的。的确，长期以来，我确信很多对于语义学的可供替代的处理方式（譬如说，使用模态逻辑、可能世界语义学或替换性量化）不能为满足约定 T 的理论所容纳。我现在认识到，这一结论是草率的。约定 T 并未像我原来所认为的那样解决那么多问题，有趣的理论探究之可能性比我原来所意识到的更为广泛。不过，一阶量化理论的众所周知的优点依然在很大程度上促使我们探索究竟能够运用它来开展多少工作。在接下来的三篇收集在标
xviii 题为“应用”的论文中，我尝试对于下述三种彼此相关但又难以处理的语言成分做出语义处理，即引语、间接话语和模态算子。

论文 6 指出，没有如何一种现成的引语理论是令人满意的；它提出一种明确的示范性处理方式，这种处理方式把引语作为语词对言语环境中的其他语词的示范性指称的一种特例。

论文 7（《论说出（that）》）专注于讨论用于归属态度的诸多种类语句之一，所提出的准策略性解决方案与论文 6 对引语的处理方式有明显的密切联系。在论文 3 中，有关于这种分析如何能够扩展到信念

语句的若干暗示（我认为这些暗示可以进一步发展）。倘若采取这种策略，它也许可用来对模态、对反事实语句并进一步对关于“命题”态度的语句给出其语义解释（尽管并非其逻辑）。

论文 8（《语气和履行》）强调经常被忽略的在一方面语法上的语气与另一方面各种不同的以言行事的语力这两者之间的区别。只有前者关注关于语词意义的理论。一种关于祈使词的准策略性分析在这里提出；这种分析旨在容纳我们这样一种自然的看法，即祈使词不具有真值但依然构成真理理论之资源。

在本卷的姐妹卷《论行动与事件》（*Essays on Actions and Events*）中，我表明真理理论如何能够应用于若干进一步的困难事例：关于行动和其他事件的语句，副词修饰语，以及单称因果陈述。

本书第三部分讨论这样一个问题：就一个说话者而论，真理理论是否能够在没有假设过多所要描述的内容的情况下加以确证。

在《彻底的解释》（即论文 9）中（如同在其余论文中那样），我赞同蒯因做出这样的假定：即使我们将注意力限于那些显示一个说话者何时并在怎样的条件下对一个语句予以信任的话语行为，并不存在一种直接的方式来整理信念与意义在说明该信任时所发挥的作用。引出对信念和意义分别的说明要求这样一种理论：它能够提供进一步资料影响对每个语句及其所伴随的态度所做出的解释。只有通过研究赞同语句之**范型**我们才能确定意义和信念。

在不求助于理论的情况下依赖那种并未在信念和意义对语言行为的贡献之间做出区别的证据，这要求一种在某种足以交流的程度上对 xix
上述两者进行分离的方法。本篇论文对达到这一目的之若干手段做了描述和辩护。但是，所有这些手段均以某种方式有赖于宽容原则。

“宽容原则”这一词组及其基本看法来自威尔逊（Neil Wilson）的论文《无基质之物质》（Substance Without Substrata）。蒯因以这种方式表达之：“……表面上看惊人地假的论断很可能起因于隐藏着的语言差别”（《语词和对象》[*Word and Object*]，第 59 页）。蒯因将该原则主要运用于对逻辑常项的解释。

因为我感到我无法将蒯因关于刺激意义的概念用做解释某些语句的基础，我全面运用宽容原则。在如此运用的情况下，宽容原则建议我们一般来说选择最大限度地减少分歧的解释理论。所以，我在早期论文中常常讨论这一问题，打算强调求助于宽容的不可避免性。但是，最大限度地减少分歧，或者说最大限度地保持意见一致，这是一个被混淆了的理想。解释的目的不是保持意见一致而是理解。我的论点始终是这样一种看法：只有通过以促成正确种类的意见一致的方式来解释才能保证理解。可是，“正确种类”正如说出究竟什么东西构成对持有某一特定信念的充分理由一样难以明确规定。

对宽容原则的微妙压力在论文 10 和论文 11 中开始出现。然而在此仅仅是暗示，我试图在目前正在撰写的论文中更详细地展开对这一问题的讨论。

论文 10（《信念与意义的基础》）坚持信念和意义在探索话语行为时的对称性。它在一个重要方面进一步展开。它开展对贝耶斯决定论与意义理论之间显著的平行关系的研究，并且对于这两种理论为什么应当被认为是相互依赖的给出理由。这里暗示一种关于言语和行动的统一理论，这个问题在以下论文中加以讨论。

在论文 10 的附录中，我表示在若干论点上赞同戴维·刘易斯的看法。应当对宽容原则按照在我前面对论文 9 的评论中所提出的方式加以修饰。宽容促使解释者最大限度地容纳说话者的可理解性而非信念的相同性。正如刘易斯所说，这一点所蕴涵的是：解释必须考虑由于所处的糟糕位置、有缺陷的感觉器官和背景知识的差异所造成的可能错误。他的下述说法也是正确的：一个解释实际上应当说明所观察
xx 到的非话语行为，并因此根据后者加以核查。我并不认为这证明了我所依赖的证据基础在理论上是不适当的。不过，我同意它可能会是不适当的。正如人们会期盼的，蒯因和我就此的看法是相当一致的。不过，我们在看法上的差别出现在如何认识在逻辑中和在对理论语句的

解释中可能的不确定性之程度；我的看法是这样：量化结构可以在早期阶段查明；我对一种关于翻译的语义理论的偏好使得限制条件严格。

头两篇讨论彻底解释的论文强调这样一个事实：对一个说话者之语词的理解要求具备很多关于其信念的知识。论文 11（《思想与言谈》）所关注的是两者的互惠依赖性；其相当思辨的结论是：只有具备语言的动物才能恰当地被说成是具有关于命题态度的成熟图式。

如上所论，论文 12（《对福斯特的答复》）认识到，如果真理理论足以用于解释，它必定是不仅仅为真：其公理和定理必定是自然律。倘若一个解释者知道这样一种理论，他便能够用它来理解说话者，但是这仅仅在他认识到该理论的宣示是名义上的情况下才会如此。

随后四篇论文可以被描述为这里推荐的那种对真理概念和解释的处理路数的哲学后果。

一种真理理论可以在论文 3 的那种非假定含义上被称为符合论，但是，那种含义并没有怂恿这样一种想法，即我们理解将语句与其所谈论的东西相比较会是怎样一回事，因为该理论并没有提供语句与之相比较的实体。沿着相关的路数，论文 13（《论概念图式这一观念》）考察这样一类论断的可理解性，即不同的语言或概念图式以在重要方面不同的方式“划分”或“处理”现实。我们的关于解释的一般方法预先阻止了发现他人具有彻底不同的理智装备的可能性。但是，更为重要的是对这样一点提出论证：倘若我们拒斥未被解释的证据来源这一想法，图式与内容的二元论便没有存在的余地。而没有这样一种二元论，我们便无法讲得通概念相对主义。这并不意味着我们必须放弃存在一个独立于我们关于其知识的客观世界这一看法。反对概念相对主义的这一论证表明了这样一点：语言并不是我们关于世界的知识必须穿过的一道屏幕或一个过滤器。

放弃图式与内容的二元论相当于抛弃经验主义在其主要历史发展 xxi

形态中的一个核心主题。但是，我并不认为我的论证像有些朋友和批评者所认为的那样使我（或应当使我）沦为一个实用论者、超验观念论者或“内在”实在论者。所有这些立场都是我感到像我所抨击的经验主义一样难以理解的相对主义之表现形式。

根据论文13，不同语言的概念资源存在巨大差异这一看法是无法讲得通的。促成这一结论的论证同样促成这样一种结论：我们对世界看法的一般性概述是正确的；我们可能个别地和共同地出错，但是这仅仅在我们在绝大多数方面是正确的这一条件的情况下才能成立。因此，当我们研究我们的语言（任何语言）对总体本体论的要求时，我们不仅仅是在巡视我们自己对事物的描述：我们当做存在的东西差不多便是所存在的东西。这是论文14（《形而上学中的真理方法》）的主题。

一种真理理论通过那些陈述语句为真条件的定理来检验，而这些定理并没有论及指称。因此，论文15（《无指称的实在》）主张，只要不影响到为真条件，一种真理理论如何将非语句的表达式映射到对象这一点是无关紧要的。某一特定语句论及怎样的对象这一问题，就像一个词项指称怎样的对象或一个谓词对那些对象成立这些问题一样，没有答案。

在论文15中，我赞同蒯因认为指称是不可理喻的。论文16（《指称的不可理喻性》）告诫不要把不可理喻性当做试图以某种方式将单称词项和谓词的指称与本体论相对化的理由。这是因为，既然没有东西可显示一个说话者的语词是如何被映射到对象上的，那么也就没有任何东西可对之相对化；在没有影响到解释的情况下，没有必要去相对化。

任何对于意义理论的讨论都不能不考虑到对这样的理论进行应用的界限。应用范围必须宽广到为语言如何能够用于我们的无穷无尽的目的提出一种见识，但也要受到足够限制以便能够对之进行认真的系统处理。论文8通过区分语法上的语气（甚至最平庸的理论都必须对之做出说明）与（在可比较的理论构造所涉及的范围之外）话语语力而采取了必要一步。论文 17（《隐喻的含义》）主要致力于讨论这样 xxii
一个论题：我们只有通过认为隐喻中语词具有它们在非比喻语境中的相同含义来说明它们在隐喻中的含义。倘若我们设定隐喻意义，那么，我们便会不仅排除掉提出负责任理论的全部希望，而且会丧失我们对隐喻做出说明的能力。

论文 18（《交流与约定》）划出另外一条界限。一名解释者用于解释其所碰到的语言现象的理论会如何富有成效地工作，这始终是一个开放的问题。一名解释者在其实践中通过在现场调整其理论来使对话得以进行。关于这类有创意的容纳调整的原则本身不可还原到理论，其所实际涉及的工作正是我们在进行理论构造时所用到的技能。

我对本书中的论文做了微小调整以便减少重复、去除不必要或搞混了的段落或将早期想法与后期想法调为一致。这些调整限于无关紧要的内容。凡是我的错误或疏忽业已引起注意的地方，我没做改动或在脚注中标示改动。

有比我在此能够致谢的那些人更多的人曾帮助过我，但是我想要特别地提到格赖斯（Paul Grice）、哈尔曼（Gilbert Harman）、克里普克（Saul Kripke）、刘易斯、罗蒂（Richard Rorty）、斯特劳森（Sir Peter Strawson）和沃玛岑（Bruce Vermazen）。拉森（Sue Larson）和比尔格拉米（Akeel Bilgrami）对脚注、文献和索引做了必不可少的工作；他们的帮助大大超出这方面的工作，他们给予我哲学上的劝告和道义上的支持。拉森教给我很多关于语言哲学的东西，她对论文 8 和论文 18 的影响尤其强。

1970 年，我在牛津做了约翰·洛克讲座讲演。这些讲演的讲稿转变为（业已经过很多修改）这里的论文 2、3、6、7 和 13。一篇讨论状语修饰的进一步讲演有赖于现在载于《论行动与事件》一书论文 6 至 11 中的材料。

对我思想过程产生早期影响的一个人是达米特（Michael Dummett)；当我 50 年代在斯坦福大学时，他在那里做过几次关于弗雷格和语言哲学的讲演。当我 1974 年作为 All Souls 学院访问研究员与他共同主持关于真理概念的讨论班时，我们的讨论采取了公共讨论的形式。

多年来，瓦拉斯（John Wallace）和我就本书中提出的问题有过不计其数的谈话。他很早就欣赏塔尔斯基关于真理概念的工作所具有的力量，我论文中的诸多内容反映着他的见识和同情性批评。

蒯因在我人生关键阶段是我的老师。他不仅使我开始思考语言，
xxiii 而且他是给予我下述看法的第一个人：在哲学中具有诸如正确看法（或至少错误看法）这样一种东西；哪种看法正确这个问题至关重要。要不是他的著作所产生的激励作用、他的耐心教诲、他友好的机智才思和他的慷慨鼓励，本书便不会像其目前这样。的确如此。

（牟博　译）

真理与意义

论文 1　意义理论与可学会的语言（1965 年）

哲学家们总是喜欢对一种语言必须具有的属性说三道四，不管它是否原则上一定是可以学会的。这些说法的作用通常是被用做加强或削弱某个哲学主张，无论是认识论的、形而上学的、本体论的还是伦理学的。但只要这些论证是可行的，它们就必定对概念构成的经验科学具有意义，只要说出经验之物的限度为何物就行。 3

通常所论断或蕴涵的是这样一种说法：纯粹先天的考虑可以用来确定语言学习机制的特征或阶段；这种说法是很可疑的。在本文的第一部分，我要考察这种立场的一个典型案例，试图区分出什么是可以接受的和什么是无法接受的。与关于我们如何学习语言的不可靠直觉相反，我提出在我看来清楚地表明为一种可学会语言的必要特征：它必定可以给出对这种语言中的句子意义的一种构造性说明。我把这种说明就称做这种语言的意义理论，而且我认为，如果一种意义理论与这个条件相冲突，无论它是由哲学家、语言学家还是由心理学家提出来的，它都无法作为一种关于自然语言的理论；如果它忽略了这个条件，它就没有讨论语言概念中的核心内容。不过，我在本文第二部分试图表明，目前许多意义理论要么是与可学会的这个条件相冲突，要么就是忽略了这个条件。

一

我们先是学习一些名称和谓词，把它们用于在意义和兴趣上更为重要的普通大小的可靠的或适合的物理对象；学习是通过涉及实指的条件过程发生的。接下来是学习复杂的谓词和单称词，它们所指的对象并不一定被看到，或者是由于大小、时间、衰老或不存在因而永远都看不见。然后是学习理论术语，学习它们或许是通过“意义公设”或凭借确定于恰当的科学话语。在这场游戏最初的某个地方产生了从词到句子的跳跃，虽然我们对这个跳跃是如何产生的并不明朗，但这个转换却是因为存在一个词的句子而变得模糊不清的：“妈妈”、“火”、“板子”、“砖”、“嘎瓦盖”（Gavagai）等等。

由此，我们以简单夸张的方式就得到了关于语言学习的堆积木理论，这是在拙劣地模仿经验主义的认识论。

这个理论如今在细节上已经受到了怀疑。首先，没有明显的理由可以认为，学习的顺序是与认识论上的先在性相关的。其次，其中的某些说法似乎与经验相悖：例如，一个孩子是以某种对所有的讲述者来说可以是统一的方式来学习“猫”、“骆驼”、“乳齿象”、“独角兽”

这样的全称词的（也许是通过一页一页地翻看图画书），虽然这个孩子与这些词的外延有着完全不同的关系。在某些情况中，语言学习的顺序据说是与认识论的顺序相反的：感觉材料可能是我们关于物理对象知识的基础，但是谈到学习感觉材料（如果是完全学习到的话），却是在谈到获得物理对象很长时间之后。最后，这种隐含的认识论带有联想主义心理学的假定和简单的还原主义意义理论，因而不再为大多数哲学家所动。由此看来，令人惊讶的是，非常类似于语言学习理论的东西，起初如同早期经验主义的微弱产物，现在却随着母体的凋零而兴旺起来。随后就是依赖于这种陈旧理论的一个单例，但这个例子可能很容易从目前的文献中成倍增加。

P.F.斯特劳森曾攻击蒯因的这样一个著名观点，即“单称词项的整个范畴在理论上都是多余的”[1]。斯特劳森承认（至少为了论证起见），在一种已经包含了单称词项的语言中，我们可以把“我们目前用单称词项所说的一切，转义为并不包含单称词项的语词形式” *5*
（第434页）。斯特劳森否定的是，从这个假定可以得出，我们在理论上有可能说一种不包含单称词项的语言，“……在这种语言中我们从未用过它们，在这种语言中单称词项范畴根本没有存在过，但是在这种语言中我们却可以最终说我们目前能够用单称词项所说的一切”（第433页、434页）。于是，斯特劳森就开始独立地确立这种语言在理论上是不可能的。

为了集中于问题的要害，让我来解释一下，我并不关心与斯特劳森争论其中的这样两个论题，大致地说就是，单称词项的**可消除性**并不是来自**可转义性**，而且这种可消除性是不可能的。就我所关心的范围而言，这两点都还是悬而未决的，需要对能够说出同样的事情这个概念的澄清。

我并不想得出结论，而只是关心斯特劳森在试图怀疑蒯因的消除性论题中使用的主要论证。这个论证有两个主要说法：

(1) 对可以理解的谓词来说，某些谓词必定是实指地学会的或通过“直接面对”；

（2）对所发生的这个学习来说，实指的学习情景必定是由一个指示性成分“用语言表达出来的”，而这个成分选出或识别了这个谓词所应用的那种实体（第445页、446页）。

蒯因反击道，（1）和（2）并不足以确立单称词项的必要性，因为指示词可以写成全称词。[2] 这可能是对的；但我的兴趣则在于（1）和（2）的含义，即关于语言学习的实质性问题可以根据纯粹先天的基础得以解决。[3]

在概括他的论证时，斯特劳森说：“如果要理解某些全称词项（universal terms），就必须把它们与我们的经验联系起来。而且必须把这些全称词项与我们的某些具体的或片段的经验联系起来。因而，如果
6 它们被掌握为**殊相谓词**，它们就必须被掌握为通过指示而**被确认的**殊相谓词。”（第446页，黑体字为原文所有。）这里最为明显的是，学习的概念在结论中就是空洞的；所以，让我们简单地转向（1）和（2）。

的确，作为某种经验的结果，一个人是否最后拥有他先前没有的某个能力，这是一个经验问题；而（1）和（2）则声称，如果某人获得了某种具体的语言能力，他按照规定的路线去旅行，这完全是一件“逻辑的”事情。斯特劳森显然是把学习谓词的实指过程等同于通过“直接面对”的学习过程。我们可以想象这样两种方式，我们在其中把这样一个过程看做是要比通过聆听句子而学习谓词的意义更为专门一些，而我们所听到的句子就是用指示性单称词项处理的。一种方式是，实指的学习可以要求教师有一种意向，用一个对象引起学习者的注意。但这种意向似乎是不必要的，事实上，大多数的语言学习基本上都是由于学习者的观察和模仿，而不是由于被观察者和被模仿者的教诲。第二个不同是，直接面对（和至少根据斯特劳森所说，主要为实指）需要出现恰当的对象，而正确地使用指示性单称词项则不需要。但是，人们无法在一种足以乱真的假环境中学习第一种语言，这并非先天真理，甚至连真理都不是。斯特劳森在后来的一部著作中以相同

的方式说道，换一种方式思考就会“过分地限制人类的想象力”[4]。

在捍卫（2）时斯特劳森认为，我的想法混淆了我一直在批评的隐藏着的论证。初看起来，没有什么理由可以解释，实指地学习谓词为什么必须是以这种方式而不是以其他方式“用语言表达出来”；没有理由可以解释，对殊相的指称（假定这是必要的）为什么必须通过指示词。斯特劳森也没有提供任何理由；但他却提供了理由说明，“没有什么符号系统可以被解释为这样一种语言，指称在其中用来指殊相，除非它包含了使指示词……指向殊相的手段，就是说，除非它包含了用来指称殊相的单称词项……”[5]。在同一篇文章的后面，斯特劳森攻击了“……不加批评的假定，即日常语言结构的一部分只有 7
脱离其所在的整体才能存在和发挥作用，这恰恰是因为它在被整合到整体时发挥了作用……至少在这种意义上，语言是有组织的”（第 451 页、452 页）。这里提出的想法显然对语言学习具有重要的关系，即认为蒯因的消除性论题是假的，因为我们可以提出主要的概念变化（改变一切保留句子的意义），只要我们把它们从目前与包含了单称词项（或指示词，或专名，等等）的句子的关系中分离出来。我认为，从各种基本习语在概念上相互依存的论证中出发，斯特劳森非法地得出了关于语言习得机制和顺序的结论。

关于概念上相互依存的问题，蒯因至少是在一点上同意这样的说法，“全称词项和指示性单称词项都和同一性一样，是相互依存的手段，我们每个文化学习者都必须争先恐后地掌握它们”[6]。如果这种相互依存的说法是有道理的，那么，我们仍然无法学习这样一种语言，其中的谓词意味着我们语言中的谓词所意味的东西，而且没有指示性单称词项。我们无法学习这种语言，因为根据这种假定，根本不存在这样一种语言。[7]关于语言学习理论的教训完全是否定性，但或许并非没有意义：就我们所认真讨论的语言的“有机”特征而言，我们无法准确地描述掌握学习语言的第一步；相反，这是部分学习的问题。[8]

二

期望我们考虑从逻辑上规定语言习得的线索或机制，这是不恰当的；但我们有责任事先考虑从经验上研究什么才能算做我们所谓的知
8 道一种语言，我们又是怎样描述一个已经学会说出一种语言的人所具有的能力或技巧。必须接受的一个自然条件是，我们一定能够定义表达式的谓词，这完全是基于它们的形式属性，即这个谓词区分出了一类有意义的表达式（句子），这就假定了各种心理学变项是恒常的。这个谓词赋予了这种语言的语法。另一个更为有趣的条件是，我们一定能够根据有效地和唯一地取决于形式考虑的方式，刻画出每个句子的意义。以正确的心理学形式，我们的理论应当能使我们说出，对任意一个句子而言，语言的说话者用这个句子所意味的东西（或用它来指的东西）。在恰当理论的指导下，我们会明白说话者的行动和倾向是怎样使这种语言中的句子变成一种语义结构。虽然这种结构毫无疑问地相对于时间、地点和环境，但它似乎就等于塔尔斯基首先提出的那种真理定义所给定的一种结构，或与这样的结构密切相关，因为这样一个定义提供了一种有效的方法来确定每个句子的意味（即给定了使每个句子为真的条件）。[9]我这里并不是要论证，我们能够从一种恰当的理论抽取出一个真理定义是必要的（虽然需要某个极为类似这样的东西），而是说，一旦我们可以抽取出一个真理定义，这样的理论就可以满足我心中想到的条件；特别是，这里不需要更强的意义概念。[10]

这些是根据以下非正式的方式与学习语言的可能性联系起来的。当我们把每个句子的意义都看做是这个句子的一些有限特征的一个函项，我们就不仅对应当学习什么有了相当的了解，而且理解了一种无限的天赋如何能够由有限的技能所包容。假定一种语言缺乏这个特

征，那么，一个可能的说话者究竟要学习多少句子才能说话和理解就变得无关紧要了，仍然有一些句子的意义是没有通过已然掌握的规则所给定的。人们自然会说，这样一种语言是**无法习得的**。当然，这个论证取决于一些经验假定：例如，我们并不是突然在某一点上获得一 9
种无须规则就可以直觉到句子意义的能力；要学习某个新的词汇或新的语法规则都需要花一些时间；人是有死的。

让我们把这样一个句子称做**语义初始词**（a semantical primitive）：它提供了这样一些规则，使得并没有出现它的句子具有意义，但又不足以确定它所出现的句子的意义。于是我们就可以把这里所讨论的条件陈述如下：一种可习得的语言拥有有限的一些语义初始词。就像对该条件的这种大致的陈述，我认为，这显然足以支持这样一种说法，目前的许多意义理论至少在原则上并不适用于自然语言，因为它们所适用的语言并不是在上述意义上可习得的。我下面提出一些例证。

例一，引号。没有什么东西比用引号更会使我们感到困惑的了。我们都能很好地理解引号，至少是说，我们总是知道一个引语的所指。由于存在无限多的引语，我们的知识显然就隐含着一条规则。而当我们试图把这条规则表达为意义理论一部分的时候，困惑就出现了。

不太正式地指出我们所理解的东西，这很容易做到。蒯因说，“要形成一个名称或其他表达式的名称，通常是把被命名的表达式放到单引号中……这整个东西就被叫做**引语**，指称着里面的东西”〔11〕；塔尔斯基的说法也基本相同。〔12〕这种说法显然并没有切中所需意义上的这种理论的核心，虽然这些作者竭力地要指出这一点。蒯因指出，引语具有“某种异常特征”，“需要引起注意”；丘奇把这个手段说成是“错误的”。这个错误或许在于，我们总是试图把每一对引号看做是功能性表达式，因为当它固定住了一个表达式，结果就是指称着这个表达式。但要实现这个想法，我们就必须把引号中的表达式看做是单称词项或变项。塔尔斯基表明，在合适的情况中，悖论就产生了；而在不合适的情况中，其中的表达式就没有意义（第 159～162 页）。这样，我们就必须放弃这种想法，即认为引语就是“系统构成
10 的表达式，而引号和所引的表达式都是这个引语的组成部分”。塔尔斯基向我们提出的唯一选择是：

> 可以把引号名称看做是一种语言的单个词，因而就是句法上简单的表达式。这些名称的单个组成部分（即引号和引号之间的表达式）所完成的作用就如同单个词中的某些字母和连续字母的组合。所以，它们没有独立的意义。这样，每个引号名称都是一个确定表达式的恒常单名……事实上，就是一个名称的名称，如同一个人的专名。（第 159 页）

以明显相同的方式，蒯因写道，引号中的表达式“仅仅是作为一个更长名称的片段出现的，而这个更长名称除了这个片段之外，还有两个引号”，他比较了出现在引号中的表达式与“cattle”中出现的“cat”[13]和“canary”中出现的“can”[14]。

字母在单词中的作用，譬如“cat”在“cattle”中的作用，完全是偶然的，就是说，我们可以在语言的任何地方用一个新的印刷字体来取代“cattle”，而这种语言的语义结构并没有任何改变。“cat”在“cattle”中不单是没有“独立的意义”；即使相同的字母在其他地方以相同顺序出现，也是与意义问题无关的。如果我们对引语使用一个类似的记号，那么，对于要阐明的理论来说也不存在任何的证明（引语在拼写上具有一个共同特征，这完全是偶然的）；而一个引语命名“其内容”，这也是没有任何意义的。最后，每个引语都是一个语义初始词；由于存在无限多的不同引语，因而包含了引语的语言就是无法习得的。

这个结论是与我们的直觉相反的。基于形式（由引号构成的任何

表达式）而构造一个确认引语的普遍规则，这没有任何问题；为了带来一个所要的引语（包括你希望用引号提到的表达式）而提出一个非正式的规则，这也没有问题。由于这些规则意味着引语具有重要结构，因而我们就很难否认，一定存在某个利用了它的语义理论。究竟是塔尔斯基还是蒯因想要否认这种可能性，这还完全不清楚。塔尔斯基仅仅是考虑了对引语的两种分析，但他并没有明确地排除其他的分析，他也没有公开地从事他没有反对的其他选择。的确，他似乎暗示 11
道，引语具有重要的结构，他写道："显然，我们可以把结构描述的名称与每个引号名称结合起来，一个是不需要引号而具有一样的外延（即指称相同的表达式），另一个则相反"（第157页）。难以理解的是，如果我们用某个其他任意的符号代替每个引语，我们又如何能够确立这种结合，就像是引号名称如同一个人的专名一样时我们所做的那样。

蒯因把问题又向前推进了一点，他指出，虽然引语是"逻辑上松散的"（第190页），而且表达式在引号之内当然是一种非指称地出现，但后一个特征却仍然"通过记号上的小小变化就被消除掉"（第144页），而这种记号上的变化就使我们得到逻辑上系统的拼写及其相关符号的手段。这种"小小变化"（easy change）的方法显然可以通过定义得到（第189页、190页）。如果可以实行这个建议，那么引语的最强硬方面就带来了理论，因为对包含引语的句子的真值条件，就可以看做是等于，通过把这些引语替换为习惯拼写中明确的相等物，而从它们中得到的句子的真值条件。根据这种理论，不存在无限多的语义初始词，虽然引语无法表明是包含了具有独立语义作用的部分。如果我们接受了这种理论，我们就必须承认这样一种结构，它可能不应被叫做"逻辑的"，但肯定是直接稳固地与逻辑的东西联系在一起的，这样一种结构就在日常的专名中。[15]

例二，谢夫勒论间接表述。以撒尔·谢夫勒曾提出他所谓的处理间接表述的书面方法（inscriptional approach）。[16]卡尔纳普有时把间

12 接表述中的句子分析为包含了一个说话者和一个句子的关系（是以内涵殊型的概念加以阐发的）。[17] 丘奇则反驳说，卡尔纳普的分析暗含了一种在所要分析的句子中缺少的语言；他补充道，他相信任何正确的分析都会把 that 从句解释为指向一个命题。[18] 谢夫勒决心表明，一个正确的分析可以不太需要证明以书面（和说出）的本体论所能做的事情。

谢夫勒提出，我们把“汤金说雪是白的”分析为“汤金说出了雪是白的这句话”。由于说出或书面永远都属于短暂的制造者，丘奇对卡尔纳普的责备在这里就没有力量了。从目前讨论的问题看，这整个事情的核心在于，“说出了雪是白的”这个表达式应当被看做是（说出或书面的）一个完整谓词。谢夫勒把“that”称做算子，运用于句子以构成一个复合的全称词。根据这种用法，“复合的”不能用来指“逻辑上复合的”；至少在提出进一步的理论之前不能这样用。正如在引语的情况中一样，这个句法是足以清楚的（正如在一般的间接表述中，依据原则而重写动词和代词比描述更容易掌握）。但是，这里并没有暗示这些谓词是如何依赖于它们的结构的。一旦放弃了理论，我们就必须把每个新的谓词看做是语义原初的。假定有了它们的句法（虽然是在“that”之后放上一个句子并用连接号把它们连起来），显然就会有无限多的这种谓词，所以，根据我的论述，带有谢夫勒所承认的结构的语言就是无法习得的。甚至认为“that”是一个构成谓词的算子这种说法，也必须被看做是一个纯粹句法的要求，这在意义理论中没有任何作用。

人们会反驳道，这样的可能性仍然存在，即我们会提出一个理论去揭示更深入的结构。的确如此。但如果谢夫勒想要得到这种可能性，他就必须为放弃这样的说法而付出代价，它已经表明了间接表述中的句子的**“逻辑形式和本体论特征”**[19]；更多的理论就意味着更多的本体论。如果逻辑形式告知了我们本体论，那么蒯因对引语的处理就无效了，因为引语的逻辑形式就是没有组成部分的单称词的逻辑形式，而其表明的本体论正是它所命名的表达式。但是取结构之长处的定义，则带来了更多的实体（即在拼写中被命名的那些实体）。在这种应用中，这个方法没有带来并非由某个引语已然命名的实体，就纯属偶然了。[20] 13

例三，蒯因论信念句。我们总是能够把由公认的指称表达式和位置词所提出的问题，替换为逻辑表述问题。如果一个表达式受到了所谓的指称的责难，完全没有必要把它去除掉。只要说明这个表达式是一个有意义的表达式中的无意义部分就行了。这种处理方法将不会在它得到解决之前很快地消除它；尚未得到量化的单称词和位置词毕竟一直是被结合到它们的语境当中的，通过把句子看做是无法得到分析的单位以及通过纯粹的句子联结词，仍然会带来逻辑结构。但没有本体论的语义学则是毫无兴致的，而诸如我们这样的别无二致的语言则会成为不可学会性的范例。

当然，蒯因并没有走这么远，但在某个具体场合他似乎较为接近了。在就要结束对信念句（及其相关的句子，即间接表述的句子，关于怀疑、担心、恐惧、愿望等等的句子）寻求一个满意理论的漫长、辉煌以及无奈的过程时，他指出，一旦我们放弃了要去量化所信之物的努力

> ……也就没有必要把“相信”以及类似的动词看做完全是关系词；没有必要赞同它们具有像在“w相信x”中那样的断定性用法（这不同于“w相信 that p”）；因而，也就没有必要把“that p”用做一个词。这样，我所找到的最为有效的方法，仅仅是摆脱命题态度的对象。……这就意味着把“汤姆相信［西塞罗谴责凯狄莱］”……看做是这样一种形式“Fa”，其中a=汤姆，“F”则是复合词。“相信”这个动词在这里就不再是一个词，而变成了“相信 that”这个算子的部分……一旦把这应用于句子，就会产生一个复合的绝对的全称词，而句子则被看做是其

中的直接组成部分。[21]

在某个方面，这已经超出了谢夫勒，因为甚至主动词（在这里就是“相信”）都是无法通过逻辑分析的。谈论组成部分和算子，这当然必定被看做是纯粹句法上的，而没有语义理论的基础。如果在句法之外还有某个成分是信念句共同的东西，即作为一个类，那么，蒯因
14 的论述就没有说出它究竟是什么。当然，对于不能给出任何理论的语言，在我看来就是无法习得的。然而，蒯因的确提出了制定进一步理论的希望，或许类似于他对引语所提出的东西。但是在信念句的情况中，要想象一种理论可以产生所需要的结构而又不增加本体论，这并不容易。

例四，丘奇论含义和指称的逻辑。在最后两个例子中，未能可期望最少量地阐述意义，似乎是过分关注本体论问题的结果。但由此推论出，通过滥用内涵的实体我们就可以解决所有的问题，那就错了。

弗雷格要求我们设想，某些动词（诸如“相信”或“相信 that”）起着双重作用。[22]首先，它们创造了一种语境，随后的那些词在这种语境中最终是指它们通常的含义或意义。其次（假定这个动词是句子中的主动词），它们起着通常的那种作用，即赋予人称和命题以真值。这是一个不甚明确的理论，特别是在第一点上，弗雷格本人似乎也这样认为。他的看法或许是，这是我们对自然语言所能提出的最好的理论，但在逻辑上更为清楚的语言中，不同的词可能被用来指含义和指称，因而减轻了动词的第一种更为模糊的作用。但这里，这仅仅是通向无限原初词汇的很少步骤。在诸如“相信”这样的动词首次出现之后，我们就引入了新的含义表达式。接着，我们注意到，没有什么理论可以解释以逻辑的方式构造出来的这些新的表达式。这仍然需要新的词汇，按照相同的思路，每次我们都一再提到“相信”；对这种一再提及的可能性是没有任何限制的。

人们不应当认为，弗雷格最初的想法不会有什么麻烦。即使假定

我们对这样的观点有一定的好感，即某些词带来了一种语境，使得其中的其他词得到了新的意义（这种想法就是把它们看做类似于函子），但仍然需要把确定这些意义的工作简化为理论，这些意义的数量是无限之多，每一个至少是对某些词。这个问题并不是说，单个表达式构成了由“相信”所支配的句子，并且它们在这种语境中得到了意义，而它们又是如何结合起来指称一个命题的；这个问题是要陈述给出了 15
每个词的确具有的意义的规则。

让我们回头来考察弗雷格可能会提出的在记法上优于日常语言的一种语言形式，但它同样能够处理信念句及其同类：我在前面赋予这种语言的特征可以在丘奇所提出的一种语言中得到。[23] 根据丘奇的记法，新的表达式所起的作用就像是我们攀爬语义阶梯，这在逻辑上并不复杂，但这在表面上却是不清楚的，因为它们在句法上是由更低一层的表达式构成的，只是改变了下标符号。事情的设计是这样的：“令在没有自由变项的完善公式中，所有类符号中的下标都加上 1，最后得到的完善公式就指称第一个公式的含义”（第 17 页）。当然，这个规则无法被用做对这种语言的意义理论；表达式和下标都无法被看做是具有独立的意义。相对于任何给定层次上的表达式来说，上述层次上的表达式就是语义原初的，丘奇在（8）中就清楚地指出了这一点。我并不是要指出丘奇的错误，他从来没有表示过这个情况与我所说的有所不同。但我的确认为，丘奇关于含义和指称的语言在原则上是无法学会的。

（江怡　译）

【注释】

〔1〕斯特劳森：《单称词、本体论和同一性》（Singular Terms, Ontology and Identity）。随后的引文用括号给出页码。蒯因的引文出自《逻辑方法》（*Methods of Logic*），211 页。

〔2〕蒯因：《语词和对象》，185页。

〔3〕斯特劳森引述蒯因《数理逻辑》(*Mathematical Logic*)第218页用以支持(1)，而蒯因本人在《语词和对象》和《指称之根》(*The Roots of Reference*)中类似(1)和(2)的内容也可以在这种引述中得到支持。但除了蒯因拒绝得出斯特劳森的结论之外，蒯因最多是认为(1)和(2)是真的，而斯特劳森则想要表明它们是必要的，在这两者之间仍然有重要的区别。我这里仅仅关心必要性的说法，虽然我怀疑(1)或(2)是关于语言习得的重要真理。

〔4〕斯特劳森：《个体》(*Individuals*)，200页。

〔5〕斯特劳森：《单称词、本体论和同一性》，447页。

〔6〕蒯因：《语词和对象》，102页。

〔7〕在《个体》中，斯特劳森再次攻击了他所认为的蒯因的消除性论题，但并没有使用我在这里所批评的来自学习的论证。

〔8〕这个主题在论文11中再次得到了讨论。在《论行动与事件》第8篇论文中，我讨论了对象是否在概念上先在于事件的问题。

〔9〕塔尔斯基(A. Tarski)：《形式化语言中的真理概念》(The Concept of Truth in Formalized Languages)。

〔10〕许多人(包括塔尔斯基在内)认为，即使是对自然语言中的陈述句来说也不可能给出一个真理定义。如果真是这样，我们就必须寻找另外的方法去表明句子的意义是如何依赖于它们的结构的。参见论文2、4、9。

〔11〕蒯因：《数理逻辑》，第4节。

〔12〕塔尔斯基：《形式化语言中的真理概念》，156页。

〔13〕蒯因：《从逻辑的观点看》(*From a Logical Point of View*)，140页。"cattle"意谓"牛"，"cat"意谓"猫"。

〔14〕蒯因：《语词和对象》，144页。"canary"意谓"金丝雀"，"can"意谓"能够"。

〔15〕吉齐(Peter Geach)在《心理行动》(*Mental Acts*)和其他地方坚持认为，引语"必须被看做是在以自己的方式**描述**那个表达式"(《心理行动》，83页)。但他并没有解释一个引语如何能够被安排成这种描述的结构。关于引语的进一步讨论，参见论文6。

〔16〕谢夫勒(I. Scheffler)：《间接表述的书面方法》(An Inscriptional Approach to Indirect Discourse）和《探究的构造》（*The Anatomy of Inquiry*）。

〔17〕卡尔纳普（R. Carnap）：《意义与必然性》（*Meaning and Necessity*）。

〔18〕丘奇（A. Church）：《论卡尔纳普对断定陈述和信念的分析》（On Carnap's Analysis of Statements of Assertion and Belief）。

〔19〕谢夫勒：《探究的构造》，101页。黑体字为原文所有。

〔20〕对间接表述的进一步讨论，参见论文7。

〔21〕蒯因：《语词和对象》，215、216页。

〔22〕参见弗雷格（G. Frege）：《论意义和指称》（On Sense and Reference）。

〔23〕丘奇：《关于含义和指称的逻辑表达》（A Formulation of the Logic of Sense and Denotation）。

论文2　真理与意义*（1967年）

17　大多数语言哲学家都承认，并且近来有些语言学家也承认，令人满意的意义理论必须对语句的意义依赖语词的意义的方式提出一种解释。除非能够对某一语言提供这样一种解释，否则，人们便会论证说，这就没有对于我们为何能够学会这种语言这一事实做出解释，也就是说，没有对于这样一个事实做出解释：根据对于有限词汇和有限地加以阐明的一组规则的掌握，我们便有条件去造出并理解其数量潜

* 本文首次发表于《综合》（*Synthèse*）杂志，第17卷（1967），304～323页。关于本文标题原文中“*truth*”一词的翻译问题，请读者参看本译者在“中文版后记”中对这个问题的说明。——译者注（下文脚注均为译者注，故不一一注明）

在无限的任何语句。我不对这些模糊的断言提出质疑，因为我领会到这些断言含有不少真实性。[1] 我想要问的是，一种理论提出所勾画的那种解释，这是怎么一回事。

一种提议认为，首先要把某种作为意义的实体指派给语句中的每个语词（或其他有含义的句法成分），这样，我们便能在“忒厄特图斯（Theaetetus）飞翔”这个语句中把忒厄特图斯指派给“忒厄特图斯”，把飞翔这种特性指派给“飞翔”。因此，就产生了语句意义如何从这些语词意义中生成的问题。把这些语词的联结视为在句法上有含义的片段，我们便能使这种联结具有参与关系或例证关系（the relation of participating in or instantiating）。可是，显然我们在这里开始了一种无穷倒退。弗雷格试图通过这样一种说法来避免这种倒退，这就是说，（例如）对应于谓词的实体与对应于名称的实体相比，前者是“不饱和的”或“不完全的”；但这种学说看来与其说解决了问题，倒不如说标明了困难所在。

如果我们考虑一下与语句一道为弗雷格的理论所适用的复合单称词项，就会显现出上述论点。我们考虑“安妮特的父亲”这一表达式。这一表达式的整体的意义如何依赖于它的各个部分的意义呢？看 18
来回答似乎是这样，“……的父亲”的意义使得：把这个表达式放在一个单称词项之后所形成的表达式，指称该单称词项所指称的那个人的父亲。在这一解释当中，“……的父亲”所代表的那个不饱和的或不完全的实体起着什么样的作用呢？我们所能得出的说法不过是，在主目是 X 的情况下，这个实体便“产生”或“给出” X 的父亲作为其值，或许换一种说法，这个实体把人映射到他们的父亲之上。也许没有搞清楚的是，是否只要我们坚持个体表达式，“……的父亲”据说所代表的实体便完成一种真正的解释性功能；因此，便转而想出通过在“安妮特”的后面写上零次或更多次的“……的父亲”而形成的无穷的表达式类。不难提出这样一种理论，即对于这些单称词项中的任何一个来说，这种理论都会说出它所指称的东西：若这个词项是

“安妮特”，则该词项指称安妮特，若这个词项是复合的，它由加到单称词项 t 后面的“……的父亲”所组成，那么，它便指称 t 所指称的那个人的父亲。显然，在陈述这一理论时，没有提到或没有必要提到对应于“……的父亲”的实体。

人们会抱怨说，这种微不足道的理论在给出包含有“……的父亲”这些语词的表达式的指称时，使用了“……的父亲”这样一些语词；这种抱怨是不适当的。这是因为，所要完成的任务是根据各组成部分的意义给出在某一无穷集中一切表达式的意义；而不是此外又给出那些基本组成部分的意义。另一方面，现在很明显的是，一种令人满意的关于复合表达式的意义理论，可能并不需要一些实体作为所有各组成部分的意义。因此，我们应该改变我们对令人满意的意义理论所提出的要求，以致不要认为个体语词必须在超越下述事实的含义上才具有意义，这一事实就是：个体语词对它们出现于其中的语句的意义具有系统的影响。实际上，就我们目前看到的这种情形来说，经过这样的改变，我们在陈述成功的标准时能够做得更好：我们已获得了的理论是这样一种理论，即可以从这种理论中衍推出每一个具有“t 指称 x”这种形式的语句（其中，“t”可由一个单称词项的结构性描述短语[2]所替换，而“x”由该词项本身所替换）。进一步讲，我们的理论是在不求助于超出“指称”这一基础之外的任何语义学概念的
19 情况下做到这一点的。最后，这种理论清楚地提出一种有效的程序，这种程序对于在其全域（universe）中的任一单称词项来说确定了该词项的所指。

一种带有如此明显优点的理论应具有更加广泛的应用。弗雷格为此提出的设计具有鲜明的简易性：把谓词算做一些函项表达式的一种特殊情形，把语句算做复合单称词项的一种特殊情形。然而，如果我们想要继续采用我们目前所采用的这种使一个单称词项的意义等同于它的指称的做法，那就会隐隐出现一个困难。这个困难是随着做出这样两个合乎情理的假定而出现的：一个假定是，逻辑上等值的单称词

项具有相同的指称；另外一个假定是，一个单称词项在它所包含的一个单称词项被另一个具有相同指称的单称词项所替换的情况下并不改变其指称。但是，现在我们假定，“R”和“S”是任意两个具有相同真值的语句的缩写。因此，下面四个语句具有相同的指称：

（1） R

（2） $\hat{x}(x=x\cdot R)=\hat{x}(x=x)$

（3） $\hat{x}(x=x\cdot S)=\hat{x}(x=x)$

（4） S

因为，（1）和（2）正如（3）和（4）一样在逻辑上是等值的，然而，（3）仅仅在（2）包含“$\hat{x}(x=x\cdot R)$”的位置上包含着单称词项“$\hat{x}(x=x\cdot S)$”这一点上不同于（2），并且，如果 S 和 R 具有相同真值，则“$\hat{x}(x=x\cdot R)$”和“$\hat{x}(x=x\cdot S)$”这两个单称词项都指称着相同的东西。因此，如果任何两个语句具有相同的真值，则它们具有相同的指称。[3] 并且，如果一个语句的意义是它所指称的东西，则所有在真值上相同的语句就必定是同义的，这是一个无法容忍的结论。

显然，我们必须抛弃现在这种导向意义理论的研究方向。走到这一步，我们自然要转而求助于意义与指称之间的区别。我们被告知说，困难在于下述情况：一般来说，指称问题是由语言之外的事实确定的，意义问题则不是，而那些事实能够等同于一些并非同义的表达式的指称。如果我们想要有一种给出每个语句的（不同于指称的）意义的理论，我们就必须从语句的组成部分的（不同于指称的）意义着手。

至此为止，我们一直遵循着弗雷格的足迹。由于有了弗雷格，大
家才清楚地知道这条探寻的途径，人们循着这条途径进行探寻的劲头 20
甚至经久不衰。但现在我想提出的是，我们已经走进了死胡同。从指称到意义的这一转换，导致不能对语句的意义如何依赖组成语句的语词（或其他结构成分）的意义做出有效的解释。例如，我们询问“忒

厄特图斯飞翔”这一语句的意义。弗雷格式的回答也许如下所述：假设“忒厄特图斯”的意义作为主目，则“飞翔”的意义便产生出作为值的“忒厄特图斯飞翔”的意义。这种回答的贫乏性是一目了然的。我们想要知道“忒厄特图斯飞翔”的意义是什么，却被告知说它就是“忒厄特图斯飞翔”的意义，这等于什么也没说。在提出任何意义理论之前，我们对这一点就已经很了解。在刚才所提出的那种伪解释之中，关于语句结构和语词意义的言论是毫无效用的，因为它在对语句意义提出那种给定的描述方面不起任何作用。

如果我们找到下述这样一种理论，这里所展示的在真实的解释与假冒的解释之间的对比还会更清楚，这种理论类似于刚才所概述的那种关于单称词项的指称理论的雏形，但又有不同，即它所处理的不是指称，而是意义。这种类似性所要求的是这样一种理论，它具有形如“*s* 意谓（mean）*m*”（其中，“*s*”可被一个语句的结构概述短语所替换，“*m*”可被一个指称该语句的意义的单称词项所替换）的语句作为推断；此外，还要求这种理论对于获得任意一个从结构上加以描述的语句的意义提供一种有效的方法。显然，如果符合这些标准的话，那么，我们任何一个人都已看到的、某种表达得更加清楚的对意义进行指称的方式便是必不可少的。[4]作为实体的意义，或者相关的同义性概念，允许我们制定下述这种与语句及其组成部分有关的规则：如果某些语句的相应的组成部分是同义的，这些语句便是同义的（当然，“相应的”一词在这里需要详细说明）。并且，在一些像弗雷格的理论这样一类理论中，有时可能把作为实体的意义当做指称用，那时这些意义便丧失了它们作为有别于指称的实体的地位。自相矛盾的是，意义似乎办不到的一件事情便是使意义理论能自圆其说——至少我们所要求的是这样一种理论，这种理论并不是无足轻重地给出语言
21 中的每个语句的意义。我对意义理论中的意义所提出的异议并不是说，这些意义是抽象的，或者说，它们的同一性条件是难解的，而是说，它们不具有被表明了的用法。

现在到了戳穿另一个有希望的想法的时候了。假定对于我们的语言来说有这样一种令人满意的句法理论，这种理论包括一种断定任意一个表达式是否具有独立的意义（是否是一个语句）的有效方法，并且像通常一样假定，这包括把每个语句都看做是这样一种语句，它是以一些许可的方式，由从一批有限确定的原子句法元素（大致地讲即语词）中取出的元素所组成的。那种有希望的想法是，在加上一部给出每个句法原子之意义的词典的情况下，如此构想出来的句法便会产生出语义学。然而，如果语义学是要构成一种在我们的含义上的意义理论，希望便会破灭，这是因为，关于那些结构特征（它们有助于说明语句中的有意义性）的知识，再加上关于基本组成部分的意义的知识，并不等于说是关于语句含义的知识。这个论点很容易用信念语句加以说明。这些信念语句的句法相对地讲没有什么问题。然而，附加上一部词典这一点并没有接触到那个标准的语义学难题，这就是，根据我们关于信念语句中的语词意义的知识，我们甚至不可能对这类语句的真值条件做出解释。把那部词典精练到表明一个含混的表达式在其每个可能语境中所具有的是哪一种意义或哪一些意义，用这个办法，情况也不会发生根本改变。在解决含混性问题之后，关于信念语句的那个难题依然存在。

带有附加词典的递归句法并非必然是递归的语义学，在近来某本关于语言学的著作中，这一事实被下述做法搞得难以理解，即把语义标准纳入关于所谓句法理论的讨论。假如语义标准是清楚的，那么事情便会归结为术语上的无伤大雅的区别；可是那些语义标准并非如此。尽管人们一致认为，语义学的中心任务是对语言中的每一个语句提出语义解释（给出意义），但是，就我所知，在任何语言学文献中，人们都不会找到关于一种意义理论如何完成这个任务，或如何知道这个任务被完成的条件这一点的直接解释。这种与句法的对比是显著的。一种适度的句法的主要职责是表征**有意义性**（或语句性〔sentencehood〕）。就如同我们对于我们的样本的代表性、对于我们述说

22 一些特定的表达式在什么条件下是有意义（语句）的能力具有信心一样，我们可以对于这样一种表征的正确性同样充满信心。对于语义学存在着怎样一种清晰而又类似的任务呢？[5]

在前一段时间我们曾决定不做出这样的假定：除了是在语句组成部分对它们出现在其中的语句的意义起着系统的分担作用这样一种本体论中立的含义上以外，这些组成部分具有意义。既然对意义做出公设这一点毫无所获，就让我们返回到那种见解上。那种见解所指向的一个方向便是某种整体论的意义观。如果语句依赖于它们的结构（对于它们的意义来说），并且我们把这种结构里的每个词项的意义理解为从该词项作为其中成分的那些语句的整体中抽取出来的东西，那么，我们只有通过给出那种语言中的每个语句（和语词）的意义才能给出任何一个语句（或语词）的意义。弗雷格说，只有在语句语境中，一个语词才具有意义；他也许还会以同一口吻补充说，只有在语言语境中，一个语句（因而一个语词）才会具有意义。

这种程度的整体论已经隐含在这样一种建议当中，即必须从一种适当的意义理论中衍推出**一切**形如"*s* 意谓 *m*"的语句。可是现在，由于发现求助于语句的意义就如同求助于语词的意义一样无济于事，所以，让我们看一看是否我们能够摆脱那些令人烦恼的、被设想为替代"*m*"并指称意义的单称词项。在某一点上，没有任何做法能比下述这种做法更容易的了：仅仅写出"*s* 意谓（that①）*p*"，并设想"*p*"被一个语句所替代。正如我们已看到的那样，语句不能命名意义，除非我们规定前面缀以"that"的语句是名称，否则的话，这类语句根本就不是名称。然而，看来我们好像陷入了另一方面的困境，因为，产生下述这种期望是合理的，这就是，在设法处理关于显然是非外延的"意谓（that）"的逻辑的过程中，我们会遇到与我们的理论设法要解决的那些问题同样困难的（或许是相等同的）问题。

① "that"在这里表示后接宾语从句，它在此没有词汇意义。

我所知道的解决这种困难的唯一办法既是简单的，又是彻底的。对于我们陷入处理内涵语词这一困境的忧虑，是由这样一种做法所造成的，即把语词“意谓（that）”用做填充在对语句的描述与语句之间的连接语词。但是，情况可能是这样，我们这种冒险做法的成功并 23
不依赖于这种用于填充的连接语词，而依赖于它对之进行填充的东西。如果对于所研究的语言里的每个语句 s 来说，这种理论都提供了一个以某种尚待搞清楚的方式“给出 s 的意义”的匹配语句（以替代“p”），那么，这种理论就会起到它的作用。如果对象语言包含在元语言中，一种明显地可供选择的匹配语句便恰恰是 s 本身；否则的话，便是 s 在元语言中的翻译。作为最后一个大胆的步骤，让我们尝试以外延的方式处理由“p”所占据的地位：为了做到这一点，就要抛弃难解的“意谓（that）”，向替代“p”的语句提供一个恰当的语句关联词，而向替代“s”的描述语提供它自己的谓词。看来合理的结果便是：

(*T*) s 是 t 当且仅当 p。

我们对于一种语言 L 的意义理论所提出的要求是，在不求助于任何（进一步的）语义概念的情况下，这种意义理论对谓词“是真的”赋予足够的限制，以便可以当“s”为 L 中一个语句的结构描述语所替代、“p”为该语句所替代时从 T 图式中衍推出所有的语句来。

任何两个满足这一条件的谓词都具有相同的外延[6]，因此，如果元语言足够丰富，就不会有任何东西妨碍把我现在称之为意义理论的东西置入对谓词“是 T”所做出的明确定义的形式。但是，不论是对“是 T”加以明确定义还是对它以递归方式加以表征，它所适用的语句显然恰恰是 L 中的真语句，这是因为，我们对令人满意的意义理论所提出的条件，在本质上就是塔尔斯基的约定 T（Convention T），它检验形式语义上的真理定义是否适当。[7]

为论证这一论点所要走的道路是艰难曲折的，但其结论却可以简单地表述出来：如果语言 L 的意义理论包含对 L 中真理概念的（递归）定义，那么，这一理论便表明“语句意义依赖语词意义的方式”。并且，至少迄今为止，我们还不知道有达到预期目的的其他方式。值得强调的是，真理概念在述说我们原来的难题方面表面上不起任何作用。那种难题经过精心改进便导致这样一种观点，即一种适当的意义理论必须表征符合某些条件的谓词。这样一种谓词恰恰适用于真语
24 句，这一点带有发现的性质。我所希望的是，我正在述说的内容也许可以被部分地描述为捍卫塔尔斯基语义上的真理概念在哲学上的重要性。如果两者确有联系的话，我所持的这种捍卫立场仅仅是隐约地与下述问题有关，即塔尔斯基已表明如何对其进行定义的概念是否就是那种（或某种）在哲学上令人感兴趣的真理概念，或与这样一个问题有关，即塔尔斯基是否已阐明了诸如“真的”和“真理”这类语词的通常用法。不幸的是，从针对这些问题而展开的无益而混乱的争斗中所扬起的尘埃，迷住了那些对语言具有理论兴趣的人（哲学家、逻辑学家、心理学家和语言学家等等）的双眼，使他们无法从语义上的真理概念（无论人们怎样称呼）之中看到为一种合格的意义理论所提供的精致而又强有力的基础。

当然，没有必要掩饰在塔尔斯基已表明其构造方式的那种真理定义与意义概念之间的明显联系。这种联系就是：那种定义通过对每个语句的真实性给出充分必要条件而起作用，而给出真值条件也正是给出语句意义的一种方式。知道一种语言的语义性真理概念，便是知道一个语句（任何一个语句）为真是怎么一回事，而这就等于理解了这种语言（在我们能赋予这段话的一种可靠的含义上）。无论怎么说，这便是我对现在这场往往使老手们感到震惊的争论的特征而提出的辩解。我可以随心所欲地使用“意义”这个词，因为，我所说的意义理论毕竟没有使用意义（无论是语句意义还是语词意义）。的确，既然一种塔尔斯基式的真理定义提供了我们迄今对意义理论所要求的全部东西，这样一种理论显然便称心如意地属于蒯因所说的“指称理论”

之列，而这种“指称理论”有别于他所说的“意义理论”。对于我称之为意义理论的那种东西，可以提出很多支持的理由；也许，对于我如此称呼它，也可以提出很多反对的理由。[8]

一种意义理论（在我的那种稍微有所反常的含义上）便是一种经验理论，它的抱负便是对自然语言的活动方式做出解释。就像任何一种理论一样，它也可以通过把它的某些结论同事实进行对比而得到检验。在现在这种情形下，这是易于办到的，因为这个理论被表征为生 25
成无穷多的语句，其中每个语句都给出一个语句的真值条件；在一些样本情形下，我们只需询问，被这种理论断言为语句真值条件的东西是否真正存在。一种典型的检验情形也许包括对这样一点做出判定：“雪是白的”这个语句是真的，当且仅当雪是白的。虽然并非一切情形都是如此简单的（根据将要概述的原因），但是，这种检验显然不会引起单凭人数而决定真假的局面。关于构成这一范围内的理论的东西所形成的明确概念，对于提出有关一种语言理论何时是正确的以及应如何对之进行检验这样一些深入的问题，提供了振奋人心的情景。但是，那些困难是理论上的而不是实际上的。在应用当中，麻烦在于获得一种接近于实际发挥作用的理论，而任何人都能辨别这种理论是否正确。[9]人们可以看出情况为什么会如此。这种理论并没有揭示出任何有关个别语句的成真条件的新东西，它并没有使那些条件比语句本身更清楚。这种理论的作用在于使每个语句的已知的真值条件与语句里的那些重新出现在其他语句里的方面（“语词”）相关，并能在其他语句里被赋予相同的作用。在这样一种理论中的经验能力，依赖于成功地重新获得关于一种十分复杂的能力（讲一种语言并理解它的能力）的结构。我们能十分轻易地说出，对于这种理论的特定论述在什么情况下与我们对语言的理解相一致；这一点是与一种对我们的语言造诣的机制结构的微弱洞见相一致的。

上面这一段评论仅仅直接适用于这样一种特殊情形，在这种情形中人们假定，为其表征真理概念的语言是由表征者所使用和理解的语言的一部分。在这些情况下，一种理论的制定者必然会尽可能地利用这样一种元语言所固有的便利性，这种元语言含有确保相当于对象语言中每个语句的语句。然而，我们不应被这一事实所蒙骗，以至于认为，可从其中衍推出"'雪是白的'是真的当且仅当雪是白的"的理论比起可从中衍推出下述语句的理论更正确些：

(S) "雪是白的"是真的当且仅当草是绿的。

26 当然，这是就这样一种情况而言的：假定我们如同确信原有的那个更为人所知的式子的真实性一样确信（S）的真实性。然而，（S）可能不会激励起同样的信心使我们认为，可从中衍推出（S）的理论值得被称为意义理论。

这种有威胁性的错乱可以按如下方式被抵消。（S）的荒唐性本身与它作为其推断的理论并不抵触，假如这种理论对每个语句都给出正确结果的话（根据它的结构，没有其他的方式）。难以看出（S）如何能够参与这项工作，但是，假如（S）是参与者（这也就是说，假如（S）是根据对"是真的"这个谓词的表征［它导致真理与真理、谬误与谬误这种恒定不变的配对关系］而得出的），那么，我认为，就没有任何一种这样的东西，它对于依然有待于人们去把握的意义观念是必不可少的。〔10〕

当形如"s是真的当且仅当p"的语句是一种真理理论的推断时，出现在这类语句的双向条件式右边的p，并非通过冒充同义语，而是通过下述这种方式在确定s的意义的过程中发挥作用，这种方式就是，对那张显示出关于s的意义所要知道的东西的图画（它被看做是一个整体）画龙点睛地再添上一笔。之所以要加上这一笔，是依据于这样一个事实，这就是替代"p"的语句是真的当且仅当s是真的。

如果情况如此，那么，这就可能有助于我们考虑（S）是可接受的，因为我们是独立地确信"雪是白的"和"草是绿的"这两句话的真实性。但是，在我们并不确信一个语句的真实性的情形下，仅当真理谓词使得那个语句与我们具有充分理由相信与其等值的另一语句配对时，我们才能信任真理谓词的表征。除非某个对于雪的颜色或草的颜色有怀疑的人以为其中一种东西的颜色被联结到另外那种东西的颜色上，否则的话，即使他对雪的颜色和草的颜色的怀疑程度是相等的，要这个人接受产生（S）的理论，这也是一个很糟糕的建议。[11]
无所不知显然比无知能够提供更稀奇古怪的意义理论；但在这种情况 27
下，无所不知却不那么需要交流。

当然，一种语言的说话者为另外一种语言的说话者构造一种意义理论，这必定是可能的，尽管在这种情形下对这种理论的正确性的经验检验不再是无关紧要的。正如以前一样，理论目标将是在真值上相同的语句之间建立一种无限的相互关系。但这时一定不要做出这样一种假设：这种理论的建构者对于在他自己的语言与另外一种语言之间可能存在的那些相等价的地方具有直接的洞见。理论建构者必须做的事情是，（不论他使用什么方法）弄清楚另一种语言的人认为什么样的语句在他自己的语言中为真（或用一种更好的说法：持另一种语言的人认为它们在怎样一种程度上为真）。于是，语言学家就试图对持另一种语言的人而言为真这一点做出一种表征，这种表征将尽可能把持另一种语言的人认为是真（或假）的语句映射到语言学家认为是真（或假）的语句之上。假定找不到任何完美的配合关系，那么，真语句被译为假语句（或假语句被译为真语句）所造成的后遗症，便为（在外国语中或在本国语中）出错留下余地。在解释其他人的语词和思想时持宽容态度，这一点从另一角度看也是不可避免的：正如同我们必须最大限度地求得一致、否则就要冒不懂持另一种语言的人所谈论的事情这一风险一样，我们同样必须最大限度地求得我们归属于持另一种语言的人的那种自我相容性，否则就要受到不了解**他**的惩罚。不会出现单一的、最佳的宽容原则；因此，那些强制因素不会确定出任何单一的理论。在关于彻底翻译的理论（正如蒯因所称呼的那样）

之中，没有任何完全与有关持另一种语言的人所相信的东西的问题分隔开的关于持另一种语言的人所意指的东西的问题。除非我们知道某人所相信的东西，我们就不会知道他所意谓的东西；除非我们知道某人所意谓的东西，否则，我们就不会知道他所相信的东西。在彻底解释中，我们能够打断这一循环过程（即使只是不完全地），因为我们有时能断定一个人会同意我们所不理解的语句。[12]

在前面几页中，我一直在探讨这样一个问题，这就是，一种采取真理定义形式的意义理论如何能够从经验上得到检验，而轻率地忽视了这样一个在先的问题，即是否有能够对于自然语言提出这样一种意义理论的真正机会。关于自然语言的形式语义学理论的前景如何呢？
28 根据塔尔斯基的看法，这种前景是很可悲的。我相信大多数逻辑学家、语言哲学家和语言学家都会赞同他的看法。[13]让我来做一番为消除这种悲观看法而力所能及的工作。当然，我所能做的是以一种提纲挈领的方式谈一谈，因为对这一点的证明无疑也就是对正确定理的证明。

塔尔斯基用以下这些话（他加上了着重号）来结束他的以形式化语言论述真理概念的那篇文章的第一部分：

> ……**“真语句”这一表达式的相容使用是与逻辑规律和日常语言的精神相一致的，正是这种相容使用的可能性似乎是很成问题的，因而对于构造这一表达式的正确定义的可能性也要提出同样的疑问。**（第 165 页）

在同一篇文章的后面，他又回到这个论题：

> ……当把真理概念（以及其他语义学概念）连同标准的逻辑规律应用到口头语言上时，就不可避免地导致混乱和矛盾。凡是不顾所有那些困难而想要借助于精确的方法寻求口头语言的语义学的人，都要首先被迫承担改造这种语言这一徒劳的任务。他会

> 发现，为了克服出现在这种语言里的词项的含混性，有必要对其结构做出定义，并且，有必要最终把这种语言分离成一系列范围越来越大的语言，其中每一语言均与相邻语言处于相同关系之中，形式化语言便与元语言处于这种关系之中。然而，可以怀疑的是，以这种方式“合理化了的”日常语言是否仍然保留它的自然性，是否不会呈现形式化语言的特征。（第267页）

这里出现两个论题：一个是，自然语言的一般特性导致矛盾（语义悖论）；另一个是，自然语言太混乱、太无定型，以至于不允许直接应用形式方法。对第一个论点值得做出认真回答，但愿我能做出一个回答。事实上，我要说的仅仅是，在没有消除对真理概念等语义概念的忧虑的特殊根源的情况下，为什么我认为我们有理由把工作继续做下去。当对象语言里的量词的范围在某些方面过于宽泛时就会产生语义悖论。但是，没有真正搞清楚的是，把乌尔都语（Urdu）或文德语（Wendish）的量词范围看做不足以产生一种关于“在乌尔都语中为真”或“在文德语中为真”的明确定义这种看法，对这两种语言是如何不公平。或者，用另一种方式（如果这种方式不是更严肃的话）表述这个问题就是，在道理上，始终有可能出现这样的情况，即 29
我们在理解另一个人的语言（真理概念）的过程中所把握住的某种东西是我们不可能传达给他的。无论如何，大多数具有一般哲学兴趣的问题都出现在相关的自然语言的某一部分的范围内，人们可能以为这一部分包含很少一点集合论。当然，这些评论不能满足自然语言是一般的这一要求。但是，在我看来，既然我们知道这样一种一般性会导致悖论，因此，这一要求是可疑的。

塔尔斯基的第二个论点是，我们必须在我们能够应用形式语义学方法之前彻底改造自然语言。如果这是正确的，它对我的计划便是致命的，因为，正如我所构想的那样，意义理论的任务并不是改变、改进或改造一种语言，而是描述并理解这种语言。让我们考察一番事情的积极方面。塔尔斯基已指出对于各种不同的、业已解释过的形式语言提出一种意义理论的方式、选择一种尽可能像英语的语言。既然这种新语言是用英语解释的，并包含很多英语成分，因此，对于那些理解这种语言的人来说，我们不仅可能而且我认为也必须把这种语言视为英语的一部分。对于英语的这一部分来说，由假设，我们具有所要求的那种理论。不仅如此，而且在解释附加到原有的英语里的这部分英语的过程中，我们还必定给出连接原有的英语和新的英语的线索。无论哪儿有具备同附加的语句相同真值条件的原有英语语句，我们都可以扩展这一理论去包容它们。所要求的大部分内容是，当我们把日常英语用某种标准标记法表述时，尽可能把我们现在凭借技巧所做的工作程序化。这一论点并不是说，标准标记法优于原来的未经加工的表述，而是说，如果我们知道标准标记法**对于**什么样的表述是标准的，那么，我们对于那种未经加工的表述所具有的理论就如同我们对于那种与之相伴的标准标记法所具有的理论一样出色。

哲学家们长期以来一直在从事这样一项艰苦的工作，即通过使本国日常语言中的语句与他们对之具有一种理论的语句相匹配而把理论应用于日常语言。弗雷格的巨大贡献在于，他证明了“一切”、“某个”（某些）、“每个”、“各个”、“没有一个”以及相关的代词在它们的某些用法中是如何被精确地加以阐明的；对于一部分有意义的自然语言设想出一种形式语义学，这第一次成为可能。这一设想在塔尔斯基的工作中以明确的方式得到实现。不应忽略下述事实：作为这两个
30 （由弗雷格所做出的和塔尔斯基所做出的）宏大业绩的一个结果，我们洞察到我们的母语的结构。爱好逻辑的哲学家趋向于从这一理论着手阐述自然语言的复杂情况。而当代语言学家（人们很难把他们所持的目标理解为有什么不同）则从日常语言着手制定出某种一般的理论。如果其中任何一方获得成功，就必定有一个一般理论与自然语言的聚合点。近来乔姆斯基和其他一些人所做的工作，对于把自然语言的那些复杂情况纳入正规理论的管辖范围之内这一点极为有用。举一

个例子：假定我们能够做到对有意义的某一系列主动语态语句提出真值条件，那么，借助于一种把每个这样的语句变换为与其相应的被动语态语句的形式程序，就能以一种明显的方式把真理理论扩展到这一组新语句上。[14]

塔尔斯基附带论及的一个问题（至少从其所有表现形式上看）并非必须连同理论一道加以解决，这个问题便是“含混词项”在自然语言中的存在。只要含混性没有影响到语法形式，并能翻译为元语言（含混性对应于含混性），真理定义便不会蒙骗我们。对于系统的语义学来说，出在英语中“相信（that）”这个短语上的主要麻烦，并不在于它的模糊性、含混性或把它纳入严肃科学的不适宜性，这是因为，假定我们的元语言是英语，所有**这些**问题都会原封不动地带入这种元语言。但是，关于“相信（that）”的逻辑语法这个中心问题依然缠绕住我们。

这个例子适于例证另外一个相关论点，因为关于信念语句的讨论由于没有注意到下述两个任务之间的根本区别而颇受困扰：一个任务 31
是揭示（处于像我所解释的那种意义理论的领域之中的）逻辑语法或语句形式；另一个任务是对于（被作为那种意义理论的初始词项来对待的）个体语词或个体表达式进行分析。因此，在《意义与必然性》一书的第一版中，卡尔纳普建议，我们应把“约翰相信地球是圆的”翻译为“约翰对于作为一个英语语句的‘地球是圆的’做出肯定的反应”。梅茨指出，不论两个语句在意义上如何接近，约翰都可能对于其中一个做出肯定的反应而对另外一个没有做出肯定的反应。[15] 梅茨指出这一点之后，卡尔纳普便放弃了自己的那种说法。但是，从一开始这里就有一个混乱。根据卡尔纳普的看法，信念语句的语义结构是由三位谓词所给出的，这种三位谓词的三个位置是分别为指称一个人的表达式、指称一个语句的表达式和指称一种语言的表达式而保留的。试图对这种谓词做出一种分析（或许按照行为主义的思路进行分析），这是一个完全不同的问题。塔尔斯基关于真理理论的概念的一个主要优点就在于，他的这种概念对我们所要求的方法上的纯洁性是从对这个问题本身的阐述中得出的，而不是从由于哲学上的某种外来的清规戒律而强加于自身的约束中得出的。

我认为，这种语言哲学使我们记住逻辑形式或语法问题与对个别概念所进行的分析之间的区别，对于这种语言哲学的长处不论怎样说也不算夸大。另外一个例子可能会有助于阐明这一论点。

如果我们假定有关逻辑语法的一些问题已解决，像“巴多特是善的（good）”这类语句就不会对真理定义提出任何特殊的难题。这里并没有表明在描述性的词项与评价性的（情感性的、表情性的等）词项之间的深刻差别。即使我们认为〔这种差别〕具有某种重要含义，在这种含义上，道德性语句或评价性语句没有真值（例如，因为这些语句不能得到证实），我们也不应当对“‘巴多特是善的’是真的当且仅当巴多特是善的”这一断言感到迟疑不决，不敢接受。在真理理论中，这一推断应当连同其他推断一起得出，必须留意这类语句在语言整体中的语义学位置，即留意它们与普遍化（generalizations）的关系、它们在诸如“巴多特是善的并且巴多特是愚蠢的”这类复合语句中所起的作用等等。我们还完全没有接触到评价性语词的特殊方面：神秘性由对象语言中的“善的”这个词转移到了这个词在元语言中的翻译。

32 可是，在“巴多特是一个好的女演员”中起着重要作用的“好的”这个评价性语词却是另一回事。问题并不在于这个语句的翻译不在元语言中（因为我们不妨假定它的翻译在元语言中）。问题在于，要构造一个真理定义，使得“‘巴多特是一个好的女演员’当且仅当巴多特是一个好的女演员”（以及其他一切像这样的语句）成为推断。显然，“好的女演员”并不表示“好的并且一个女演员”的意思。我们或许想到把“是一个好的女演员”看做一个未经分析的谓词。这便会抹杀“是一个好的女演员”与“是一个好的母亲”之间的一切关联，并使我们没有理由把（在这些用法中的）“好的”这个词视为一个语词或一个语义因素。然而更糟糕的是，这样做会从根本上阻止我们构造出一个真理定义，因为，那些必须被视为逻辑上简单的（从而必须用关于满足的定义容纳在分离的子句里的）谓词是无止境的："是狗的一个好同伴"、"是一个出色的（good）28 岁的健谈者"，等等。这个问题并不是这种情况所特有的，一般的，它是归属性形容词所带来的难题。

通常认为，如果没有事先或者至少同时把逻辑语法弄清楚，就对语词或表达式进行哲学分析，这是一个战略错误。这种看法与这里所采取的态度是一致的。因为，在我们不知道我们必须处理的是什么样的（逻辑的、语义的）言语组成部分的情况下，我们怎能有信心地对于像"正确的"、"应当"、"能够"和"被迫"这样的语词或我们用来谈论行动、事件和原因的词组进行分析呢？关于对这些词和其他词以及包含它们的语句的"逻辑"所进行的研究，我也会提出几乎相同的疑问。在我们对道义逻辑、模态逻辑和命令与反问逻辑声称要去处理的那些语句进行一些可接受的语义分析之前，我们不可能知道为研究那样一些逻辑系统所付出的努力和所发挥出的才智是否在很大程度上无法奏效。哲学家和逻辑学家有时谈论起来或工作起来，就好像他们能够自由地在（比如说）真值函项条件句与其他语句之间做出选择，或者能够自由地引入像"让……这种情况成为事实"或"……这种情况应当成为事实"这类非真值函项的语句算子。但是，实际上，这种判定是决定性的。当我们背离我们能够纳入一种真理定义之中的习语时，我们就会陷入（或创造出）那种我们对之没有融贯的语义解释的语言，也就是说，对于这类讨论如何能够被纳入语言整体根本就无法做出任何解释。

再回到我们的主要论题：我们已认识到，所提出的那种意义理论原封未动地遗留下个体语词的含义这一整个问题。甚至当元语言不同 33
于对象语言时，除非是在出于词汇上的偶然原因而造成直接翻译失败的情况下，那种理论并没有对个体语词的改进、澄清或分析施加任何压力。正如对表达式之间的同义现象一般没有处理一样，对语句的同义性以及分析性也一般没有处理。甚至诸如“雌狐是雌的狐狸”这类语句都不带有任何特殊的标记，除非出于乐趣故意提供这样一种标记。有些语句的真值仅仅由某些常项所决定，这些常项使意义理论得以把握住语句的结构，即从这种理论中不仅可衍推出这些语句是真的，而且可衍推出，在对它们的非逻辑部分进行一切有含义的改写的情况下它们依然是真的。除了这些语句之外，真理定义没有在分析语句与其他语句之间进行辨别。因此，随之产生出一种逻辑真理概念，对它的应用只能是有限的，它与逻辑等值和逻辑蕴涵这些概念是有联系的。难以想象，一种意义理论如何能不在这种程度上把逻辑理解为它的对象语言；就此而论，在建构和检验那种理论的过程中，可能就需要求助于我们关于逻辑真理、逻辑等值和逻辑蕴涵的直觉。

我现在着手讨论另外一件令人十分扫兴的事实：同一个语句在某一时间或从某人的口中说出是真的，而在另外一个时间或从另外一个人的口中说出则是假的。在这点上，无论是逻辑学家还是对形式方法持批评态度的人大多（尽管绝非普遍地）似乎同意这样一种看法，即形式语义学和逻辑都没有能力解决指示词所造成的干扰。逻辑学家所做出的反应经常是贬低自然语言，并试图表明如何在没有指示词的情况下取得进展；而他们的批评者所做出的反应则经常是贬低逻辑和形式语义学。这两者之中的任何一种看法都不能令我满意：很清楚的是，不能够在不造成损失或没有做出根本改变的情况下从自然语言中消除指示词，因此，除了使理论迁就指示词以外，别无其他选择。

如果我们把指示词完全看做常项，就不会产生任何逻辑错误[16]；对于提出一种语义上的真理定义也不会产生任何难题。“‘我是聪明的’是真的当且仅当我是聪明的”这句话对“我”字之中所含的指示性因素完全不加理睬，而“‘苏格拉底是聪明的’是真的当且仅当苏格拉底是聪明的”**这句话**对“是（is）真的”之中的指示性因素（时态）也完全不加理睬，前一句话同后一句话一道都是加工完毕的成品。

在对指示词做出这种处理时所遇到的麻烦，并不在于对真理谓词 34
的定义，而在于被定义的东西便是真理这一断言的表面合理性。因为，这一断言仅仅在下述这样一种情况下才是可接受的，这就是这种定义中所提到的每个语句的说出者和语境是与这种真理定义本身的说出者和语境相匹配的。人们还能公平地指出，对指示词进行理解的一部分内容便是知道指示词据以调整它们对境况的指称的规则；把指示词类化为常项便抹杀了这一特征。我认为，人们能够对付这些抱怨，不过只有通过在那种真理理论中做出相当广泛的修正才能做到这一点。我将简单明了地提出如何能做到这一点，而这个简单明了的建议便是所需要的一切：这种想法在技术上是平凡的，是与关于时态逻辑所做出的研究工作相一致的。〔17〕

我们可以视真为一种特性，这种特性不是语句的特性，而是话语（utterance）的特性，或言语行为的特性，或关于语句、时间和人的有序三元组的特性；而恰恰把真理性视做语句、人与时间之间的关系，这是最简单不过的了。经过这样一种处理，现在人们所理解的普通逻辑便像通常那样应用，不过仅仅应用于相对于同一个说话者和同一个时间的语句组；在不同时间并由不同说话者说出的语句之间的进一步的逻辑关系可以由一些新的公理明确表达出来。这类事情并不是我所关切的事。意义理论经历了一种系统的但并非令人困惑的变化；在这种理论中，相应于每个带有指示性因素的表达式，都必定有一个把该表达式出现于其中的语句的真值条件与变化着的时间和说话者联系起来的短语，因此，可从这种理论中衍推出像下面这样的语句：

> 由 p 在时间 t 所（潜在地）说出的“我疲倦”是真的，当且仅当 p 在时间 t 是疲倦的。
>
> 由 p 在时间 t 所（潜在地）说出的“那本书已被窃”是真的，当且仅当由 p 在时间 t 所指示的那本书先于时间 t 被窃。〔18〕

很明白，这一思路并未表明如何消除指示词；例如，它并没有提出这样一种建议，即能够以“由说话者所指示的书”不改变真值地处处替换“那本书”。指示词能够接受形式处理这一事实，应当大大地
35 促进对于一种关于自然语言的真正的语义学的期望，因为情况很可能是这样：如果我们认识到一种隐匿的指示词结构，那么，许多悬而未决的困惑问题（例如，对引语或有关命题态度的语句的分析）就能够得到解决。

既然我们已使真理性相对于时间和说话者，因此，回过头来处理从经验上检验一种关于另一种不同语言的意义理论这一难题便是适当的。人们记得，这种方法的本质是要通过真理定义使得被认为是真的（held-true）语句与被认为是真的语句相互关联，并把这种关联限制在可理解的错误的范围之内。现在，必须精心描述这张图像以便考虑到这样一个事实：语句仅仅相对于一个说话者和一个时间才为真，并且被认为是真的。带有指示词的语句产生出一种十分敏感的对于意义理论正确性的检验，并构成那种在语言与人类所关切的那些反复出现的宏观对象之间的最直接的联系。[19]

在这篇论文中，我已假定，一种语言的说话者能够有效地确定意义或者说确定任意的表达式（如果它具有意义的话）的意义；并且，表明这是如何可能的这一点是意义理论的主要任务。我已论证，真理谓词的表征对所需要的那种结构进行描述，并对自然语言的适当的语义学提供出一个清楚的、可检验的标准。无疑，对意义理论可能还有其他的合理要求。但是，一种不过是为语言定义真理概念的理论比起表面上的分析可能表明的要更接近于构造一种完全的意义理论；至少我极力主张过这种看法。

既然我认为别无其他可供选择的办法，因此，我对于从形式上表征自然语言的真理谓词的可能性持乐观态度，并有一个纲领性的看法。但是，必须容许依然存在有一系列令人惊愕的难以解答的问题。

列举其中几个如下：我们不知道反事实句或虚拟语句的逻辑形式，也不知道有关或然性（probability）的语句和有关因果关系的语句的逻辑形式；我们无法充分了解副词的逻辑作用是什么，也无法充分了解归属性形容词的逻辑作用是什么；我们对于像“火”、“水”和“雪”这样的物质名词没有系统的理论解释，我们对于有关信念、知觉和意向的语句没有系统的理论解释，我们对于有关蕴涵着目的的行为动词 36
也没有系统的理论解释。最后，还有下述所有这些语句似乎根本就不具有真值：祈使句、祈愿句、疑问句以及另外很多语句。一种全面的自然语言的意义理论必须成功地解决上述每个难题。[20]

（牟博　译，静之立　校）

【注释】

〔1〕参看论文 1。

〔2〕一个表达式的“结构性描述短语”把该表达式描述为从一个确定的有穷表列（例如语词表列或字母表列）中抽出的要素之间的联结。

〔3〕这一论证来自弗雷格。参看丘奇：《数学逻辑导论》（*Introduction to Mathematical Logic*），24～25 页，或许值得提到的是，这个论证不依赖于对语句理应指称的那些实体的任何一种特定的识别。

〔4〕人们也许会认为，在《对关于感觉和所指的逻辑的系统表述》（A Formulation of the Logic of Sense and Denotation）一文中，丘奇提出了一种必不可少地把意义当做实体来使用的意义理论。但这并不符合事实：尽管把丘奇的那些关于感觉和所指的逻辑解释为关于意义的，但是这些逻辑并没有提到表达式，因此当然也就不可能是在现在所讨论的含义上的意义理论。

〔5〕近来对于语义学在语言学中的作用的陈述，请参看诺姆·乔姆斯基（Noam Chomsky）：《生成语法理论中的若干论题》（Topics in the Theory of Generative Grammar）。在这篇文章中，乔姆斯基（1）强调了语义学在语言学理论中的十分重要的意义，（2）很大程度上是在下述论据的基础上论证了转换语法相对于短语结构语法的优越性：短语结构语法尽管也许适于对（至少）某些自然语言定义出语句的性质，但不适于作为语义学的基础，以及（3）反复多次地

评论语义学概念的“相当初始的状态”，并认为语义解释这一概念“仍然抵制对之进行任何一种深层分析”。

〔6〕当然，假定这些谓词的外延限于 L 中的语句。

〔7〕塔尔斯基：《形式化语言中的真理概念》。

〔8〕但是，可以援引蒯因的话来支持我的用法：“……说到**意义**……人们可以在一个语词的语境之真或假是确定的这样一种无论怎样的范围内把一个语词说成是确定的。”〔《由约定而形成的真理》(Truth by Convention)，82 页〕既然真理定义确定对象语言中的每个语句（相对于元语言中的语句）的真值，因此，它便确定每个语词和语句的意义。这似乎证明了意义理论这个称呼是有道理的。

〔9〕给出一个单个的例子：可从一种理论中衍推出“‘雪是白的’是真的当且仅当雪是白的”这一点显然有利于这个理论。而设计出一种可从中衍推出那句话（并对一切相关的语句都起作用）的理论并非无足轻重。我不知道是否有一种在整体上令人满意的、可成功地处理这种情形（关于“物质词项”的难题）的理论。

〔10〕批评者们经常没有注意到这段话中所提到的这一必不可少的限制性条件。其要点是，(S) 不能属于任何一种对于“那是雪”和“这是白的”这些语句给出正确真值条件的、具有合理简单性的理论。（参看后面关于索引表达式的讨论。）〔此注释是在 1982 年附加上的。〕

〔11〕这段话出现混乱。应当采取这样一种说法：这一理论的语句是有关说话者的一些经验概括，因而就必定不仅是真的，而且还像法则一样。既然 (S) 没有支持恰当的反事实语句，因此，它大概不是一条法则。接受“那是雪”这一语句的（相对于时间和说话者的）真值条件的根据在于，说话者同意那个语句与关于雪的指示性描述之间的因果联系；指出这一点也是重要的。至于进一步的讨论，请参看论文 12。〔这个注释是在 1982 年附加上的。〕

〔12〕对于另一种语言的意义理论如何能够被清楚地加以检验这一点所做出的这番概述，受到了蒯因在《语词和对象》第二章中对彻底翻译所做出的解释的启发。而在提出下述这种看法时我不局限于蒯因所说，这种看法就是：一种可接受的彻底翻译理论应采取对真理概念之特性进行递归描述的形式。在本论文结尾对指示词的讨论中，又会出现另一个我们两人具有一致看法的有力论点。

〔13〕就我所知，人们很少对于是否能够对自然语言提出一种形式上的真理定义这一点进行讨论。但是，有几个人在更一般的意向上极力主张应把形式语

义学的概念应用到自然语言上。例如，请参看巴-希勒尔（Yehoshua Bar-Hillal）和埃弗特·贝思（Evert Beth）为《鲁道夫·卡尔纳普的哲学》（*The Philosophy of Rudolph Carnap*）一书撰写的文章以及巴-希勒尔所写的《逻辑句法和语义学》（Logical Syntax and Semantics）一文。

〔14〕我预先设想的在转换语法与可靠的意义理论之间的那种**“和睦状态”**，已被近来在转换生成语法的概念里所发生的变化大大发展了，乔姆斯基在上面曾提到的那篇文章（《生成语法理论中的若干论题》）中描述了这种转换语法的概念。由这种语法的短语结构部分所生成的结构，是一些适于对其做出语义学解释的结构，人们认识到这一点已有一段时间了。但是，这种观点与乔姆斯基直到最近还持有的这样一种想法是不相容的，这就是，递归操作仅仅是由转换规则引进的。乔姆斯基现在相信，短语结构规则是递归的。形式语义学方法可以直接地、自然地应用于一些语言，既然（递归的）短语结构语法对于这些语言是恰当的，因此，很清楚，乔姆斯基目前所描述的、在由转换语法的短语结构部分所生成的结构与那类语言中的语句之间的关系图像，就很相像于许多逻辑学家和哲学家所描述的、在那些较丰富的形式化语言与日常语言之间的那种关系图像。（在提出这些看法时，我受惠于布鲁斯·沃玛岑。）

〔15〕梅茨（B. Mates）：《同义性》（Synonymity）。

〔16〕参见蒯因：《逻辑方法》，第8章。

〔17〕结果证明，这一断言是一种幼稚的乐观看法。至于就这一论题所进行的某种认真的研究工作，请参看温斯坦（S. Weinstein）：《真理与指示词》（Truth and Demonstratives）。〔这个注释是在1982年附加上的。〕

〔18〕在奥斯汀（J. L. Austin）的《真理》（Truth）一文中不止一次地提到对指示词和真理的这种看法。

〔19〕这些看法起源于蒯因的这样一种想法：“场合语句”（occasion sentences）（那些带有指示因素的语句）必须在构造翻译手册的过程中发挥主要作用。

〔20〕已尝试过的对其中某些难题的解决办法请参看《论行动与事件》中的第6～10篇论文，本书中的论文6～8。在本书中的论文3、4、9、10中有进一步的讨论，并参看在论文9第一节里所提出的某种进展。

论文 3　对事实为真（1969 年）

37　一个真陈述就是一个对事实为真的陈述。这个说法似乎体现了一种显而易见的关于真的真谛，就像如下关于母亲的说法一样：一位母亲就是某个人的母亲。作为母亲的**属性**是通过母亲与其孩子之间的**关系**得到解释的；同样，进一步地说，成为真的属性只能通过一个陈述与其他某个东西之间的关系得到解释。如果对这个其他某个东西究竟是什么没有任何偏见，或者对究竟什么语词或短语更好地表达这种关系（即以图像为真，或符合图像的关系）没有任何偏见，我就有权利把这种观点称做关于真的符合论。

符合论是基于表面上难以避免的某种（简单的）观念，但它并没有得到充分的检验。主要的问题在于找到这样一个事实的概念，我们可以用它来解释一切，而当我们说明它时，它不会流于平俗或空洞无物。最近的讨论主要关心的是，决定某种形式的符合究竟是否是真的和流俗的（“……真理论是一套自明之理”[1]），或者说，如果没有搞混的话，是否是完全空洞无物的（“符合论并不需要净化，而是需要消除”[2]）。而那些把真的语义学概念与符合论联系起来讨论的人，则是典型地把这个语义学概念看做是无关紧要的或流俗的。

在本文中，我捍卫一种符合论的观点。我认为，真可以被解释为求诸语言与世界的关系，而对这种关系的分析则会使我们认识到，当我们说出句子的时候，我们是怎样设法说出真的东西。塔尔斯基最初系统阐述的真的语义学概念[3]，会在我的捍卫中起到关键作用。 38

人们有可能证明，满足了可行标准的真理论或真的定义，必然包含了这样的思想资源，以适合确定符合的含义。我的计划抱负不大：我会满足于能够找到对有助于解释真的符合关系的一种自然解释。显然，这包含了成功地实现这样的企图，即有一种形式可以从许多或所有语境中消除类似“这是真的……”和“……是真的”这种短语：符合论和冗余论并不必然地发生冲突。不过，我们可以看到关于符合作用的说明，就是询问我们如何能够很好地以不带有真语词或短语的句子，系统地替换那些带有这些语词或短语的句子。

(1) 法语是毛里求斯的官方语言，这个陈述是真的。

这个句子实质上就等于“法语是毛里求斯的官方语言”，对两个类似关联的句子也可以这样说。这就会使人们认为，出现在句子(1) 中的语词代表了一种同一真值函项（an identity truth function），这与双重否定句子在效果上是一样的，但缺乏有意义的表达。根据这种看法，这不过是一种奇特的语法，即句子（1）是由一个复合单称词项和一个谓词构成的。

双重否定真理论的问题在于，它只能运用于已经包含了句子的那些句子，比如句子（1）和“2+2=5是真的”。这个理论无法直接处理以下这样的句子：

（2）毕达哥拉斯定理是真的。

（3）亚里士多德所说的没有是真的。

或许我们可以在分别处理（2）和（3）的时候仍然把双重否定理论运用于（1）。但要说“是真的”在这些不同的情况中有不同的意义，这却很难说得过去，特别是因为连接这两类句子似乎仅仅是简单的推理而已。因此，从（2）和“毕达哥拉斯定理是，斜边的平方等于另外
39 两边平方之和”，我们可以推出“斜边的平方等于另外两边平方之和这个陈述是真的”。

人们会认为，双重否定理论多少可以涵盖类似（2）和（3）这样的句子。理由是这样的：双重否定理论告诉我们，对每个陈述来说，都有一个句子表达了它。但是这样的话，（2）就只有在有一个真的句子表达了毕达哥拉斯定理时才能成立，而（3）也只有在没有任何真的句子表达了亚里士多德所说的东西才能成立。根据这种解释，表面上需要使用“真的”这个词，就会由于如此处理（2）和（3）而变得无关紧要了：

（2′）（p）（陈述 p=毕达哥拉斯定理→p）。

（3′）～（∃p）（亚里士多德说 $p\cdot p$）。

我们这里采用的是一条不同于简单双重否定理论的路线，即接受了关于陈述的本体论，把量词引入到句子所占据的位置。这不是说（2′）

和（3′）中的变项遍布陈述，而是说（2′）中等号两边的那类表达式指向了陈述。根据双重否定理论，对陈述的公认指称和对真的公认谓述被化约为在语法上复杂的而在逻辑上简单的表达式，即真值函项语句联结词。相反，目前的理论则允许我们把“是真的”看做是一个真正的谓词。它提供了这样一条原则：

（4）（p）（陈述 p 是真的 $\leftrightarrow p$）。

这就使句子摆脱了谓词“是真的”，在逻辑上等同于包含了它的句子。这样，真就不是被解释为可以用来断定陈述的东西，而是用来解释陈述的东西。

这就是说，只要我们理解了（2′）、（3′）和（4），陈述就得到了解释。但我们真的理解了吗？问题在于变项当中。由于变项替换了句子，它们既刻画了类似“亚里士多德说……”这样的词，也出现在真值函项语境之中，因而变项的值域就必定是实体，句子在这两种情况中都可以被看做是名称。但正如弗雷格指出的，有很充分的理由可以认为，如果句子单独出现或在真值函项语境中时命名了一切，那么，所有真 40
句子就命名了相同的东西。[4] 这就迫使我们推出，一旦陈述 p 和陈述 q 都是真的，这两个陈述就是等同的；这显然是一个无法接受的结果。

拉姆赛曾用常被提到的一段简短的话提出了一种类似于或等同于刚才讨论过的理论。他认为，如果不在结尾处引入“是真的”这些词，那么类似（2′）、（3′）和（4）这样的句子就无法令人信服地用英语读出来，否则就会把这看做是一种语言习惯，甚至是一种缺陷（我们加上“是真的”，因为我们忘记了“p”已经包含了一个“可变”动词）。于是，拉姆赛说：

> 或许更为清楚的是在这里假定，这里只有一种命题形式，比如说，关系形式 aRb；于是，“他总是对的”可以表达为“对所

> 有的 a、R、b，如果他断定了 aRb，那么，aRb”，而“是真的”在此就显然是画蛇添足了。当包括了命题的所有形式，分析就更为复杂，但没有根本的区分。[5]

我认为我们一定会断定，拉姆赛想用变项“a”和“b”涵盖某种个体，用“R”涵盖（两位）关系。所以，他所说的“他总是对的”就完全可以表达为“对所有的 a、R、b，如果他断定了 a 对 b 有 R，那么，a 对 b 就有 R”。显然，如果包括了“命题的所有形式”，这个分析就主要是递归的，因为命题的形式伴随的是句子的（逻辑）形式，而对这些形式来说则是一个无限数字。于是，我们没有理由认为，拉姆赛的分析是可以完成的，这在本质上完全不能与塔尔斯基定义真的方法同日而语。然而，塔尔斯基的方法引入了（我会表明）某种类似符合的概念，而这正是我们一直在讨论的理论试图避免的东西。悖论对于拉姆赛的递归方案也会是一个问题。每当基于（4）原则的理论总是可以非正式地求助于，如果“陈述 p”中的“p”被替换为某个有问题的句子，那么这个句子形式中的任何一个词都无法命名，系统地贯穿于一种语言中所有句子的理论就需要求助于一种更为精确的手段去避免矛盾。人们会奇怪，拉姆赛在完成了他的分析之后他的这种说法还会如此坚定，即“实际上并没有单独的真理问题”。

41 我还没有谈到在（非哲学的）对话中说出包含了“真的”及其相关语词所要达到的目的。毫无疑问，包含了“真的”这个词的评论是用来表达同意，强调信念或权威，作为重复或转变责任，这个看法是可以得到支持的，只要我们可以表明，真值函项总是可以通过应用简单的公式而被消除但不会失去认识意义。然而，我会认为，关于句子所强调的外在于语言目的的理论，在逻辑上并不依赖于它们所指的问题；而我所关心的却正是后者。

我们还没有找到一种令人满意的理论去解决前面的这个问题，即把真赋予陈述是多余的；但即使可以表明无法得到这样的理论，这也并不足以确立符合论。所以还是让我们来更直接地考虑一下用符合概念去说明真的可能前景。

被说成使陈述为真的符合在于事实。于是，我们自然就会转向讨论事实以求帮助。从如下类似的句子中我们无法学到任何东西：

（5）锡卡在肯尼亚这个陈述符合事实。

或者是其同类的句子："事实上，锡卡是在肯尼亚"，"锡卡在肯尼亚是一个事实"，"锡卡在肯尼亚，那是一个事实"。无论我们是否接受对事实的符合解释了真这个观点，（5）及其相关的句子都不过是这样一个句子："锡卡在肯尼亚这个陈述是真的"（或"……是真的"或"……那是一个真理"，等等）。如果我们单独考虑（5），就只是因为我们能够说明事实和符合，而这并不与真理构成直接的循环。这种说明会使我们有意义地使用这样的句子形式：

（6）陈述 p 符合事实 q。

走向真理的步骤会是很简单的：一个陈述是真的，只要有一个事实与它相符合。[（5）可以重写成"锡卡在肯尼亚这个陈述符合一个事实"。]

（6）在何时成立呢？当然是在"p"和"q"可以用相同的句子加以替换的时候；困难也由此产生了。那不勒斯比红崖更靠北这个陈述符合那不勒斯比红崖更靠北这个事实，但同样也符合这样一个事实：红崖比那不勒斯更靠南（或许这些是相同的事实）。它也符合这样的事 *42*
实：红崖比爱琴海30英里之内最大的意大利城市更靠南。当我们考虑到那不勒斯这个城市满足了以下的描述：它是爱琴海30英里之内最大的城市；而伦敦是在英格兰，那么，我们就会开始怀疑，如果一个陈述符合了一个事实，它就符合所有的事实。（"符合事实"最终可能是对的。）的确，应用隐含在我们例子中的原则，我们就很容易肯定这样的怀疑。这些原则就是：如果一个陈述符合了由这样的表达形式“事实 p”所描述的事实，那么，它就符合了由“事实 q”所描述的事实，而这表明（1）由“p”和“q”相互替换的句子在逻辑上是相等的，或者（2）“p”与“q”的不同仅仅在于，一个单称词项一直被替换为一个共存的（coextensive）单称词项。肯定性论证是这样的。令“s”为缩写的某个真句子。因此就会得到陈述 s 符合事实 s。但是，我们可以把第二个 s 替换为逻辑上等值的“（有 x，使得 x 等于第奥根尼，并且 s）等于（有 x，使得 x 等于第奥根尼）”。应用这样一个原则，即我们可以替换共存的单称词项，这样，我们就可以在最后的引句中用“t”替换“s”，并保证“t”为真。最后，通过修正第一个步骤，我们就得到结论，陈述 s 符合事实 t，这里的“s”和“t”是任何真的句子。[6]

由于不考虑我们始终无法区分事实的符合问题，而这并没有揭示出任何一个差别，我们就可以把我们的论证结果理解为，这表明了恰恰存在一个事实。像“尼泊尔有印度塔这个事实”这样的描述词（如果它们真的在描述的话），就是描述了相同的事情：伟大的事实。① 当我们写下了“符合”，要区分伟大事实的各种名称就没有任何意义了；我们也可以满足于“符合伟大的事实”这个单一短语。这个无法改变的谓词伴随着多余的本体论残余，但除此之外，除非我们把它看做“是真的”，否则它就显然没有说出任何东西。

导致这个结论的论证会因为拒绝接受它所依赖的原则而受到阻
43 挠。人们肯定会设想这样一些构想的事实，它们可能反映了我们对这一问题的某种感情，而又不会导致本体论的崩溃。然而，从真理论的观点看，所有这些构想都会由于以下的困难而导致失败。假定，如果我们不想再受煎熬的话，我们就会像区分陈述那样精确地区分事实。当然，并非每个陈述都符合事实；只有真的陈述才会如此。但如果这样的话，除非我们可以找到分辨事实的其他方式，否则我们就无法希

① 原文为“The Great Fact”，意指尼泊尔的博达哈大佛塔。

望求助于事实而解释真理。[7]

对事实的谈论就还原为我们前面谈到的对真理的谓述，这个观点可以叫做关于事实的**冗余论**。另一方面，对真理的谓述并没有轻易地证明是可以消除的。如果对这种真理冗余论不存在什么令人宽慰的东西，那么对符合论也就不存在什么值得鼓励的东西了。

我认为，对我们的失望有一个很简单的解释：我们已经远离了我们所描述的语言。陈述为真为假，是由于在做出陈述时所使用的语词，而正是语词才与世界有着有趣的、详尽的和约定性的联系。因而，任何严肃的真理论都要处理这些联系，而正是在这里，符合的概念才能找到用武之地。我们一直严格限制在讨论刻画那些没有明显提到语词陈述的方式。因此，“约翰的陈述是猫在席子上”就完全无法挽回地放弃了对约翰语言中个体的指称，而这种语言原本支持了对真理的并非不重要的说明，这可能也被看做完全适用于一般所说的这种说法“陈述 *p*”。

对真理的讨论可能会避免语言的转向，因为真理显然是无法被附加在句子上的；但是，如果这真是一个原因的话，它就是一个糊涂的原因。句子是无法为真为假的，因为倘若是这样的话，我们就得说，（由泰坦尼亚人说出或唱出来）“Je suis Titania”是真的，（由其他人说出来）是假的，（由完全不懂法语的人说出来）是既不真也不假的。这个类似的论证并不是表明我们必须停止以相同的语气谈论句子和真理，而是表明我们必须更进一步，同样谈论说出句子的时间以及说话者。（自然语言中的）真理不是句子的属性，它是句子、说话者和时间之间的关系。这样来看问题并不是要从语言转向非言语的永恒实体，如命题、陈述和断定等，而是要把语言与真理出现的场合联系起 44
来，这就引入了对一种理论的构造。

上述两段可能表明了，如果我们需要拥有一种关于真理的完备理论，我们就必须放弃把陈述看做是真理的专门工具的看法。但情况并非如此。如果我没有错的话，真理论必须刻画或确定一种三位谓词“$T s$，u，t”。我们是把这个谓词读做“（作为英语的）句子 s 对说话

者 u 在时间 t 为真”，还是读做“由说话者 u 在时间 t 说出的（作为英语的）句子 s 表达的陈述为真”，这对这个理论来说无关紧要。如果有人相信，出于进一步的理由，我们必须坚持把陈述看做是真理的工具，他们就会发现第二个表述方式，它使用了更为清晰的复合单称词（“……陈述”）和一位谓词（“是真的”），但其他人（包括我自己）会认为，我们完全可以不需要陈述，这样我们就更愿意采取第一种更为简朴的表达方式。但这两种人可能都是在自言自语；只有在以一种全面理论的观点来看待这种谈论时，其中的差别才会显现出来。我认为，目前的讨论无法确定这种理论是否需要一种关于陈述的本体论。

对于无法谓述句子的真理有一些很好的理由，但这些理由不能用来解释言语行为、话语或殊型（tokens）。人们一直肯定地认为，我们并没有一般性地或从来没有谈论过言语行为、话语或殊型，这没有错。[8]但这并不表明，我们为什么不应当把这些实体叫做真的（假如它们存在的话）。如果我们说，具体说到某个句子是真的只是因为它被用在某个场合而带来了一个真的陈述，那么这里就不会产生任何混淆了；对殊型和话语也是这样。根据斯特劳森的说法，

> “我的陈述”既可以是我所说出的东西，也可以是我正在说出它。我正在说出某个东西的确是一个插曲。而我所说出的东西则不是什么插曲。我们宣称为真的东西正是后者，而不是前者。[9]

我不确定一个陈述是否是一个言语行为，但无论如何，我们可以接受这样一个结论：我们不能把言语行为说成是真的。但这会带来什么呢？这肯定不是说，我们无法用某个具体说话者在具体场合使用语词时带来的语词与事物之间的约定关系，来解释是什么东西产生了一个
45 真的陈述。因为虽然“我的陈述”可能并不是指一个言语行为，至少在谈到真理的时候是这样，但仍然只有通过把它与一个言语行为联系起来才能确定它的陈述。（是什么使得它成为“我的”陈述？）

如果某个说英语的人说出了这样一句话“太阳在帆桁端的上方”，那么，他是在什么条件下做出了这样一个陈述，即太阳在帆桁端的上方？任何一个答案都会包括这样一些规定，比如他是想让听者产生这样的印象，即他相信太阳是在帆桁端的上方，或者是他的地位使他有权利提供一个关于太阳位置的信息，等等。按照这些思路，人们就会认为，如果说话者根本没有想到太阳的位置，而只是要宣布喝水的时间，那么，他就**没有**做出这样一个陈述，即太阳在帆桁端的上方。但即使是在刚才所提到的这种条件下，我们也可以说是他在有意义地做出一个陈述，就是说，这个人是在（“字面上”）做出这样一个陈述，即太阳在帆桁端的上方，而他所说的东西为真，则完全是由于在他说的时候太阳是在帆桁端的上方，即使他并没有什么理由相信这一点，甚至并不关心这是否是真的。在这种情况中，我们关心的并不是这个人在说出这句话的时候所意味的东西，而是说出的这句话所意味的东西。这两种意义概念相对于说出的环境，但在第二种情况中，我们摆脱了说话者外在于语言的意向。语言的交流就是字面意义的交流；所以，在各种意义当中一定有做出陈述的字面意义。真理论处理的就是字面意义。（当然，这一点还需要更进一步地讨论。）

一旦区分了字面意义，那么，某个说英语的人就会在说出“今天是星期二”这句话时做出一个真的陈述，只要在他说出这句话的时候他所在的地区是星期二。这个例子就带来了一种概括：以下公式中的每个示例都会是关于真理的一个真理，只要我们把“s”替换为对一个英语句子的描述，把“p”替换为一个给予使被描述的句子为真之条件的句子：

(7)（作为英语的）句子 s 对于说话者 u 在时间 t 为真，当且仅当 p。[10]

（另一个明显把真理赋予陈述的公式可以被替换掉。）即使我们把用于替换“s”的描述严格地限于某种格式化的句法词汇，我们也可以认为，对 46

每个英语句子都存在一个具有（7）形式的真句子。所有这样的句子就唯一地确定了（7）中的三位谓词的外延（相对化的真理谓词）。我们在这里就处于真理论的边缘，但还没有出现类似符合的东西。然而，理由可能是，我们仅仅处于一种理论的边缘。公式（7）告诉了我们一种真理论应当包含的内容，但它本身并不是一个理论，也没有表明如何能够构想出一个这样的理论。公式（7）意图对英语所起的作用类似于塔尔斯基 T 约定中的相似公式对人工语言所起的作用。[11] 这个作用在于检验一种真理论的恰当性：一个可以接受的理论必须包含带有形式（7）的真句子，无论由替换“*s*”的标准表达式所描述的英语句子究竟是什么。

公式（7）缺乏的是塔尔斯基工作中的那种优雅特征。塔尔斯基并不关心具有索引成分的语言，所以他能使用这种简单的公式：“*s*（在 L 中）是真的，当且仅当 *p*”，这里用于替换“*p*”的句子就是由替换“*s*”的表达式所描述的句子，其中的元语言就包含了对象语言；否则，它就是在某种直接的意义上翻译了那个句子。这种未完成的公式不可能是我们的；因为，当存在索引词（指示词、时态）时，用来取代“*p*”的东西一般而言就不可能是“*s*”所命名的东西或对它的翻译，正如前一段中第一个句子中的例子一样。可以考虑以清晰的句法词汇陈述（7）所需要的详细说明，但我们没有理由认为这是不可能的，因为替换“*p*”的东西一定是系统地与替换“*s*”所描述的句子联系在一起的，而这样的替换规则又支配着英语索引词的用法。

倘若英语的陈述句只是构成了有限数量的原始句子及其真值函项成分，那么这就会很容易递归地刻画真理，即对每个原始句子都提供一个带有形式（7）的句子，赋予一个对应于每个句子联结词的规则。然而，一旦我们允许任意复杂的谓词可以用变项和联结词构造起来，
47 就像在量化过程或复合单称词项的情况中那样，那么，这种策略就失效了；而正是在这里，真理论才变得有趣起来。让我们集中讨论一下量化结构而不考虑单称词项问题，这不仅因为后者被认为是不重要的而前者则不是，而且因为这里要指出的问题将会更容易得到理解。当

然，一种关于真理的递归理论要求的量化结构所呈现出的问题在于，虽然任何有限长度的句子都可以由少量的变项、联结词、谓词和量词等构造出来，但这些句子成分反过来都不必成为一个句子；所以，一个复合句子的真理一般而言是无法用其部分的真理加以说明的。

塔尔斯基教导我们认识到了这个问题，他给出了一种巧妙的解决方法。这个解决方法依赖于先是刻画所谓的**满足**关系，然后由此去定义真理。得到满足的实体就是开语句和闭语句；满足项就是绘制出对象语言中变项的那些函项，而这种对象语言中的变项覆盖了实体——几乎是一切，如果这种语言是英语的话。[12]一个函项满足了未构成的在其 n 位带有变项的 n 位谓词，如果这个谓词是对实体为真，（以便）使得该函项指派这些变项。所以，如果“x 爱 y”是这种最简单的开语句，函项 f 要满足它，就只有当 f 指派给“x”的实体爱上了 f 指派给“y”的实体。对满足的这种递归刻画反过来一定会贯穿每个原初谓词。它是以一种明显的方式处理联结词：因而，两个句子 s 和 t（开语句或闭语句）的合取得到满足，是由于 f 满足了 s 以及 f 满足了 t。对开语句 s 的普遍量化，在变项 v 方面是由于 f 而得到满足的，因为 f 以及类似 f 的其他每个函项（除了它指派给了 v）都满足了 s。（用“存在的”替换“普遍的”或用“或者某个”替换“以及每个”，前面这个句子同样有效。）一个特殊的函项是否满足一个句子，这完全依赖于它指派给这个句子的自由变项究竟是什么样的实体。所以，如果一个句子没有自由变项——如果它是闭语句或真正的句子，那么，它就必须为每个函项所满足或不为任何东西所满足。这样，正如详细说明的递归情形一样，由所有函项所满足的那些闭语句是真的；而没有为任何函项所满足的那些闭语句则是假的。（我完全 48
可以断定，满足如同真理一样，在（7）的形式中被相对化了。）

由塔尔斯基发展的语义学的真理概念，应当被叫做一种符合论，因为其中有一部分是由满足概念起作用的；因为已经完成的部分显然是，为真的属性始终是由语言与其他东西之间的关系而有成效地得到解释的。

必须指出的是，这种关系和满足完全不是直观上所理解的那种符合；而用于满足的函项或序列也不可能是就像事实之类的东西。这种对比部分地是由于变项的个别特征：正是由于它们没有指向具体的个体，满足就会随意地把实体指派给变项（我们的函项）。如果我们考虑的是专名，满足项就会更接近我们谈论的日常对象——即有序的 n 位对象。这样，“朵勒斯爱达格玛”就会由朵勒斯和达格玛所满足，因为朵勒斯爱着达格玛。我假定朵勒斯和达格玛（在这种顺序中）不是一个事实——即证明了“朵勒斯爱达格玛”的事实应当多少包含了爱情。这种“多少”总是成为基于事实的真理论的一种惩罚。所以，这里的问题并不在于，“*s* 是由所有函项所满足的”完全是指我们认为“*s* 符合了事实”所指的东西，而只是在于，这两句话有着相同的内容：它们都是要表达语言与世界之间的一种关系，它们都等于是说“*s* 是真的”，只要 *s* 是一个（闭）语句。

在利用满足概念的符合论与基于对事实符合的符合论之间做出的比较，最好是使用没有自由变项的句子。如果我们采纳弗雷格关于句子外延的论证，这个类比就会得到这样的结论：如果句子没有符合（事实，大写的事实）或（由所有的函项、序列）得到满足，我们就无法谈论真句子。但是塔尔斯基的策略在其最后的结果中可以解决这个问题，而关于事实的策略则无法解决，因为闭语句的满足是可以用开语句和闭语句的满足加以解释的，而传统上符合事实的却只有闭语句。由于把实体不同地指派给变项就满足了不同的开语句，由于闭语句是由开语句构造出来的，因而真理是以语义学的方法对不同的句子根据不同的路径得到的。
49 所有的真句子都会殊途归一；一个语义学的真理论讲述的是一个具体句子的过程，它经历了适合于这个句子的对满足的递归描述的所有步骤。这个过程就构成了作为形式（7）之实例的一个定理证明。

关于事实的策略并不能提供这样一种指导。由于所有的真句子都对事实具有相同的关系，因而基于与其他（闭）语句之关系而对句子真理的解释，就一定寿终正寝了，只要这种解释的确依附于事实。

反过来看，基于事实概念的真理符合论的失败，回溯到了一种共同的来源：即渴望以实体包括一个真句子所符合的东西，它们不仅是真句子所“谈论的”（这是另一个充满麻烦的观念）对象，而且是这个句子对它们所说的一切。一个明确得到的结果是，我们很难描述证实了句子的事实，除非使用这个句子本身。另一个结果是，符合（或“描绘”）关系似乎仅仅是直接用于最简单的对象（“朵勒斯爱达格玛”）。这就使得这种符合论者力图用最简单的真理去解释一切句子的真理，因而特别就把量化过程解释为完全是对最简单句子合取或析取的（或许在长度上是无限的）缩写。具有讽刺意义的是，只要我们是以这种方式来看待量化过程，那么就不存在对类似符合的任何需要了。只有当我们必须把概括性看做是对谓述之概念来源和句子构成部分的必要补充，而不是可以还原为它们，那么，我们才能恰当地使用更为复杂的符合论。基于满足概念的真理论具有指导意义，这部分是因为它对句子所符合的实体究竟是什么没有多大的期望：根据这种理论，这些实体不过是这种语言中的变项与其他变项共同形成的那些对象所构成的随意组合。对象的相对简单性由于它在解释这些对象与句子之间关系中所带来的麻烦而得到了抵消，因为每个句子相对于真理的特征都必须在描述满足的过程中加以考虑。这种回报是显而易见的：在以满足解释真理的过程中，语言与其本体论之关系的所有概念资源都会浮出水面。

谈到句子为真或陈述为真或符合于事实，这当然如同谈论真理一 50
样是毫无害处的。即使是在这些段落中所提出的把真理归于语言和世界之间关系的看法，我认为也是可以得到证明的。我一直在激烈反对的关于事实的策略则是不同的东西：一种哲学理论，一个糟糕的理论。诋毁所有的符合论，特别是诋毁塔尔斯基的语义学方法，认为它们一定都是不恰当地试图基于事实而解释真理，这应当使人感到羞耻。

假定所有的符合论都必须使用这种事实策略，这至少是可以理解的；假定这是一种哲学用法上的奇思妙想，这也可以被看做是允许为真的。对类似（7）这种公式在语义方法中的作用产生的普遍误解，很少有什么解释。下面的例子不过就是可以引用的众多例子中的普通一个而已：

> ……除非传统的真理符合论所坚持的“符合”不仅仅有目前的语义学理论所把握的内容，除非这种更多的内容可以表明为真理的根本属性（或至少是一种更为重要的真理），否则，围绕符合的论战就不会是由符合论者**取胜**，而是表明其自身就是一个“虚假之物”（Scheinstreit），因为，正如我们通常所见，以下公式：
>
> “雪是白的”（在我们的语言中）是真的＝雪是白的
>
> 被实用主义者和融贯论者之类的人看做是最为平凡不过的东西。如果符合论者所谓的“符合”不过就是等于用这种等式表明的东西，那么，实用主义者和融贯论者就会有可能提出更为重要的观点……对“真理和符合”就没有什么东西可说的了。[13]

关于真的语义学方法无论是否还有比塞拉斯已经谈论过的更多的东西，情况或许是这样：符合论者与其他人之间的争论没有赢家，要么就是他们联合起来了。我对这段话的迷惑是关注于它假定了，类似“‘雪是白的’是真的，当且仅当雪是白的”这样的句子（即使在引语的地方被恰当地相对化了，并带有结构性描述），其自身就暗示了它是独特的语义学方法。当然，正如塞拉斯所说，这种句子是中立的基
51 础；正是出于这个理由，塔尔斯基希望每个人都能同意，一种恰当的真理论或真理定义必须包含了所有这种形式的句子。这些句子中没有任何符合概念的影子，也没有表达句子与句子所谈内容之间关系的关系谓词。只要这种满足关系**的确**最终起到作用，那么这就阐述了一种并非肤浅的理论，它能够经受包含了所有中立性的为雪所困之琐碎事情的检验。

作为结论，我现在想简单地提及许多障碍中的两种，我们只有克服了它们，才能拥有关于自然语言的一种全面的真理理论。首先，在什么范围内我们有可能把自然语言看做是一种形式系统，以及语义学方法的来源是否可以开始把这种共同的现象解释为修饰副词、归属性

形容词、谈论命题态度、因果性、责任以及其他的一切，这些的确是有理由值得怀疑的。我们目前甚至对单个词项都没有一个令人满意的语义学，在这个问题上许多其他的东西都悬而未决。而且，乐观的程度也需要加以证明。在弗雷格之前，真正的语义学大部分都限于谓述关系和句子的真值函项构成，这是从一大堆人们所认为的代词、量词、联结词和冠词中抽取出量化结构的。弗雷格表明了，自然语言的令人惊讶的有力片段如何能够在语义学上得到驯服。的确，这也可能表明了，这个片段以其创造力而被证明是一个整体。同时，许多方面都展现出了大有前途的方向，即扩大了形式语义学的资源，拓展了已知资源的应用，证明了详尽复杂的规则对于全面地描述自然语言结构是必要的。无论语义学的真理论最终被表明拥有什么样的范围，我们都会很高兴地得到这种洞见，足以使我们在很好地理解语言时应用到它。

第二个困难是在另一个层次上：我们已经表明如何可能解释把真理赋予陈述，或赋予相对于使用场合的句子，但这只是在（7）左边部分所提出的那种语境中才是如此。我们并没有表明这种分析如何能够扩展为应用于如下的句子：

（8）下雨了，这是真的。

（9）下雨了这个陈述是真的。

这里的问题是如何去解释（8）的情形。我们要说的是，我们在英语中有 *52*
一个带有真理的真理论，这个真理被看做是一个句子、说话者和时间之间的关系。（另一个以陈述方式表达的看法可以用于（9）。）问题是要找到（8）中这些成分的自然对应物。（8）的说话者说了“下雨了”这句话，所以就是在从事一个体现为具体句子、拥有一个说话者和说出时间的行为。提到这个行为，因而也就等于是提到了需要用于这种真理论的三个成分。我们可以把这种指称看做是一直被融入到了（8）和（9）中的指示词“that”之中。于是，对（8）的一种较长说法可以是这样的。

首先，（为简洁起见改变一下顺序）我说“下雨了”，然后我说，“体现为一个由我现在说出的句子的**那种**言语行为是真的”。根据这个分析，说出（8）和（9）是由两个在逻辑上（语义学上）相互独立的言语行为构成的，其中一个包含了对另一个的指示词。说出这些话的有趣特点是，其中一个为真，则另一个亦然；这或许就肯定了冗余论的看法。

另一个问题是由以下句子提出的：

（10）彼得的陈述即保罗的毛发很多是真的。

根据针对（8）和（9）提出的看法，对（10）的分析应当是：“保罗的毛发很多那是真的，而且彼得说过（陈述过）它。”这里的“那”如前所述，就是指说话的行为，而这里的“它”也是指相同的东西，要完成这个解释，就需要把解释了说话者 u 所说的“彼得说保罗的毛发很多”的间接表述，并列分析为构成了说出“保罗的毛发很多”和说出的另一句话（“彼得说”），而后者就以某种方式把彼得与 u 说出“保罗的毛发很多”联系起来了。要能理解这个关系，或许可以求助于**说出同样内容**（samesaying）这个概念：如果 u 在说“彼得说……”时说出了真的东西，这是因为他通过说出“保罗的毛发很多”而使彼得和他自己成为说法相同者。[14]

当然，人们会认为，（不同言语行为之间的）相同说法的关系只能被理解为指涉了第三个实体，即陈述、意义或命题。我在这里完全没有（除了间接地之外）考虑这个问题，而只是表明了，关于我们所处理的这些问题，完全没有必要考虑这种实体。这仅仅是忽略了某些
53 麻烦情形的结果吗？考虑一下最后这个例子：

（11）彼得说了某个为真的事情。

这无法表明“彼得（过去）说出某些话使我们成为说法相同者”，因

为我们可能并没有说出或知道如何说出这件恰当的事情。这也无助于说“彼得说出的某句话体现为在这些条件下为真的句子”。我们无法这样做是因为，（11）并没有告诉我们彼得说的是什么语言，而我们这里所讨论的真理概念必定是限于某种具体的语言。由于我们并不知道他的语言是什么，所以也就无法理解“在他的语言中为真”。

我认为，我们有希望可以理解的是这样一种想法，即另一种语言作为英语句子的**翻译**。假定有了这种想法，我们自然就会把（11）看做是意味着这样的东西，即“彼得说出一个句子，它翻译了一个在这些条件下为真的英语句子”。这种相反假设的确切性质完全隐藏于这种分析之中，而这种性质取决于被相对化为说话场合的真理论细节。无论如何，我们似乎需要理解其他某个人在说我们的语言时用我们语言中的句子究竟是指什么。但正如这个概念本身的难度一样，我们也很难理解，没有它，交流如何能够存在。

我暂且得到如下的结论。如果我们把真理理解为相对于说话的场合以及一种强烈的翻译概念，我们就可以摆脱那种似乎是要讨论无时间性陈述的（绝对）真理的东西，这种转变可能带来比它所解决的更多的问题。但我认为，它们是一些正确的问题：表明了对自然语言语义学的详尽说明，提出了一种翻译理论，它并不依赖于而是发现了对意义概念所存在的东西。

斯特劳森这样来描述奥斯汀的“净化的真理符合论”：

> 他的……理论大致是这样：说一个陈述是真的，就是说某个言语片段是以某种便利的方式与其自身之外的世界中的某物相互联系的。〔15〕

正是针对这种理论，斯特劳森说：“符合论并不需要净化，而是需要消除。”我无意去捍卫奥斯汀符合论看法的细节，我依据事实策略提出的许多观点都是在回应斯特劳森的批评。但是对符合论具体表述的 54

不足，并不应当被用来反对这个理论。如果我是对的，那么，通过求助于塔尔斯基的语义学真理概念，我们就可以捍卫恰好符合斯特劳森描述奥斯汀的“净化的真理符合论”那样一种理论。而且这种理论不是应当被消除的，而是值得阐述的。

（江怡 译）

【注释】

〔1〕〔2〕奥斯汀和斯特劳森，关于“真”的研讨会。该引文分别出自奥斯汀和斯特劳森，见115页和129页。

〔3〕塔尔斯基：《形式化语言中的真理概念》。

〔4〕弗雷格：《论意义和指称》。关于此论证，参见论文2。

〔5〕拉姆赛（F. P. Ramsey）：《事实与命题》（Facts and Propositions），143页。

〔6〕参见前面的注〔4〕和论文2的注〔3〕。对这个论证的进一步讨论以及某些令人吃惊的运用，参见华莱士（J. Wallace）的《命题态度与同一性》（Propositional Attitudes and Identity）。

〔7〕斯特劳森也提出了类似的观点，见他的《真理：对奥斯汀观点的再考察》（Truth：A Reconsideration of Austin's Views）。

〔8〕参阅卡特赖特（R. Cartwright）的《命题》（Propositions）。

〔9〕斯特劳森的《真理》（Truth），129～130页。

〔10〕用于替换“p”的表达式必须包含了“u”和“t”作为自由变项，除非在 s 中没有索引成分。

〔11〕塔尔斯基：《形式化语言中的真理概念》，187、188页。

〔12〕塔尔斯基的满足项是无限序列，而不是函项。寻求精确和更深理解的读者就不能不更为强烈地得到激励以研究《形式化语言中的真理概念》。

〔13〕塞拉斯（W. Sellars）：《真理与“符合”》（Truth and “Correspondence”），29页。

〔14〕对间接表述的这种处理方式，更多参见论文7。

〔15〕斯特劳森：《真理》，129页。

论文4　自然语言的语义学（1970年）

一种自然语言语义学理论的目的，是为了赋予每个有意义表达式以意义，但一个理论要完成这个任务应当采取什么样的形式，却成了一个问题。由于究竟存在多少有意义的表达式并没有明确的限定，因而一种有效的理论就必须依据对有限数量特征的定型展现，去说明每个表达式的意义。即便人们加以理解后所能传接的句子长度有一种实际的限制，一种令人满意的语义学也需要解释可重复的特征对出现于其中的句子意义所做的贡献。 55

我认为，一种语言的真理论（在少而

精的方面）就是在做我们这里想要做的事情，就是说，通过分析所有独立地具有意义的表达式之结构而赋予它们以意义。但另一方面，一种自然语言的语义学理论却无法被看做是恰当的，除非它能够遵循塔尔斯基为形式化语言提供的一般思路去说明那种语言的真理概念。我认为，对自然语言感兴趣的语言学家和哲学家都迷失了真理论的关键所在，这部分是由于他们并没有认识到，真理论是要对这样一个问题给出严格深刻而又能经受检验的回答，即有限的资源如何可以解释语言的无限语义能力；这部分是由于，他们试图为自然语言赋予一种形式的真理论从而扩大了这些困难。无论如何，这种努力都是有启发的，至少就我们能成功地为自然语言提供这样一种理论而言，我们就可以把自然语言看做一种形式系统；而且就我们能够构造出我们想要
56 的这样一种理论而言，我们就可以把语言学家和分析哲学家看做是合作者。[1]

我用真理论是指一套公理，它对这种语言中的每个句子都承诺了关于使其成真的条件陈述。显然，如果我们定义的真谓词满足了塔尔斯基的约定 T，我们就有了一个真理论[2]，但一般地说，对真理论的刻画并不需要太多东西。如果不再提出进一步的限制，某些真理论就没有什么内在的意义。例如，我们可以把所有这种形式的句子仅仅看做是公理："*s* 是真的当且仅当 *p*"，这里的"*s*"可以替换为对一个句子的标准描述，"*p*"可以替换为那个句子（假定元语言包含了对象语言）。这样一种理论对于理解语言结构毫无用处，因而也就无助于我们回答这样一个问题：句子的意义是如何依赖于其组成部分的。我们可以阻止出现这种个别的异常现象，规定非逻辑公理在数目上是有限的；随后我要断定，这种限制是很有力的，尽管也可能存在其他的方式，能够确保真理论具备我们想要的属性。

我们想要的是什么属性？正如我们所说的，一种可接受的理论应当通过分析每个句子的组成部分而说明每个句子的意义（或真值条件），这些组成部分是以相关于真理的方式来自于有限的东西。[3]第

二个自然的要求是，这种理论提供了能够决定任意句子的意义究竟是什么的方法。（只有满足了这两个条件，一个理论才可以被说成是表明了它所描述的语言是**可习得的**和**可理解的**。）第三个条件是，这种理论所包含的关于单个句子真值条件的陈述，应当以更为精确的方式提出与陈述其真值条件的句子相同的概念。[4]

塔尔斯基就表明了，足以清楚地设计的那类理论如何具有了这样一些可指望的特征。譬如，最后一个条件就由包含对象语言的元语言 57 中所暗含的理论以一种简单的方式得到了满足，因为根据所需要的陈述形式“*s* 是真的当且仅当 *p*”，*s* 的真值条件是由替换了“*p*”的句子（即 *s* 自身）给出的，因而这里并非没有使用任何概念去直接要求理解 *s*。如果元语言没有包含对象语言，那么这个标准何时得到满足也就不甚明显了。自然语言就提出了我们在这里要进一步触及的问题。

人们自然会把第三个条件解释为，禁止一个语义词出现于一个句子的真值条件之中，除非这个句子已经包含了这个语义词（或对它的翻译）。不太清楚的是，这是否就清晰地规定了获致模态句真值条件陈述中的语义概念的途径（因为不甚明确的是，这些是否起始就被构造为本性上的语义学）。但这种限定则表现为威胁到了诉诸未加分析的指示概念或命名概念的理论，也威胁到了使模态中的真理成为基本语义学概念的理论。[5]

要把这种解释用于第三个条件，似乎就要判断与此目的相关的新近语义学工作；对这个问题，我在这里存而不答；要解答关于详尽阐明这些标准的更多问题，我们就需要一种真理论。我这里的兴趣不是要论辩争议之点，而是迫切要求自然语言的意义理论（语义学）所需要的相关性和创造性，它对真理做出了递归式的说明。在我看来，这种想法并非是没有指望的，它提供了一个可以明确陈述各种问题和论题的框架。

要对一种语言给出一个递归式的真理论，就是要去表明这种语言的句法至少是以这样的方式构成的，即每个真的表达式都可以被分析为由成分（“词汇”）、通过运用规则而满足语言的有限成分以及能够满足语言的有限数量的成分所构成。但即使我们进一步假定，假是可以用真来定义的，或可以独立地和同样地得到刻画，这也并不意味
58 着，句子或语法上的东西是可以递归地加以规定的。所以，试图确信对句法（句子或语法上的东西）给出形式上的递归说明不能用于自然语言，这个论证并不必然地要求放弃提出一种真理论的努力。还应当提到的是，一种恰当的真理论所需要的条件并非（多少是明显地）包含了对象语言的真句子都具有某种标准逻辑系统的形式。因而假定这清楚地表明（实际上是不清楚的），英语的深层结构无法表现为具有通常量化结构的形式语言，这也并非意味着我们无法给出一种真理论。

一种自然语言的真理论必须说明，许多句子在真值上的变化依赖于说出它们的时间、说话者，或许还有听话者。我们可以这样来解释这种现象：宣布具有真值的是具体的话语或言语行为，而不是句子；或者使真理成为句子、说话者和时间之间的一种关系。

因而，要想解释自然语言中的索引成分或指示成分，就要采取一种彻底的概念改变，使得真理可以得到定义，这正如我们在反思这样一个问题时所能看到的一样，即约定 T 是如何必须得到修正以便使真理可以被让渡到语境。但这种改变并非意味着离开了形式化。

这种担心时常被说成是，一种形式的真理论无法被用做处理自然语言中的含混性问题，这耗费了语言学家的大量精力。在考虑这个问题时，区分两种说法可能会有所帮助。一种说法是，形式的真理论在传统上并不是被用于讨论含混性问题，如果要让它们处理这个问题，就会改变它们的特征。这种说法很有道理，也是无伤大雅的。塔尔斯基类型的真理论一般而言并不处理原初词汇的定义问题（这与翻译问题和逻辑形式问题相反）；另一方面，真理论中并没有什么东西是与令人满意地处理词典所要解决的问题相冲突的。第二种说法是，某种

含混性必定会妨碍我们提出真理论。在可以阐明这个论点之前，我们有必要提出，这离我们这里讨论的提出自然语言的真理论之成功标准还差十万八千里。我在这里不想深入地讨论，只是表明我为何认为这 59
个问题是无法用引述几个困难的情况就可以得到解决的。

巴-希勒尔给出了这样的例子："他们是乘很慢的火车和飞机来的"[6]。我们可以把"很慢的"这个形容词看做是同时用于修饰这两个东西，或看做是仅仅修饰"火车"。当然，恰当的理论会揭示这种含混性；一种真理论特别需要表明，说出一句话如何会在一种解释中为真，而在另一种解释中为假。这里对真理论并不存在困难。但巴-希勒尔则进一步指出，话语的语境很容易解决规范地说出英语中的含混性问题，而这个解决则依赖于无法（至少是具体地）用一种形式理论去掌握的一般知识。确信了这一点，我认为我们就必须承认，我们所能期望的真理论是有限度的。在这个限度内，它仍然可以提供一种把握重要的意义概念的理论。

我们已经多少考虑到了为什么语言学家和哲学家会怀疑，是否有可能为自然语言提供一种形式的真理论。我认为，允许这样做还为时尚早，特别是由于缺乏对恰当性标准的讨论。另一方面，如果不看到那些研究人工语言的人和研究自然语言的人在兴趣和方法上的差别，那就会是很愚蠢的。

当逻辑学家和语言哲学家在表达他们关于把自然语言看做形式系统的观点时，这可能是因为他们主要关心的是元理论问题，诸如一致性、完全性和决定性。这种研究假定了他们对所研究的语言具有严格的知识，要证明这种严格性只能把对象语言的相关特征看做是由立法者确立的。这种态度显然并不适合于对语言的经验研究。

然而，如果由此得出存在两种语言，即自然语言和人工语言，那就错了。这种对比更多地是由于主导兴趣所致。我们可以要求描述自然语言的结构：答案一定是一种经验理论，它是可以经受检验的，可以出错的，而且注定是多少有些不完全的，是框架式的。或者，我们

60 也可以询问我们由此抽象出来的这些结构的形式化特征。这种区别类似于应用几何学和纯粹几何学之间的区别。

我始终是在说明，在为自然语言提供一种形式的真理论过程中，并没有什么明确的障碍；需要说明的仍然是，它为何是可以指望的。这些理由必然是普遍的和纲领性的，因为我们在这里所提出的并非是一种具体的理论，而是关于理论的一种标准。这就是说，如果采纳了这种标准，我们对语言的经验研究就会获得清晰性和重要性。关于一种理论是否为正确的这个问题，可以合理地得到确立和检验；而所要求的理论就具有了有力的解释作用和预见能力，并且可以使用已然得到理解的那些复杂的概念资源。在一种令人满意的真理论所能解决的或有助于解决的问题中，许多都引起了语言学家和哲学家的兴趣；我们由此也顺带预见到了哲学和语言学在方法和兴趣上的融合程度。让我来简单地给这些说法一点颜色看。

一种对语言理论相对严格的要求是，它能够对句子给出一种递归式的刻画。这部分理论在某种程度上说是可以得到检验的，即我们具有或可以设计出一种可靠的方式，告诉说一个表达式是否是一个句子。让我们在这里想象一下，我们完全可以这样做，足以推动我们前进。在确定句子的时候，我们大致要掌握的是这样一个观念，即句子是一个独立具有意义的表达式。但是，有意义仅仅是意义的一个影子；一种完善的理论不应当仅仅得到的是有意义的表达式，而应当是给出它们的意义。这一点已经为当今许多语言学家所承认，但他们大部分都认为，他们并不知道如何去满足对理论的这个附加要求，甚至不知道如何表达这个要求。[7]所以我这里想要对这样一种说法多说几句，就是说，一种真理论应当为句子“赋予意义”。

一种真理论包含了：对每个句子 s 来说，它都陈述了这样一种形式“s 是真的当且仅当 p”，在这种最简单的情况中，“p”可以替换为 s。由于“是真的当且仅当”这些话是不可变的，我们就可以把它们解释为（如果我们愿意的话）是指“意味着”。这样一来，用一个例子来说就是，"'苏格拉底是聪明的'意味着苏格拉底是聪明的"。

这种揭示真理论与意义问题相关性的方式很能说明问题，但我们 61
必须小心它会招致某些错误。一种错误是认为，我们从关于具体句子意义的真理论中所能学到的一切，都包含在了约定 T 提出的双重条件之中。我们所能学到的只是表现在对这种双重条件的证明之中，因为这个证明必须一步一步地表明，句子的真值如何依赖于一种递归给定的结构。一旦我们有了理论，也很容易得到所需要的证明，那么这个过程也就制作出来了。

以真理论的眼光看待句子的结构，就是把它看做是借用足以构成每个句子的有限手段建造起来的；因而，句子的结构就规定了它与其他句子的关系。的确，如果我们不能表明某些句子是其他句子的逻辑后承，也就没有对所有句子的真值条件有所说明；如果我们把真理论所揭示的结构看做是深层语法，那么语法和逻辑就必须联起手来。

于是，在某种意义上，真理论就是对每个句子在语言中所起作用的说明，而这个作用则依赖于句子作为真假的潜在承担者；这个说明是用结构给出的。这个观点还不如引出它的那些事实更为确定无疑，但我这样说的目的是要证明这样一个说法，即真理论表明了如何"每个句子的意义依赖于词的意义"。或许我们更可以说，我们理解了一种有创意的但是模糊的说法；没有理由不接受其他的说法，倘若它们同样清楚的话。无论如何，要采纳我的看法，就要放弃把句子的意义和词的意义看做实体的企图。真理论并不具有这样的企图；但这应当被看做是出自自身的，至少是直到人们能够给出一种应用了意义的连贯的、令人满意的意义理论。

约定 T 经过恰当的修订以应用于自然语言，这就提供了一种说明意义的成功标准。但我们如何能够在经验上检验这种说明呢？这就是我们可能受到如下说法误导的第二种情况，即约定 T 所需要的双重条件可以看做是赋予了意义，因为这种看法的错误就在于，检验一种真理论，就是要求对每个句子的意义有直接的理解。但事实上，所需要

62 的一切在于能够认识到，必需的双重条件何时为真。这就意味着，原则上说，要检验一个真理论在经验上的恰当性，并不比使一个能够说英语的说话者决定像"'雪是白的'是真的当且仅当雪是白的"这样的句子是否为真更为困难。所以，语义学（或至少是真理论）似乎与句法学一样在经验上是坚不可摧的。事实上，在许多情况中，说话者更容易说一个句子的真值条件究竟是什么，而不容易说这个句子是否是语法上的。"孩子似乎睡了"这个句子是否是语法的，这可能并不清楚；但肯定的是，"孩子似乎睡了"是真的，当且仅当孩子似乎睡了。

我一直在想象这样一种情况：元语言包含了对象语言，所以我们可以要求一个母语说话者对于把一个句子与其描述联系起来的类似双重条件做出反应。一种更为极端的情况是，我们试图检验用我们的语言陈述的关于外来说话者语言的理论。在这里，真理论再次可以得到检验，尽管不如从前那样容易和直接。这个过程就会像是在蒯因的《语词和对象》第二章中所描述的那样。我们会注意到使外来的说话者赞成或不赞成他的各种句子的条件。这些相关的条件将会是我们所认为的他的句子的真值条件。我们会假定，在显而易见的简单情况中，他的大多数赞成都是针对真句子的，而他的不赞成则是针对假句子的。——由于其他的情况都是无法理解的，所以，这就是一个不可避免的假定。但我认为，蒯因正确地认为，我们即便得到了所有的证据，不确定性的重要程度依然存在；一些存在着重要差别的真理论都会同样接受这些证据。[8]

使得对真理的系统说明成为经验语义学的核心，这在某个方面仅仅是把原有的目标表达得更为严格罢了。科学中的阐明与创新之间的界限依然模糊不清。情况似乎是，这种改变可能会转变语言研究的重点。一直在支配新近语义学工作的某些问题可能会失去意义，这包括赋予句子以"意义"的努力以及对同义词、分析性和模糊性的说明等。就第一个问题而言，真理论提供了一种替代物；第二和第三个问题成了不必要的累赘；第四个问题重新表述为一种专门的形式。这里

出现的深层问题是指称的困难，对模态句子提供一种令人满意的语义 63
学，关于命题态度的句子、集合词、修饰副词、归属性形容词、祈使词和疑问词等这些问题的困难，以及大多数哲学家所熟悉的长长的单子上开列的东西。〔9〕

问题在于，我们这里谈论的东西对语言学家来说究竟有多少是一种重新组合。这主要取决于真理论所揭示的结构在多大程度上可以被等同于转换语法学家所寻求的深层结构。就一方面而言，逻辑结构（正像我们所谓的真理论所提出的那种结构）和深层结构可能是相同的。因为两者都被当做语义学的基础。然而，深层结构还必须作为能够生成表层结构的转换语法的基础，而逻辑结构是否能够做到或很好地做到这一点，这还是一个未决的问题。〔10〕

最后，某些语言学家要求深层结构反映了语言说话者的“内在化语法”。特别是乔姆斯基认为，转换语法优于其他同样能够说明整个语法句子的语法之处就在于，转换语法“符合说话者的语言直觉”〔11〕。问题在于，要能相对清楚地检验一种理论何时符合了说话者的语言直觉。我想提出的是，我们可以对这个观点提供一种经验上的说法，如果我们可以把深层结构看做是逻辑形式的话。考虑一下乔姆斯基是怎样说的吧。〔12〕

乔姆斯基说，以下两个句子虽然具有相同的表层结构，但深层结构则不同：

(1) 我劝说约翰离开。

(2) 我希望约翰离开。

这个说明主要依赖于观察，即当在类似（2）这样的句子中所暗含的句子被转化为被动形式，结果就是“在认知上同义于”主动形式；但一个类似的转换并不会对类似（1）的句子产生一个同义的结
果。这个观察显然是正确的。但这如何表明（1）和（2）具有截然不 64

同的深层结构？这个证据最多表明了，赋予（1）和（2）不同结构的理论可能要比没有这样做的理论更为简单。但我们的语言直觉是如何被用于证明差别的，在这里并不明朗。

但是，乔姆斯基当然是对的；（1）和（2）之间有一个对比，只要我们一开始思考去建构一个真理论，它就会戏剧性地出现。的确，我们仅仅需要询问“约翰”这个词在这两个句子中的语义作用。在（1）中，“约翰”可以替换为任何具有相同指称的词，而不用改变（1）的真值；但这并不适用于（2）。“约翰”一词对（1）句真值条件的贡献，因而必定截然不同于它对（2）句真值条件的贡献。这种表明了（1）和（2）在语义结构上存在差别的方式，并不需要求助于“说话者”关于语法的“缄默知识”，或“理想化的母语说话者的天生能力”。它依赖于英语说话者所具有的清楚知识，就是说，（1）和（2）经过替换“约翰”一词可能在真值上产生变化。

但最后这些说法并非是开始公正地对待真理的方法。它们表明，只要我们心中想到对真理论的要求，我们就可以摆脱对（1）和（2）的结构差别的感情。这样，我们这里诉诸的证据就会更多地像乔姆斯基所使用的那种东西，即主要是经过转换后真理的丧失或保存的问题。这种考虑无疑会引起语言学家的建构和分析工作，正如与他们携手并肩的哲学家们的工作一样。我们一直在讨论的这样一种理论之美就在于，这些对结构的说法，无论是否有用或对于发现恰当的理论是否至关重要，都无须在检验最后结果中起到直接的作用。

（江怡　译）

【注释】

〔1〕参见论文2的注释〔14〕。

〔2〕塔尔斯基：《形式化语言中的真理概念》。

〔3〕真值条件并不能等同于意义；我们最多能说，我们通过赋予句子以真

值条件就赋予了句子以意义。但这种说法还需要更多的阐述。关于对此需要的更多规定，参见论文 9 和 12。[该注加于 1982 年。]

〔4〕关于可能使这种条件更为精确的重要限定，参见克里普克的《存在一个关于替换性量化的问题吗?》（Is There a Problem about Substitutional Quantification?）[此注加于 1982 年]。

〔5〕参见华莱士：《非标准的真理论》（Nonstandard Theories of Truth）。

〔6〕巴-希勒尔：《语言和信息》（*Language and Information*），182 页。

〔7〕例如参见乔姆斯基对语义学的评论：《生成语法理论中的若干论题》。

〔8〕对主导解释之原则的进一步讨论，参见论文 2、9～11、13、14。蒯因的彻底翻译方法和我这里提出的方法之间有些不同，参见论文 16。

〔9〕自本文完成后，情况发生了很大的变化：语言学家已经认识到这些以及更多的问题，而哲学家们则在语言学家的刺激下认识到了他们从未注意到的问题。[该注加于 1982 年。]

〔10〕对此主题的推进，参见哈尔曼的《逻辑形式》（Logical Form）。

〔11〕乔姆斯基：《句法理论的诸方面》（*Aspects of the Theory of Syntax*），24 页。

〔12〕同上书，22 页。

论文 5　为约定 T 辩护*
（1973 年）

65 假设某人说，“今天晚上天空出现一百万颗星”，另外一个人回答说，“那是真的”，那么，第一个人所说的话是真的当且仅当另外那个人所说的话是真的，没有能比这一点更清楚明了的了。这种人们所熟悉的结果是由下述两种手段造成的，其中之一是一种对表达式的指称方式（在此，这项工作是由指示词“那”[that]完成的），另外一种手段便是真理概念。第一个手段使我们从谈论世界到谈论语

* 本文首次发表于休格斯·勒布朗（Hugues Leblanc）编：《真理、句法与模态》（*Truth Syntax and Modality*）（北荷兰出版公司，1973）。

言，第二个手段则又使我们返回来从谈论语言到谈论世界。

我们已获知由具有下述形式的语句来描述这些事实，即"'今天晚上天空出现一百万颗星'这个语句是真的当且仅当今天晚上天空出现一百万颗星"。因为T-语句（我们可以这样称呼具有上述形式的语句）显然是真的，因此有些哲学家认为真理概念是无足轻重的（至少当把它应用于语句时）。但是，正如拉姆赛或许是第一个指出的那样，这种看法当然是错误的，因为，仅仅对于某些语境来说T-语句才提供了一种可供选择的谈论真理的方式。如果我们想要得到"亚里士多德讲的每一句话都是假的"或"你上星期二所说的话为真"这些语句的等值式，T-语句是无济于事的。[1]

因此，T-语句并没有表明真理谓词（truth predicate）如何是不必要的；T-语句在被从整体上加以理解的情况下的确表明具有真理谓词是怎么一回事。因为，既然相应于论及其真理的那种语言里的每个语句都有一个T-语句，所以，T-语句的全体便恰好在那些语句中间确定出任何一个起到"是真的"这个语词的作用的谓词的外延。由此可以清楚地看到，尽管T-语句没有给真理下定义，但它们能被用来给真这种谓词性质（truth predicatehood）下定义，这就是说，任何一个使所有的T-语句为真的谓词便是真理谓词。

T-语句通过详尽无遗地论及每个实例来阐明真理，但是，既然 66
对于任何一种令人感兴趣的语言来说实例的数量是无限的，因此提出这样的问题是很有益的，即在真理概念要像T-语句所说的那样发挥作用的情况下，它必须具有什么样的特性。以一种有益的即有限的方式详细说明这些特性，便意味着提出一种真理理论。我们可能会把一种关于语言L的真理理论简单地看做是一种包含谓词t的语句T，使得T把一切具有下述形式的语句作为逻辑后承："S是真的当且仅当P"，其中，"S"为关于L中一个语句的规范描述表达式所替换，"P"为那个语句（或对它做出的翻译）所替换，并且，倘若有必要的话，"是真的"为t所替换。

当然，这实质上是塔尔斯基的约定 T。[2] 它只在一个重要的方面有所不同：它并不要求对真理谓词施加的那些条件足以产生一个明确的真理定义。（我还将回过头来讨论这一点。）在塔尔斯基关于真理问题的全部论著中，约定 T 所提供的是从关于真理概念的非形式的直觉到明确地陈述问题的转变。我们首先在《形式化语言中的真理概念》（1933 年用波兰文出版，1936 年用德文出版，1956 年用英文出版）一文中遇到约定 T。在随后的一篇主要针对哲学家的文章里，塔尔斯基求助于 T-语句来把经典的哲学问题与他在语义学上的工作联系起来。[3] 在嗣后的一篇较通俗的文章中，他采用了同样的思路。[4]

尽管人们很熟悉约定 T，但我认为，关于约定 T 的一个中心要点在很大程度上对哲学家们没有起到作用。这一点是：约定 T 和 T-语句提供了在直觉上很明显的关于真理概念的真理与形式语义学之间的唯一联系。倘若没有约定 T，我们就没有理由认为真理概念是塔尔斯基向我们表明如何去表征的那种东西。

塔尔斯基赋予约定 T 的重要性从另一方面看也令人很感兴趣，因为约定 T 建立起一套温和的术语。根据塔尔斯基的说法，

> 不严格地讲，**语义学**是一门讨论一种语言中的表达式与由这些表达式所“指称”的……对象之间的某些关系的学科。[5]

他举了以下这些语义概念的例子：**指示**（designation）（指谓［denotation］）这个概念指的是单称词项与它们所指谓的东西之间的关系；**满足**这个概念指的是存在于一个开语句与它对之为真的那个实体或那
67 些实体之间的关系；而**定义**这个概念则是指一个方程与它唯一确定的一个数之间的关系。塔尔斯基继续指出，

> 尽管“指示”、“满足”和“定义”这些词表达的是一些关系……而“真的”这个词则具有一种不同的性质：它表达的是某

> 些表达式（即语句）的一种特性，或指谓一类表达式（即语句）。[6]

他接着说，定义真理的"最简单和最自然的方式"是通过满足这个概念，这便对他把真理概念称做一种语义概念做出了解释。但我们不得不注意到：根据塔尔斯基本人的说明，真理不是一个语义概念。看一下 T-语句的逻辑语法就知道，真理谓词所表达的在本质上并不是一种关系：倘若它表达的是一种关系，便不会出现这样一种情况，即一切语义概念，并且的确除了 T-语句陈述其真值条件的那个语句（或那个语句的翻译）之外的一切东西，都从 T-语句的双向条件式的右边消失，而这一点是十分关键的。[7]

如果能够表明任何一种满足约定 T 的标准的理论都具有表征满足关系的适当对策，那么为塔尔斯基采用的术语做辩护便会很有用。显然有满足关系对之不成立的一些语言，但是，倘若这种关系对足够丰富的语言成立，它便会引起人们的兴趣。近来的研究工作提出一种肯定的回答。[8]下述事实也增强了把真理概念与其他语义概念引为同类这种感觉，即在每个场合下，都存在一种既使用（use）又提到（mention）相同表达式的范式："柏拉图"指示柏拉图；y 满足"x 是白的"当且仅当 y 是白的；"雪是白的"是真的当且仅当雪是白的；方程"$2x=1$"定义 y 这个数当且仅当 $2y=1$，如此等等。然而，不能把这样一种范式的外延当做语义事物的标记，因为对于一些像真理那样的在模型中被相对化了的语义概念，没有类似的适当范式。

我现在的目的旨在根据哲学上的兴趣和重要性来为满足约定 T 这一标准的若干概念做辩护（由于它们满足这种标准，因此有一种人们所熟悉的关于它们的范式）。塔尔斯基求助于约定 T 的一个理由在于：他希望使哲学家相信，语义学中的形式化工作与他们所关注的问题有关。这个理由在某些方面仍然需要得到支持，这乃是一件令人不快的事；但这并不是我在这篇论文里所操心的事。我现在所针对的是 68

这样一些人，他们很透彻地意识到形式语义学与哲学问题的相关性，但没有看到在与约定 T 一致的理论和与约定 T 不一致的理论之间的重大差别。（甚至有这样一种危险，即那些无知的人[①]与那些专家会通力合作；前者听到别人咕咕哝哝地谈论可能世界、跨越世界的继承方式、对应体等等后便往往认为，语义学**现在**正在向别处——无论如何是在这个世界以外——发展。）

我认为约定 T 把握住了一个值得注意的概念，在提出我这么认为的理由之前，我想提出我所否认的某些看法。

首先，寻求一种与约定 T 一致的理论并不是（至少本身不是）要满足于模型 T 的逻辑或语义学。采取我所提出的那种基本形式的约定 T 并没提到外延性、真值函项性或一阶逻辑。它吸引我们使用任何一种我们能恰当地设计出来的手段来沟通被提到的语句与被使用的语句。根据目前的观点，只有在采纳约定 T 为检验标准，因而对本体论、观念形态或推理能力施加一些限制的情况下，这些限制才受到人们青睐。我想要为之辩护的是作为理论标准的这个约定，而不是任何一种已被证明在特定场合满足这个约定的特定理论或这些特定理论可能所限于的那些方法。

约定 T 规定出一个与当代在语义学领域里的许多工作无关的目标。那些表征或定义一种相对化的真理概念（在一种模型中的真理概念，在一种解释、一种评价或一个可能世界中的真理概念）的理论，从一开始就向着不同于约定 T 所提出的方向发展。因为这样一些理论用一种关系概念来代替 T-语句的一位真理谓词，所以，它们无法将关于真理或满足的递归方法的最后一步贯彻到底，而这一步对于 T-语句的消除引语（quotation-lifting）这一特征是必不可少的。塔尔斯基首创了这样一种传统，即把一种相对化的真理理论称做一般理

① 戴维森这里所说的“无知的人”，是指那些不承认语义学中的形式化工作对于哲学的重要性的人。

论，而那种绝对的真理理论（它满足约定 T）是它的一种特殊情况。塔尔斯基说，“**在一个个体域中正确或真的语句**这个概念［是］关于一种相对性质的概念，这种概念发挥着比那种绝对的真理概念大得多的作用，并包括后者作为一种特殊情况”[9]。这是正确的，这种看法的含义当然是十分清楚的。另一方面，记住下面这一点很重要：T-语句并没有作为一种相对化的真理理论的定理而出现，因此，这样一种理论不必具有与一种满足约定 T 的理论同样的哲学重要性。 *69*

这些说法的目的并非（我希望这是很清楚的）要表明那些不产生作为定理的 T-语句的语义学理论有错误、有缺点或是引人误解的。恰恰相反，这样一些理论显然阐释了一些重要概念（如完全性和逻辑后承）；在目前情况下，我不需要详细阐述这一主题。我的论题只是：在相对真理理论与绝对真理理论之间有一些重要差别，而这些差别使得这两种真理理论作为对不同问题的回答是适当的。特别是语言哲学家有理由关切满足约定 T 的理论。

以对量化做出代换解释为基础的真理理论一般来说并不产生约定 T 所要求的 T-语句。在能实际给出其真原子语句的对象语言的场合下有一些例外，但这些例外不可能包括那些在表达力上有趣的类似于自然语言的语言。代换性理论不同于相对真理理论，它们不具备可与其不满足约定 T 这一点相对照的明显优点。[10]

最后，我的论题并不是说：我们对一种语义学理论所要求的**一切**就是它要满足约定 T 这个标准。我将表明，满足约定 T 的理论能够比人们经常所认为的做出更多的解释。但是，可以根据进一步的标准在这些理论当中进行选择；当然，我们想要知道很多在那些标准范围之外的东西。

现在讨论一下那些与约定 T 相一致的理论的某些特征，这一连串的特征使这些理论受到语言哲学家的欢迎。

约定 T 的主要优点是，它用一项目标很明确的任务取代了一个虽很重要但又很模糊的难题。人们在做出这种取代之后便会更充分地

70 意识到首先需要做什么，便会洞悉造成混乱的根源。原来所提出的那个问题并不是混乱的，只是很含糊。这个问题是：一个语句（表达或陈述）为真意味着什么？当把这个问题重新表述为什么东西使一个语句为真时，便预示要出现混乱。当这个问题本身又被认为暗示必须依据在一个作为整体的语句与某种实体（或许是一个事实或事态）之间的关系来解释真理概念时，真正的困难便出现了。约定 T 表明如何在不引出随后这些表述形式的情况下提出原来的那个问题。T-语句的形式已经暗示，一种真理理论可以在不必找出具有真理性质的语句有差别地相符合的种种实体的情况下表征真理这种性质。（我并不打算说，一种绝对真理理论并不是某种含义上的真理“符合论”。但是，这种理论所引出的那些实体是一些不同于事实或事态的序列。[11]）

因此，一种满足约定 T 的理论便具有对一个真实问题做出回答的优点。就像我们发现 T-语句的真实性很有说服力一样，对那个问题的陈述也同样是很有说服力的（相对于关于真理的直觉概念而言）。无论是对那个问题的陈述还是这种陈述所允许做出的那些回答的性质都的确揭示出：凡是没有在相关方面（约定 T 从句法方面，它所接受的那些理论从实质内容方面）加以充分表征的语义概念都没有被使用。

约定 T 所要求的那种递归性的绝对真理理论，最初似乎是出于偶然而对另一个完全不同的问题做出回答。可以把这个问题表述为证明或解释语句的意义如何依赖于其组成部分的意义的问题。绝对真理理论是在下述含义上做出一种回答的。既然存在无限多的有待解释的 T-语句，因此，这种理论必须通过挑选出一组数量有限的与真值有关的表达式和据以组成一切语句的一组数量有限的影响真值的句法结构来发挥作用。在这种情况下，这种理论便直接地给出某些基本表达式的语义特性，说出这些句法结构如何影响到那些表达式据以起作用的语义特性。

在前面这段话里，“语句的意义依赖于其组成部分的意义”这个口号中所求助的意义概念，当然不是那种使意义与指称相对的概念或一种假设意义是实体的概念。这个口号反映出这样一个重要真理，我认为，依据这个真理，一种真理理论要给出一种清楚的内容。这种真理理论的有益性质之一便是：它给出这种清楚的内容而又不引出作为实体的意义。 71

绝对真理理论必然会对与真理和推导有关的结构做出一种分析。因此，这样一些理论对什么东西算做语句的逻辑形式这个问题会提出一种并非无足轻重的回答。真理理论并不对逻辑后承或逻辑真理下定义，但是，显然会从真理理论中得出这样一个结论：某些语句仅仅根据指派给其逻辑常项的特性而为真。可以把逻辑常项认同为那种在表征真理或满足时提出递归要求的语言的那些被反复重述的特征。在这方面，逻辑形式当然会相对于（带有其自身逻辑的）元语言和真理理论的选择。

迄今我为捍卫约定T所说的一切可归结为下述内容：可以认为约定T清楚地表达出语言哲学中的某些很棘手的问题；如果按这种方式来理解约定T，便可导致获得一些具有显著优点的解决办法。可是，我们为什么应当按这种方式来理解约定T呢？某种与之相对立的约定难道不能更出色地表述这些问题吗？下述构思内容便与这些问题有关。

语言哲学最终关注的主要的（倘若不是唯一的）内容便是理解自然语言。“语言”这个词仅限于现在或一直实际使用着的符号系统，对此要做重要说明：未经解释的形式系统由于缺乏意义因而不是语言，而业已经过解释的形式系统最好被看做是它们从中汲取生命力的自然语言的推广或组成部分。

语义学理论无法规避的目标是，提出一种用（相同的或不同的）自然语言表述的关于自然语言的理论。但是，正如塔尔斯基所指出的那样，根据某些显然的假设，追求这一目标会导致悖论。他写道：

> 口头语言所特有的一个特征……便是它的普遍性（universality）。如果在其他某种语言里出现的一个词不能被翻译成这种语言，这便与该种语言的精神不相协调；可以提出这样一个断言："如果我们真能谈论任何事情，那么我们也能用口头语言来谈论它"。如果我们要在语义学研究方面坚持日常语言的这种普
72 遍性，那么，为了相容，除了这种语言本身的语句和表达式之外，我们还必须把这些语句和表达式的名称、包含这些名称的语句以及诸如"真语句"……之类的语义表达式纳入这种语言。[12]

一旦允许所有这一切纳入这种语言，便造成语义上的自相矛盾。因此，如果我们受限于塔尔斯基的那些方法，就不能实现那种用自然语言表达的关于自然语言的真理理论的理想。在这种情况下所产生的问题是：如何尽可能少地放弃那种理想，而在这里，约定 T 所容许的理论似乎在一些很重要的方面是最理想的。这样一些理论能够把所需要的那些特性赋予一个真理谓词，而不求助于任何不在该谓词所适用的那种语言中的概念。不可能处于对象语言之中的仅仅是真理谓词本身（以及满足谓词）。这里不过是要求一种真理**理论**，这是实质所在；而超出这个范围进一步要求下明确的定义，这种做法则确实加大了在对象语言所求助的东西与元语言所求助的东西之间的差距。[13]但是，如果我们所要求的不过是我们一直在讨论的那种真理理论，那么，元语言的本体论便能等同于对象语言的本体论，并且可以把观念形态上的增加限于那些语义概念。

我认为，塔尔斯基提出的下述看法是正确的，即我们把种种自然语言看做是在本质上可互译的（尽管我不明白这种看法为什么要求逐字翻译）。这个建议把自然语言的灵活性和扩展性理想化了，但可以通过一种先验论证来证明这个建议是有道理的（我在这里不做这种论证）。[14]约定 T 要求对象语言中的每个语句都具有在元语言中的翻译。来自相反方向的压力起源于这样一种愿望，即尽可能地对我们所

拥有的语言资源做出一种解释。

有一些用完全外延性的元语言陈述的理论企图阐释内涵性对象语言的语义特征。这样一些理论的重要性依赖于下述假设，即这种对象语言反映自然语言的重要特征。但在这种情况下就产生一个问题：我们如何理解元语言。因为在一种很清楚的含义上元语言在表达力上优于对象语言。对于对象语言中的每个“内涵性”语句，在元语言中都 73
有一个相应的具有相同真值条件的（关于可能世界、对应体等等的）外延性语句；但是必定有一些从直觉上看论及同样课题的元语言语句在对象语言中没有相应的语句。这样一些理论把内涵性作为缺乏表达力的东西来处理——我们被教会如何用这种理论本身来弥补这种缺憾。[15]可是，如果我们理解我们的元语言，我们便是在使用一种概念系统和一种我们**真正地**想要为之提供真理理论的语言，因为我们的自然系统正是这种更丰富的概念系统。幸运的是，这种更丰富的概念系统并没有对满足约定 T 的真理理论造成任何困难，因为它是外延性的。（我在这里没有考虑我们是否真正理解这样一些元语言。）

倘若一种语义学理论声称适用于一种自然语言（无论是以多么系统的方式），那么，它必须在性质上是经验的，并且必须可检验。在结论性的这几页内容中，我想概略地谈一下我之所以认为满足约定 T 的理论可按一种有趣的方式证实的若干理由。

当然，如果一种真理理论的适当性仅依据它所衍推出的 T-语句来判断，而 T-语句又仅根据它们的形式来证实，那么，便不可认为这种真理理论是经验的；如果我们**假定**对象语言被包含在元语言之中，便出现这种情况。当放宽这一限制时，真理理论就能够变成经验的。一俟要求这种理论适用于某个特定的人或某一群特定的人，它就变成经验的了。对象语言被包含在元语言之中这个事实并没有阻止这种理论具有经验内容：确切地说，这个事实作为有待证实的事实是够格的。

因此，在那些值得考虑的场合下，我们不能假定被描述的语言与进行描述的语言是恰好重合的。确实，在不以尚待证明的关于经验应用的假定为论据的情况下，我们也不能运用翻译的形式标准。但另一方面约定 T 的情况又如何呢？应如何识别一个 T－语句（更不用说识别其为真）呢？

我的建议是，要求 T－语句为真这可能就够了。显然，这足以唯一地和正确地确定真理谓词的外延。如果我们考虑任何一个 T－语句，那么，这个建议只提出这样一种要求：倘若一个真语句被描述为
74 真，则其真值条件由某个真语句给出。但是，当我们考虑使真理概念与整个语言的真理概念一致这个强制性需要时，我们便认识到，这个标准所接受的任何一种理论实际上都可以产生出一种从对象语言到元语言的适用的翻译手册。所期望的下述结果便是理论建构中的标准：通过把一种形式结构施加于足够多的具体证据（这里是指语句的真值）上而从这些不太充分的具体证据中引出一个充分的概念（这里是指合乎情理地接近于翻译的某个概念）。如果我们仅仅通过 T－语句的形式来表征 T－语句（正像塔尔斯基的做法那样），就有可能不使用任何语义概念而通过采用塔尔斯基的方法来给真理概念下定义。如果我们把 T－语句作为可证实的，那么一种真理理论就要表明我们如何能从真理概念转到某种类似于意义的概念上——这种概念须充分地类似于意义概念，以至于：如果某人具有关于一种语言的、按我所提出的那种方式加以证实的理论，他便能够在交流中使用那种语言。[16]

从直觉上看无价值的理论会被排除在按这种标准可接受的理论的范围之外，认为这一点合乎情理的根据何在呢？上述那种解决办法的主要优点之一（即仅仅在它论及语句的场合下它才涉及可观察的东西）似乎使内在结构完全成为有待人们做出最有效的分析的东西。我们可以把语句解释成单称词项、量词、谓词、连词的结合，认为它们发挥使一些表达式与表征满足概念时所论及的实体联结起来的作用，但必须把这种解释在很大程度上看做是理论构造，只有通过它成功地预见语句的真值条件才可对之做出检验。[17]

在使一种真理理论成为可靠的解释理论时的一个重要因素（的确是必不可少的因素），是使这种理论相对于说话者和时间。当存在索引词或指示词时，具有真假的不能是语句，而只是相对于一个说话者或一个时间的语句。另一种可供选择的说法是，我们可以使真理作为表达（utterance）或言语行为（而不是语句）的特性。而这些表达和言语行为本身又能被认同于某些关于语句、时间和说话者的有序三元组。在这些说法之间做出选择时牵涉到一些很微妙的难题，但目前我必须暂且不管它们。现在的论点在于：一种使正确的语句在正确的时间对于正确的说话者而言为真的理论，会比可能忽略说话者和时间这些外在参数的理论更接近于正确地对这些语句做出解释的理论。当我 75
们知道“那是一个 x 使得 Fx”的真值条件时，实际上就会给出某种与一个开语句“Fx”的外延直接有关的东西。

即使我们放弃对一种关于被描述的语句与被使用的语句之间关系的纯句法标准所提出的要求，那种给出一个带有索引词的语句的（相对化的）真值条件的元语言语句也不可能具有 T-语句的形式。困难在于：那些涉及人和时间的变元（即那些被引入以适应相对化要求的变元）必须出现在对真值条件的陈述中。相对于某时和某人的真理似乎与在一种模型中的真理处于同样的境地。

因此，正如我一直所认为的那样，不可能通过下述说法来描述关于在一种模型中的真理的理论与关于“绝对的”真理的理论之间的那种有趣的差别：即在后者而不是在前者中，可以在不求助于处于每个语句 S 本身之外的任何东西来为 S 表征真理。正如我们刚才见到的那样，理由在于，“绝对的”真理在被应用于一种自然语言时变成相对的了。不过，仍然存在一种我认为很重要的差别。对 T-语句的实例（更确切地说，是 T-语句在一种相对于说话者和时间的理论中的替代者）的证实依然在相当大的程度上是经验的。毋庸置疑，某种关于在说话者、时间和对象之间的语用性的**指示**（demonstration）概念会开始发挥作用。但是，这样一种概念是我们可以在不求助于诸如真理、意义、同义或翻译之类概念的情况下想要加以解释的概念。同样的说法不可能对一种模型中的真理概念也成立。即使在使约定 T 转而适合自然语言的那种不大方便的形态的情况下，约定 T 也指点出通往彻底的解释理论的道路。

（牟博　译）

【注释】

〔1〕拉姆赛：《事实与命题》，143 页。

〔2〕塔尔斯基：《形式化语言中的真理概念》，187、188 页。

〔3〕塔尔斯基：《语义学上的真理概念》（The Semantic Conception of Truth）。

〔4〕塔尔斯基：《真理与证明》（Truth and Proof）。

〔5〕塔尔斯基：《语义学上的真理概念》，345 页。

〔6〕同上。

〔7〕下面对这一断言做出修改。

〔8〕参看华莱士：《论指称框架》（On the Frame of Reference）和《约定 T 与代换量化》（Covention T and Substitutional Quantification）；也请参看撒普（L. Tharp）：《真理、量化与抽象对象》（Truth，Quantification，and Abstract Objects）。尽管克里普克对华莱士和撒普的某些论证提出批评，但他赞同这样一个结论：在一种具有正常表达力的语言中，至少必须给某些量词提供那种塔尔斯基为之指派满足概念的语义学。参看克里普克：《存在一个关于替换性量化的问题吗?》[本注释是 1982 年加上的]。

〔9〕塔尔斯基：《形式化语言中的真理概念》，199 页。

〔10〕尽管这些看法的一般结论可能是正确的，但这些看法是考虑不周的。特别是我没有考虑到既带有代换量词又带有实体量词（ontic quantifiers）的语言。(参看上面的注释〔8〕。) [这个注释是 1982 年加上的。]

〔11〕参看论文 3。

〔12〕塔尔斯基：《形式化语言中的真理概念》，164 页。

〔13〕关于这方面的一个很有教益的例子，参看蒯因：《论塔尔斯基真理理

论的一个应用》(On an Application of Tarski's Theory of Truth)。

〔14〕不过可以参看论文 13 和 14。

〔15〕我把这种见解归功于约翰·华莱士。

〔16〕对这个看法的详细说明和修改，参看论文 9～12。

〔17〕在论文 15 和 16 中进一步讨论了这个论点。

应用

论文 6　引语（1979 年）

论文 7　论说出（that）（1968 年）

论文 8　语气和履行（1979 年）

论文6 引语（1979年）

引语是一种手段，用于通过给出示 79
例，即具有印刷形状的文字或语音形态的话语，从而指向这些形态。这种刻画过于宽泛和模糊：宽泛得足以不仅包括书面引号和说出的短语，如“下面我引述道”，而且包括了哲学家们通常用于谴责误读他们所写的东西的指形引号；模糊得难以回答这样的问题：这个句子开头的这些词（“这种刻画”）是否表明了一种引语形式？

在引语中，语言不仅关注自身，而且依次关注语词和表达式，这种自反性的自我关联是与便利和普遍地应用这个手段不可分开的。我们这里已经足以刻画了语言哲学家的兴趣；但这也同样表明了它与其他相关领域的联系，诸如关于命题态度的句子、清楚的祈使句和指称的图像论。如果引语提出的问题相对而言微不足道，我们就会愿意寻找通往这个迷宫的捷径。

当我最初探究逻辑和语义学的奥秘时，引语总是作为一种多少有些隐蔽的手段出现的，而它的出现是伴随着对混淆了表达式的用法和提及（the use and mention of expressions）的严厉指责。一方面是引语，另一方面是用法和提及的区别，这两者之间的联系是显而易见的，因为当一个表达式被用于表明它的一个殊型（token）出现于一个规范的语境中，那么这个表达式就是被提及的，这时，一个殊型就会出现于引号中（或某种类似的引号记号中）。这里提到的混淆或许可以说明以下的情况：引号是可以忽略不计的，或者是可以抹掉的。
80 但是对引语的苛刻要求通常却是较为严厉的。因此，塔尔斯基在《形式化语言中的真理概念》中考察了清楚表达引号理论的各种可能性，确定人们是同时被导向荒谬、模糊和矛盾的。[1] 蒯因在《数理逻辑》中写道："小心谨慎地使用引号是在实践中避免混淆对象及其名称的主要方式……"，但他补充道，引语

> ……具有某种反常特征，需要引起特别注意：从逻辑分析的观点看，每一个引语都必定被看做是一个单词或记号，而其他部分则被说成不过是陪衬之处或只言片语而已。一个引语不是一个**描述**，而是一个**象形文字**；它对对象的指示不仅是用其他的对象描述它，而且是描绘它。整个引语的意义并不依赖于其组成语词的意义。[2]

丘奇在赞赏弗雷格小心使用引语以避免一语多义时，他本人就不使用引语，而把它看做是"误导的"，"实践上是难以对付的，会带来某些不幸的误用和误解"[3]，于是这就不仅仅是暗示了，引语存在着某种

模糊不清或使人混淆的东西。但这并不正确。这个手段本身并没有过错。不恰当的或使人混淆的正是我们关于它如何作用的理论。

人们常说，在引语中，被引述的表达式是被提及的，而不是被使用的。这种说法的头一部分还比较清楚，但正是第二部分，就是说被引述的表达式不是被使用的，这种说法是值得怀疑的。为何引语的作用不能被看做是表达式的一种用法？一种合理的回答是，当然，在**某种**意义上，被引述的材料是被使用的，但它被用于引语中是与语言的**意义**无关的；所以，被引述的材料并不被用做一段语言。

这种回答可能并没有消除我们的怀疑。就一点而言，存在这样的麻烦情况，即在说出或写出某个表达式的单个殊型时，我们就可以便利地使用和提及这个表达式。我在自己的专业写作中曾决心前后一致地使用引语。我的计划是用单引号去指那个其中包含了其殊型的表达式，但用双引号去指通常意义上的表达式，而这同时表明这个词是奇 *81*
特的或特殊的（“惊奇引述”）。我不得不承认，我多年来一直挣扎于这种荒谬的、毫无成效的方式中，直到有一天我终于明白了，第二个范畴就包含了自身失败的种子。例如，考虑一下我在本文前面一段话中所说的，大致是说，

蒯因说，引语“……具有某种反常特征”。

这里的引语是被使用的还是被提及的？显然是被提及的，因为这些是蒯因自己的话，而我想表明这个事实。但同样明显的是，这些话是被使用的；如果不是这样，那么在“引语”这个词之后就应当是一个单词，但这是不可能的，因为我已经提出了一个符合语法的句子。要把我的话重说一遍以解决这个困难，也并非易事。例如，仅仅这样写是不够的：“蒯因使用了所引的这些话‘具有某种反常特征’”，因为这并没有说明他说这些话是什么意思。

这里还有另一种混合了使用和提及的情形，其中很难完全把它们

区分开来：

> 道拉格雷山（Dhaulagiri）邻近阿那普那山（Anapurna），该山的征服者毛利斯·赫左格（Maurice Herzog）在其著作中用相同的名称描述它。

其中的“相同的名称”不能指与这座山相同的名称，因为这座山有许多名字。它只是指在这个句子的前面所使用的这座山相同的名字。我就把这种情形称做真正的引语，因为这个句子是以展现了表达式殊型的方式指向这个表达式；但这种情形恰好没有使用引号。

或者考虑一下这样的情形：

> 进一步退两步的规则应用于那个命令之中。[4]

我们暂时把这些例子置于一边，把它们看做是病态的，或许是可以治疗的东西，现在有一种标准的方式支持这样一种观点，即引语中的被引述材料不是被使用的，这正是塔尔斯基提出的对引语的解释，他将其看做唯一可以捍卫的标准。根据这种解释，一个引语就是两边加了引号的表达式，它就像一个单词，但不能被看做在逻辑上简单的。被引述材料中的字母和空格应当看做是拼写更长单词中的偶然之
82 事，所以它们单独出现是没有意义的。因而塔尔斯基说，一个引号名称就像是一个人的专名。[5]我称之为引语的**专名理论**。丘奇把这个观点或至少是具有相同结果的方法也归结为弗雷格。丘奇写道：

> 弗雷格引进了系统表明引号自主性的手段，在他的晚年作品中（虽然不是在《概念文字》中），凡是被单独使用的语词和符号，在所有的情况中，都被括在了单引号中。这样做的结果就是，被括在单引号中的词就被看做是不同于没有引号的词（仿佛

> 引号是单词拼写中的另外两个字母），通过为不同的意义提供两个不同的词，这样就可以消除模棱两可了。[6]

除非是我错了，否则这段话表明了一种普遍的混淆。根据丘奇归结弗雷格的这个观点，指向了出现于引号中的殊型之语词的究竟是什么？是这个词本身（在给定的语境中），还是整个引语？丘奇说是两者，尽管它们并不相同。说是语词本身，是因为引号中的表达式的意义不同于通常的意义；它被“看做是一个不同的词”，是被“单独地”使用的。而说是整个引语，是因为引号就是拼写的组成部分。

蒯因反复地、绘声绘色地推出这样的观点：应当把引语看做是没有结构的单称词。他不仅否定了（如前所述）引语是描述词，而且认为引号中出现的字母，“……仅仅是一个更长名字的片段，这个名字除了这个片段之外还包含了两个引号”[7]。

这种处理引语的方法，长处在于强调了，引语的指称不能解释为（至少在通常的情况下）归功于引号中所表现的表达式的指称。但在我看来，作为对引语在自然语言中所起作用的说明，这种方法是十分不足的。如果引号是没有结构的单称词，那么引号名称这个**范畴**就会像以字母“a”为首尾的名称范畴（“Atlanta”，“Alabama”，“Alta”，“Athena”）一样没有意义了。根据这种观点，一个表达式与这个表 83
达式的引号名称之间就没有任何关系，仅仅是偶然的拼写而已。如果我们采纳了这个理论，那么只要对每个引号名称我们都替换成某个毫无关系的名称，也就不会有任何闪失了，因为这正是专名的特征。只要这种引语理论可行，对于支配如此清楚之引语的非形式规则也就不会有什么反响了：一旦你想构成一个表达式的引号名称，那么就给这个表达式两边加上引号；而一个引号名称就是指（像蒯因所说的那样）“它的内心”。这也不会再坚持这种直觉上有吸引力的看法，即一个引语多少描绘了所谈的东西。

这些反对意见本身就足以怀疑塔尔斯基的这种说法：对引语的这

种解释是“……最为自然的，完全符合惯常使用引号的方式……”[8]。但我们认为还存在一种关键的反对意见，就是说，根据这种理论，我们无法令人满意地说明使任意包含了引语的句子为真的条件。在一种恰当的理论中，每个句子都能解释为将其真假归功于它是如何通过重复应用有限的结合方式而从有限的组成部分中构造出来的。当然，存在无限的引号名称，因为每个表达式都有自身的引号名称，而表达式的数量是无限的。但根据我们这里考虑的引语理论，引号名称没有意义结构。由此，真理论就无法被用于普遍地解释包含了引语的句子。如果我们想要得到一种对包含了引语的语言的令人满意的理论，我们就必须抛弃对引语的专名解释。[9]

我现在转向一种不同的引语理论，可以称之为引语的**图像论**。根据这种观点，加引号的表达式所指称的并非是整个引语，而是这个表达式本身。引号的作用是表明我们如何处理其中的表达式：引号是一种语言用法，表明了表达式起着特殊的作用。这或许是赖欣巴赫的观
84 点，他说，引号“……把一个记号转换成了它的名字”[10]。蒯因也提到了这个观点。他写道，引语“……通过描绘……指明了其对象”[11]，当然因为只有引语的内心才可以被说成像是所指的表达式（引号并不在这个图像中，它们是图像的框架）。丘奇在前面讨论过的一段话中也持有这种看法：根据弗雷格的理论，“……单引号的词应当不被看做一个不同的词”，它是被“自主地”使用的，就是说命名了自身。

我们应当看到，上段中提到的三个作者摇摆于引语的专名理论和图像论之间。但这两种理论显然是不同的；所以，一旦认识到了专名理论的不足，我们就应当考虑图像论本身。初看起来，它有两个长处：它赋予了引语以**某种**结构，因为它把引语看做是由引号（设置了解释其内容的场景）和所引材料构成的。同时，它在诉诸图像关系中暗示了一种理论，它使我们直观地理解了引语是如何起作用的。

一经考察，这些表面的长处就消失了。困难在于，我们想要的

是，解释引语何以能够使我们通过描述而指向表达式。但根据目前的理论，引号带来了使表达式指向自身的语境。那么，图像特征在这个理论中是如何起作用的呢？如果引号中的表达式是指向自身的，那么它也就描绘了自身，但这完全是无关紧要的。

这有助于说引号所带来的语境使我们要把其中的内容看做是对所指之物的图像吗？完全不是；这只是倾向于说，这个表达式指向了自身。总之，一旦引语的内容被指派了标准的语言作用，那么它恰好相似于某物这点对语义学来说就没有任何意义，就如象声字一样，或“多音节的”一词是多音节的。

我们在这里还漏下了另一个重要观点。对象与其自身之间的图像关系没有什么意义，而我们正在解释的这种理论徒劳地使这成了一个 85
无聊的观点。但我们在引语中所感到的更有意义的图像，并非是在表达式与表达式之间。在引语中，使我们能够指称某个表达式的东西，我们可以视之为一个抽象形状，这表明我们面前的书中或空气中有某个**具有**形状的东西，一个殊型，无论是写下的还是说出的。图像论无法把一个文字或话语带入这个图像之中。这样做只能通过描述、命令或指出相关的**殊型**，并没有引入为此目的的机制。

引语的图像论使人想起了弗雷格关于模糊（他称之为间接的）语境的理论，诸如“必然地”、“约翰相信……”、“伽利略说……”等等带来的语境。在弗雷格分析的这些语境与图像论所处理的引语之间存在明显的差别：引语中的话可以改变其言语（因为每个表达式都成为了一个名称或描述），而这在其他语境中就绝不会出现；引语可以使无意义变得有意义，但其他模糊的语境就不行。但在这两种情况中有一种显著的相似之处，即某种语言手段被看做是带来了一种语境，语词在其中起到新的指称作用。这种改变指称的语境概念从未得到专门的解释，而弗雷格本人也对此提防有加；它的确没有在真理论中得到直接的处理。图像论的麻烦正如弗雷格对一般模糊语境的处理一样，在于特殊语境中被赋予语词或表达式的指称并非这些指称在日常语境中的作用。这样，特殊产生的语境表达式（比如引号或"说出 that"这些话）就无法被看做是功能性表达式。[12]

引语专名理论的关键失误在于，它在把引语解释为语言的完善表达式时，却没有提供一个清楚的理论，以表明无限多的这种表达式中的每一个是如何把其指称归于其结构的。适才得到的试验表明，我们有可能把引语看做是具有语义意义的结构。让我们按这个方向思考一下。

吉齐一直认为，引语实际上就是**摹状词**，因而它们是有结构的，
86 他抱怨我提出了专名理论（尽管他没有抱怨对真理论的需要）。[13]按我的理解，他的理论是这样的：引语中单个的词标志着名称本身；这是词汇表中的新词项，但不是语义上的复合词（我不能肯定吉齐是否说过最后这一点）。无论如何，这个理论很像是专名理论。但一个被引述的更长的表达式，则是一个有结构的摹状词。因此，"爱丽丝昏过去了"就缩写为"'爱丽丝'⌒'昏过去了'"，这就读做"在'爱丽丝'之后写下'昏过去了'得到的表达式"。这个理论有着和先前的弗雷格理论同样的长处，它更为简单自然（可以把它称做引语的**拼写理论**）。

塔尔斯基和蒯因所说的话就蕴涵着，他们也看到了类似这种理论的可能性。因而，塔尔斯基指出，如果我们接受了名称理论，那么就可以取消带有引号的名称，随处都可以替换为结构性摹状词的名称[14]，而蒯因则认为，我们可以（只要愿意）诉诸拼写而去掉引语的模糊性。[15]他们想到的手段都类似于吉齐；不同之处在于，吉齐把最小的单位看做是语词，而塔尔斯基和蒯因则看做是单个的字母和符号。结果是对日常引语的缩写，这是相同的。吉齐以初始记法揭示了所有的结构，他写起来容易（因为只有每个语词才需要引号），但要学习或描述这种语言却很困难（他有大量的初始词汇——即使忽略了重现的情况也是通常规模的两倍之多）。

要把真理定义扩展到蒯因、塔尔斯基和吉齐提出的拼写方法并不

困难，但这些方法可以被看做完全是由日常的引语缩写而成的。纯粹的缩写这种说法，可以还原为回旋于两种记法风格之间的机械方法。因而，假定引号命名了“爱丽丝昏过去了”，这个方法是从左边开始，重新写下第一个引号，然后是字母“A”，然后是另一套引号，一直到得出原句中的一套引号。这样不断重复，然后停止。结果就会是：

“A”⌢“l”⌢“i”⌢“c”⌢“e”⌢space⌢“s”⌢“w”⌢“o”⌢“o”⌢“n”⌢ 87
“e”⌢“d”

由于这两种记法在技术上是可以相互交换的，我们也就没有理由不去把其中一种的语义学看做是另一种的语义学：所以这就可以看做是关于英语中的引语是如何工作的理论（对其他语言可以加以修正）。但这会是关于日常引语的正确理论吗？我们有几条理由说它不是这样的理论。

首先要注意，扩展记法中出现引号并不重要。这个理论的作用在于确定了一些有限的单位（语词或字母），由此构成了所要描述的语言中的每个表达式。然后，我们又引入了这些单位的未被构造的专名，以及一种串联记号。这种理论起到了很好的作用，不会令人误解，因为引号完全消失了，引入的是一种新的构件名称。为了表明这一点（根据吉齐的方法），假定我们用“alc”这个词命名“爱丽丝”这个词，用“sw”命名“昏过去了”；那么，“爱丽丝昏过去了”就可以被描述为：

alc⌢sw

或者，用蒯因的方法：

Ay⌒ell⌒eye⌒see⌒ee⌒space⌒es⌒double-you⌒oh⌒oh⌒en⌒ee⌒dee

这个小练习是为了强调，这个理论并没有抓住关于引号的任何观念——没有人会想到用引号来表明可以构成任意表达式的名称。根据拼写理论，词汇中没有任何清楚表达的词项对应着引号，所以这个理论无法反映这个用法的规则。这个方法仅仅是使人知道了每个最小表达式的名称。显然，这就失去了关于引号所描绘的相关事情这个想法中的关键所在。

理解与结构相关和无关之物的明显方式，是试图应用存在概括和替换同一性。要证明通常使用的引语并不具有表面结构，一个标准的方式就是要看到，从

“爱丽丝昏过去了”是一个句子

88 我们无法推出：

（∃x）（“x 昏过去了”是一个句子）。

同样，假定“alc”命名了“爱丽丝”，我们也无法推出：

“alc 昏过去了”是一个句子。

也无法推出：

alc⌒“昏过去了”是一个句子。

但是（用吉齐的拼写理论观点），我们可以从：

“爱丽丝昏过去了”是一个句子

得到：

“爱丽丝”⌢“昏过去了”是一个句子。

由此得到：

alc⌢“昏过去了”是一个句子，

然后得到：

$(\exists x)$（alc⌢x 是一个句子），

或者：

$(\exists x)$（alc⌢“昏过去了”是一个句子）。

根据蒯因的理论观点，我们可以从：

“爱丽丝”是一个词

得到：

“A”⌢“l”⌢“i”⌢“c”⌢“e”是一个词，

得到：

$(\exists x)(\exists y)$（x⌢“l”⌢“i”⌢y⌢“e”是一个词）。

这些派生出来的结果清楚地表明，引号在拼写理论中并没有起到关键作用；同样，这个理论也不是关于引语在自然语言中如何起作用的理论。

这里已经失去了描述的关键成分，或许还不是全部，因为拼写理论似乎依赖于，对复杂表达式的描述重新表达了所描述的表达式的**顺**
89 **序**。在由这种理论提供的描述中，具体表达式的名称并不需要相似于它们所命名的东西，但在整个描述中，被连接的表达式名称本身就是被连接的。

然而，即使是这种对描述观念的说明也是肤浅的。从完全清楚的语言的观点看，拼写理论提供的描述本身就是对更为复杂的东西的纯粹缩写，而表达式的顺序完全可以由此得到改变。我认为我们应当得到，引语的拼写理论与我们把引语理解为描述表达式的观点没有任何关系。

引语在自然语言中还有一些重要的用法是我们无法用拼写理论加以解释的，也无法以它提出的方式而构造的语言加以安排。至少显而易见的是，拼写理论无法处理我们前面讨论过的把使用和提及混合起来的情况，也无法处理似乎依赖于指示性地涉及话语或文字的情况。引语在自然语言中的重要用法就是通过表现在引号之间而引入新的记法；根据这里所说的拼写理论，这是不可能的，即新的记法不是由具有名称的成分构成的。根据拼写理论，我们也无法用引语去教授一种基于新的字母表或记法的外语，例如基莫语（Khmer）或汉语。由于这些都是易于由日常引语完成的作用（无论是否有引号），所以我们无法把拼写理论看做是对自然语言中的引语的恰当说明。

我们已经找到了可行的引语理论必须满足的一些条件。首要的条件是，正如关于语言诸方面的理论一样，引语理论应当合并于关于这种语言中诸句子的一般真理论。另一些条件是专门针对引语的。一个是这种理论提供了关于引语**手段**（引号或相应的语词）的清楚的语义学规则。在我们学习理解引语时，我们就学会了可以无限应用的规则：如果你想指称一个表达式，你就可以在你要提到的表达式两边放上引号。一个令人满意的理论一定是体现了或解释了这样一条知识。最后，一个令人满意的理论一定解释了这样一种意义，即引语在这种意义上描述了被指称的内容，否则它对于说明引语的重要用法就是不 90
恰当的，譬如，引入了新的记法和新的字母表。

一旦清楚了需要，提出一种令人满意的理论就不难了。或许现在比较明显的主要困难来自于同时要求我们对引语指派清楚的结构，并要求它们描述了它们所提及的内容。因为这里所谓的清楚的语言结构必定是描述的结构，而描述活动似乎先于描绘的需要。这种对结构的要求，来自于对意义理论的内在需要，在这里被看做是一种真理论；所需要的一切就是这样一种结构，它足以实现对真理谓词的递归式刻画。而且，只要我们不把被引述的材料看做是一个句子在语义学上重要的句法成分，那么这样一个结构就是足够多的了。因而治疗的方法就是放弃这种假定。

人们自然会认为，出现在一个句子两边的语词就是这个句子的合法成分；在引语的情况中，我们认为，引号中的语词有助于我们指称那些语词。但我的看法是，从语义学的观点看，引号中的那些语词根本不是句子的组成部分。把它们说成是语词，实际上是一种错误。引号中出现的东西是**文字**（inscription），而不是形状，我们对此需要的是有助于指称其形状。根据我的理论，我们可以称之为引语的**指示理论**，其中的文字并没有指称任何东西，也不是做出了这种指称的表达式。相反，做出所有这些指称的是引号，它们有助于指称一个形状，即指出某个拥有这个形状的东西。根据这种证明理论，作为整体的引语（引述加填补）和填补本身都不是单称词项。这个单称词项是引号，可以把它们读做“此处为其殊型的表达式”。或者说，它们带来了这样一种方式，即这里可以真正说是包含了描绘：“具有这里所描绘之形状的表达式”。

说这个理论否定了引述的材料是句子的句法成分，这并不是怀疑这个理论；就语义学的抽象而言，定位问题并不重要。在说出的句子中，时间序列与书写的线形排列起着相同的作用。但如果我说“我抓到了这条大鱼”或“我今天抓到了这条鱼”，我的手或鱼本身并没有
91 成为语言的组成部分。我们可以很容易地把引述的材料从句子核心中去掉。引语是用来指出文字（或话语）的手段，它可以用于并通常是用来指出引述句子之外的空间上的文字或时间上的话语。所以，如果我在你的评论之后说“真话是从来不用说的”，那么我就是在指一个表达式，但我这样做是由于指明了这些语词在话语中的具体表现。引号可能会造成曲解，使得被引述的材料离开了它们在其中并未发挥语义学作用的句子。因而，我们不写做：

“爱丽丝昏过去了”是一个句子，

而是写做：

爱丽丝昏过去了。把它作为一个殊型的这个表达式是一个句子。

想象一下带有手指形状殊型的“这个”指向了“爱丽丝昏过去了”这个殊型。

我认为，很明显，指示理论把一个结构指派给了包含引语的句子，而这个引语可以由真理论直接加以处理——这当然假定了存在一种恰当的证明方式，而且，在这一点上，我已经努力表明了，为什么在一种形式的真理论中为证明成分或索引成分留出空间并不存在真正的困难。[16] 最后，显然引语的描绘特征始终得到了利用和解释。由此，证明理论也就认可了引语是用来引入新的印刷体和讨论带有新字母表的语言。我最后要考虑的是，它如何处理前面提到的混淆了使用与提及的情况。

我说过，对指示理论来说，被引述的材料在语义学上并非引述句

子的组成部分。但这比必要性或可指望性更强一些。指向的手段可以用于指向者范围内的任何东西，没有理由可以说明为什么使用中的文字无法在提及表达式的过程中得到实指。我已经表明了一种重要的情况，还有更多的情况。（“你注意到我要说的东西。”“为什么你使用这些语词?”等等。）任何殊型都可能成为引语之箭的靶子，所以，特别 92
是一个引述句子完全可能偶然地包含了一个殊型，其形状满足了引语之需。这样的殊型就有了双重责任，一方面是在句子中作为有意义的齿轮，另一方面是作为在语义学上中立的带有可用形式的对象。因而，

蒯因说引语“……具有某种反常特征”

可以更清楚地理解为

蒯因说，用这些作为殊型的语词，引语有某种反常特征。

（这里的“这些”是伴随着指向蒯因语词的那个殊型。）正如对阿那普那山来说：

道拉格雷山邻近阿那普那山，该山的征服者毛利斯·赫左格在其著作中用具有这种形状（指向“阿那普那山”的殊型）的名称描述它。

最后：

进一步退两步的规则应用于表现了这些殊型（指向“进一步”和“退两步”的殊型）的那个命令之中。

（江怡　译）

【注释】

〔1〕塔尔斯基：《形式化语言中的真理概念》，159～162页。

〔2〕蒯因：《数理逻辑》，第4章。

〔3〕丘奇：《数理逻辑导论》（*Introduction to Mathematical Logic*），第8章。

〔4〕该例出自罗斯（J. R. Ross）的《元语言变异》（Metalinguistic Anaphora），273页。

〔5〕塔尔斯基：《形式化语言中的真理概念》，159页。

〔6〕丘奇：《数理逻辑导论》，61～62页。

〔7〕蒯因：《从逻辑的观点看》，140页，另见蒯因：《逻辑方法》，38页，《语词和对象》，143页；以及梅茨：《基础逻辑》（*Elementary Logic*），24页。

〔8〕塔尔斯基：《形式化语言中的真理概念》，160页。

〔9〕参见论文1。

〔10〕赖欣巴赫（H. Reichenbach）：《符号逻辑原理》（*Elements of Symbolic Logic*），335页。赖欣巴赫还说到另一种不同的观点。

〔11〕蒯因：《数理逻辑》，第4章。

〔12〕对此观点的进一步讨论，参见论文7。

〔13〕吉齐：《心理行动》，79页之后。参阅吉齐：《引语与量化》（Quotation and Quantification），205～209页。

〔14〕塔尔斯基：《形式化语言中的真理概念》，160页。

〔15〕蒯因：《语词和对象》，212页。

〔16〕参见论文2。

论文 7　论说出（that）*（1968 年）

“要是我说那话（said that）就好 *93*
了”，奥斯卡·王尔德①在称赞惠斯勒②的隽言妙语之一时说。对王尔德的创作力持悲观态度的惠斯勒回敬道：“你会的，奥

---

* 本文首次发表于《综合》（*Synthèse*）杂志，第 19 卷（1968—1969），130～146 页。在对该篇论文标题（On Saying That）的翻译上，我颇感踌躇，因为汉语中并没有像 that 这样的起特殊语法作用的联结词（它在英语中引导宾语从句或间接引语，这时一般来说它本身并无词汇意义，但有时具有本文中要谈到的那种微妙的指代作用）。若直译，实在找不到恰当的字眼，若忽略不译，恐怕“论说出”这个汉译标题会令人不知所云；若意译为“论说出（引语）”或“论说出（表述）”也不太好，因为这样译没有表现出在戴维森阐释下“that”所起的指代作用，更何况本文中在严格含义上使用的“引语”指一种特定的解释方式。所以，姑且将标题译为“论说出（that）”，这样尽管不完全达意，但也不致造成更多误解。

① 王尔德（Oscar Wilde，1854—1900），英国唯美主义作家。

② 惠斯勒（James Whistler，1834—1903），美国画家和雕刻家。

斯卡；你会的。”[1] 这个传说使我们想到，像“惠斯勒说过那话（said that）”这样的表达式有时可以被用做语法上完整的句子。我的建议是，我们在这里找到了对间接表述（indirect discourse）① 做出一种正确分析的线索，而这种分析会导致对一般的心理语句（即关于所谓的命题态度的语句）做出分析；我们在这里甚至发现了如何使心理概念区别于其他概念的线索，尽管这一点看来超出了本文的讨论范围。

我们不妨首先讨论那些人们通常认为是更有代表性的间接引语（oratio obliqua），例如，“伽利略说（that）地球运动”或“斯科特说（that）金星是一颗在地球轨道内侧的行星”。在分析这类语句时所碰到的一个难题是，我们不知道它们的逻辑形式。而承认这一点也就等于承认，无论我们可能具有关于这类语句的其他任何知识，我们却不知道关于它们的首要知识。如果我们把表层语法看做是逻辑形式的指南，那么，我们就会认为“伽利略说（that）地球运动”这个句子包含另一个句子“地球运动”，而后面这个句子本身又是由“地球”这个单称词项和一个谓词“运动”所构成的。但是，倘若“地球”在这个语境中是一个单称词项，那么，就所包含的那个句子的真或假而论，这个单称词项便可以由其他任何一个指称相同事物的单称词项所替换。然而，看来好像是适当的替换却能改变原先那个语句的真实性。

众所周知，采取做出替换这一步骤显然是无效的，但这种无效性只能是表面上的，因为采取这一步骤所依据的规则不过是清楚地说明
94 了关于（逻辑上的）单称词项的观念所包括的内容。因此，只能按照两条思路来做出说明：要么是我们关于逻辑形式的看法有错，要么是我们关于单称词项的指称的看法有错。

在看来是单称词项的那些词方面所出现的那种似乎异常的情况，

---

① “indirect discourse”通常被译为“间接引语”，但在本文中，“引语”（quotation）表示对“indirect discourse”的一种特定解释，故将后者译为“间接表述”；但在本书选中的其他译文中，为通俗起见，仍将它译为“间接引语”。

使对间接表述做出有条理的解释时所遇到的困难在单称词项那里表现得很突出，不过，这种困难的出现是较为普遍的；因为单称词项所碰到的这种困难也为其他每一种词项碰到了，即量词、变元、谓词、连词也碰到了这种困难。单称词项指称（或冒充指称）量化变元的值域中的那些实体，而谓词对之成立或不成立的也正是这些实体。因此，我们不应当对下述这一点感到吃惊：如果我们能通过用“暮星”替换“金星”来给“斯科特说金星是一颗在地球轨道内侧的行星”这个语句出难题，那么，我们也同样能通过用“是与金星或永星相同一”替换“是一颗在地球轨道内侧的行星”来给上述语句出难题。我们无法仅仅通过取消单称词项来解决间接表述所遇到的那些困难。

我们应当对关于语句逻辑形式的适当解释提出什么样的要求呢？首先，我想说，这样一种解释必须使我们把语句的语义特征（它的真或假）看做是被归之于语句的构成方式，而语句是通过有限次地应用某些有限多的手段（它们足以满足作为一个整体的语言的需要），由取自有限多的词汇（它们同样足以满足作为一个整体的语言的需要）之中的构成成分所组成的。按照这种眼光看待一个语句，也就是按照这样一种关于包含该语句的语言的理论来看待它，这种理论给出在那种语言中的每一个语句的形式。提出这样一种理论的方式便是按照塔尔斯基所建议的那种思路递归地表征真理谓词。[2]

两种密切相关的考虑支持下述看法，即塔尔斯基式的真理理论赋予一个语句的结构理应被称之为该语句的逻辑形式。通过给出这样一种理论，我们便以一种有说服力的方式说明：尽管语言有无限多的语句，但它可被一个具备有限能力的人所领会。可以把真理理论说成是对每个有意思的表达式在其任何一次出现中的语义作用提出了一种有效的说明。我们在这种真理理论的武装下，就始终能通过下述说明对“这些为人们所熟悉的语词在这里起什么样的作用？”这个问题做出回答，即说明这些语词是如何对它们所构成的语句的真值条件做出贡献的。（这并不是向每一个有意思的表达式指派一个“意义”，更不用说 95

是向它指派一个“所指”了。）

人们常常是出于另外一种兴趣（即有益于推导）来看待关于语句逻辑形式的研究的。从这一观点看来，给出一个语句的逻辑形式也就是给那些与该语句在逻辑背景中的地位相关的特征分门别类，这些特征确定该语句是什么样的语句的逻辑后承，以及它以什么样的语句作为逻辑后承。一种规范的标记法以文字为相关的知识编码，以便尽可能地使推导理论简单化，使推导实践程序化。

显然，对逻辑形式的这两种看法不可能得出一些完全独立的结果，因为逻辑后承是依据真理概念来定义的。说第二个语句是第一个语句的逻辑后承，这也就大致等于说：无论对非逻辑常项做出什么样的解释，若第一个语句为真，则第二个语句也为真。既然我们所说的逻辑常项能独立于一组真理发生变化，因此，尽管关于逻辑形式的这两种说法是相关的，但它们不必是同一的。简而言之，这种关系似乎是这样的：任何一种满足塔尔斯基的那些标准的真理理论都必须对语言中的那些影响真值的重复手段做出解释。在那些我们知道如何为之定义真理的很熟悉的语言中，基本的重复手段可归约为语句连词、量化手段以及描述算子（倘若描述算子是初始的）。在一个语句仅根据量化结构而作为另外一个语句的逻辑后承的场合下，便会由此从一种真理理论中衍推出：若第一个语句为真，则第二个语句也为真。因此，不把那些确定量化结构的表达式纳入逻辑常项之列是没有道理的，因为，当我们表征真理概念（任何一种对逻辑后承的解释都依赖于这个概念）时，我们就已经对所有这样一些东西做出承诺，即把这类表达式称为逻辑常项时能使我们对之做出承诺的东西。增添逻辑常项就会增加逻辑真理和后承关系（除了真理定义所要求的东西之外），因而就会提出更加丰富多彩的关于逻辑形式的说法。然而，对于本文来说，我们只能坚持对逻辑后承和逻辑形式做出最严格的解释，因为当我们提出真理理论时我们便被迫采取这样一些解释。[3]

96 现在我们便能够对我们在间接表述问题上的困惑做出说明：所出

现的情况在于，刚才所概述的那种在真理与后承之间的关系看来被打破了。在一个像“伽利略说（that）地球运动”这样的语句中，我们通过眼睛和心智可以感知到在“地球运动”这些语词中的为人们所熟悉的结构。如果我们的确会有一种真理理论，那么就必定会有这样一种结构，因为有无限多的语句（所有的陈述句，倘若不考虑在时态所碰到的某种困难的话）在插入“伽利略说（that）——”中的空位后会有含义。因而，如果我们要对所有如此形成的语句提出真值条件，我们就不可能逐句地而只能通过发现这样一种具有表达力的结构来做到这一点，这种结构使我们把每个语句看成是由有限多的语词所组成，而这些语词对该语句的真值条件做出一定贡献。然而，一俟我们指派了人们所熟悉的结构，我们就必须接受这种指派所得出的结论；而在间接表述的情况下，正如我们所知，这些结论正是我们拒绝接受的结论。在某种含义上，事情甚至比这还要奇怪。不仅人们所熟悉的那些结论没有从那种所熟悉的结构中得出，而且，我们关于语言的常识在根据接在间接表述的“说出（that）”后面的语词所做出的任何推导中都感到没有什么保证。

因此便出现这样一个悖论：一方面，我们的直觉暗示（并且理论也要求）我们在间接表述的“内容语句”（content-sentence）［我将这样来称呼接在“说出（that）”后面的语句］中会发现具有语义重要性的结构。另一方面，后承关系的丧失使我们把被包含的语句看做是语义上无效用的。然而，无法以这种方式使逻辑形式和后承关系彼此分离。

在这方面可以提出的一个建议是，把接在“说出（that）”后面的那些语词看做是在隐匿的引号里发挥作用的，这些语词的唯一作用便是帮助指称一个语句，而它们在语义上的无效用性是由关于引语的解释加以说明的。这个建议有一个缺点，这就是，甚至根据我们对关于逻辑形式的解释所提出的最低标准来衡量。任何一种关于引语的通常解释都是不可接受的。这是因为，根据大多数说法，引语不具有重要语义结构的单称词项；并且，既然必定存在无限多的不同引语，因此，任何一种包含引语的语言都不可能具有以递归方式所定义的真理谓词。人们可以认为这表明：被普遍接受的那些关于引语的解释必定是错误的——我认为的确如此。而在这种情况下我们就不能自称通过
97 求助于引语而解决了关于间接表述的难题。[4]

或许不难发明一种适用的引语理论：蒯因几乎是明确提出了下述理论。完全把引语看做是按照下述说明所得到的东西的缩写：在左边具有起首引号的第一个字母的右边写上右引号，然后在这个右引号的右边标上一个连字符，再在这个连字符的右边标上左引号；在每个字母（把标点符号也作为字母）后面都采取这些步骤，一直做到整个引语的右引号。现在所得到的便是一个复杂单称词项，即塔尔斯基所谓的关于一个表达式的结构描述语。这样，便适度地增加了一些词汇，即字母名称和标点符号的名称以及连字符。相应地在本体论上也增加了一些东西，即字母和标点符号。最后，倘若我们对间接表述中的语句应用这种处理办法，便会存在由新的结构所支配的逻辑后承。举两个例子来说明，下述例子中的每个例子都是由"伽利略说地球运动"衍推出来的：

$(\exists x)$(伽利略说[that]"the ea"$^\frown x^\frown$"th moves")

以及（前提是"r=字母表中的第 18 个字母"）：

伽利略说(that)"the ea"$^\frown$字母表中的第 18 个字母$^\frown$"th moves"

（我已尽可能地坚持采取缩写。）这些推导本身并不构成对引语理论的批评，它们只是对后者的阐明。

蒯因在《语词和对象》[5]一书中讨论了把间接表述作为引语来处理的做法，并且出于在我看来是错误的理由抛弃了这种做法。并不是没有一个充分的理由来这样做，而是在于（正如我将试图表明的那样），正确评价**这种做法**几乎是找到了一种解决办法。

让我们考察一番使蒯因放弃从引语角度来处理问题的那些步骤。

蒯因所考虑的那种理论的说法不同于卡尔纳普曾提出的下述说法，即“说出（that）”是一个对关于人和语句的有序对适用的二位谓词。[6] 98
卡尔纳普的这种看法碰到的困难并不在于它迫使我们把间接表述类化为直接表述（因为它并没有如此）。间接表述的“said that”就像直接表述的“said”一样可以把说话人同语句联系起来，但前者所表示的关系可以是一种不同的关系。前者不同于后者，它可以适用于一个人和一个此人从未用一种他从来就不知道的语言讲过的语句。倒不如说困难在于相同的语句在不同的语言中可能具有不同意义的或然性——如果我们把个人方言（ideolects）也算做语言，这种或然性也不是很大。举一个例子，“Empedokles liebt”这个音既完全可以充当一个德语句子又完全可以充当一个英语句子①：在德语中它说的是恩培多克勒坠入情网，而在英语中它告诉我们他从埃特纳火山顶上跳了下去。如果我们把“伽利略说（that）地球运动”这句话分析为断定伽利略与“地球运动”这个语句之间的一种关系，那么，我们便不必假定伽利略讲的是英语，但是我们无法避免这样一个假定，即应当把表述“地球运动”这个内容语句的语词理解为一个英语语句。[7]

把对英语的相对性称做一个假定，这种做法可能会引人误解；对英语的参照或许是像下面这样明确给出的。对我们特别喜欢用的那个例句的一个又长又绕嘴的表述也许是“伽利略讲过这样一句话，这句话在他所用的语言中的含义是‘The earth moves’这个句子在英语中的含义”。既然在这种表述中需要用除了“伽利略”和“地球运动”以外的所有其他语词来起到“说（that）”所起的作用，因此，我们必须把对英语的参照算做是在“说（that）”中明确给出的。然而，为了看出这是多么奇怪，只需考虑一下所造成的这样一种结果：由于英语语词“说（that）”内在地参照英语，因此，它们不再是（甚至

① “liebt”作为德语动词“lieben”（意为“爱”）的现在时，单数第三人称形式发音为［li:pt］（按国际音标），同于英语动词“leap”（意为“跳”）的过去时形式之一“leaped”的发音。

根据最不精确的外延标准）对法语语词“dit que”的翻译。

我们可以把“说（that)”和“dit que”这些表达式看做是将一个说话者、一个语句和一种语言联系在一起的三位谓词，借此便能排除在翻译上碰到的上述困难。而对一种语言的参照，要么是由我们的关于被援引的材料据认为所属的那种语言的（实际上几乎不可能出错的）知识所提供，要么是由对那种关于整个语句的语言的指示性参照（demonstrative reference）所提供。其中每个建议都有各自的长处，但这两个建议都没有导致一种会经受得住翻译检验的分析。以那种关于指示性参照的建议为例：翻译成法语也就会把“说（that)”译成“dit que”，这样，指示性参照便会自动地（因而或许仍然是在严格翻
99 译的界限范围内）从英语转移到法语上，但是，当我们翻译最后那个命名一个英语句子的单称词项时，我们便造成一个明显的错误结果。

考察这些步骤有助于显示那种从引语角度来处理问题的方式的若干重要特征。但现在是讨论在下述立场中大概会出现的一种异常情况的时候了，这种立场就像我们所考虑的那种看法一样，支持对语言的参照而放弃对命题的参照。因为语言（正如蒯因在《语词和对象》的类似语境中所说的那样）至少像命题一样被以拙劣的方式个体化，并且是出于一些大致相同的理由。的确，将语言与命题联系在一起的明显建议就是：若同一的语句表达同一的命题，则所论及的语言是同一的。因此，我们看到，关于间接表述的引语理论（至少是那些我们已讨论过的那些引语理论）无法声称自己优越于那些从一开始就坦率地引入内涵实体的理论；因此，让我们简要地考察一番后面那种理论。

人们可能会认为（或许是常常这样认为），倘若我们情愿不加限制地引入内涵实体（性质、命题、个体化概念以及其他任何东西），那么，便没有任何进一步的困难阻碍对间接引语中的语句的逻辑形式做出解释。但情况并非如此。无论是弗雷格建议作为自然语言的模型的那些语言还是丘奇所描述的那些语言，都在满足塔尔斯基所提出的那些标准的真理定义的含义上经不起理论的检验。[8] 在弗雷格那里起

阻碍作用的是：每一个指称表达式都依赖于语境可能指称无限多的实体；不存在依据较简单语境中的指称给出较复杂语境中的指称的规则。而在丘奇所描述的那些语言中，则有无限多的初始表达式，这直接阻碍了对满足塔尔斯基所提出的那些必要条件的真理谓词做出递归表征的可能性。

也许可以通过遵循卡尔纳普在《意义与必然性》一书中的主导思想，把语义层次限制在外延和（作为第一层次的）内涵这两个层次上而克服这些困难。[9] 因此，一种很有吸引力的对策也许是，通过使每个单称词项指称其含义或内涵，并提供一个把内涵映射到外延的实体函项（reality function）〔类似于丘奇的戴尔塔函项（delta-function）〕 *100* 而将（被如此简化的）弗雷格的思路倒转过来。经过这样的处理，我们的样本语句便会以如下的形式出现："伽利略的实体说（that）地球运动。"在此我们必须假定，"地球"命名一个个体概念，由"运动"所指称的函项把这个个体概念映射到地球运动这个命题；而由"说（that）"所指称的函项本身又把伽利略和地球运动这个命题映射到一个真值。最后，"伽利略"这个名称指称一个个体概念，由"……的实体"所指称的函项则把这个个体概念映射到伽利略。或许能使这种理论十分巧妙地纳入量词，这些量词对诸如"说"和"相信"之类的动词所造成的语境之内和之外的变元产生约束作用。为这样一种语言定义真理概念没有什么特殊的困难，这也就是说，每一件事情都办得干净利落，从纯外延的角度来看，做到了本体论上的节约。这种理论似乎是一种能满足我们的一切要求的理论。除了唯名论的疑虑不安之外，我们有什么理由不接受这种理论呢？

我反对这一路线的理由在本质上是蒯因的。找到我自己的恰当语词来传达另外一个人的言语，这是翻译中的一个难题（第216～217页）。我在特定翻译场合下用的语词也许被看做是我的关于那个起初的说话者所说的任何话的含意的全部理论（无论它是多么含糊和易于出错）的产物，也就是说，这样一种理论很难区别于对真理谓词的表征（把那个说话者的语言作为对象语言，把我的语言作为元语言）。极为重要的一点在于，会存在一些同样可接受的可供选择的理论，而这些理论之所以不同，乃是由于它们把我的一些显然不同义的语句指派为对那个说话者的同一个表达的翻译。这正是蒯因关于翻译不确定性的论题（第218～221页）。[10] 举一个例子会有助于阐明下述事实：即翻译不确定性论题不仅适用于使用显然不同的语言的说话者之间的翻译，而且适用于使用更接近于本民族语言的说话者之间的翻译。

假设某人说（现在用的是直接表述），“冰箱里有一头河马”，那么，当我把他的话报道为冰箱里有一头河马时，我必然地正确吗？或许是这样；然而在这种怀疑下他继续说，“它长得圆圆胖胖，表皮起皱，不在乎人们触摸它。它的味道吃起来很可口，至少把它榨成汁液后是这样，买一个花一角钱。我吃早饭时榨两三个吃”。这样的谈话说到一定程度以后，我们的思路便会滑到这样一个方向上，即他说冰箱里有一头河马，这个说法的正确性是合乎情理的，乃至是可能的，
101 因为，他至少用他的某些言语来意指不同于我所意指的另外某个东西，这一点已经变得很清楚了。到目前为止最简单的假设是：我所用的“河马”这个词不再是他所用的“河马”这个词的翻译；而我采用的“橘子”这个词也许是较好的翻译。但是，在我们远没有达到必须放弃同音翻译（homophonic translation）的程度之前，我们无论如何都要以宽容性作为出发点。对究竟用我的各种各样的不同义的语句中的哪一个来翻译另外一个人的话语犹疑不定，这不一定反映出知识不足，而只是反映出这样一种情况，即在达到一定程度之外，无法在下述两种看法之间做出抉择（甚至无法在原则上做出抉择）：一种看法认为，他人就像我们这样使用语词，但具有一些或多或少让人感到离奇古怪的信念；另外一种看法认为，我们对这个人的话语做出了错误的翻译。我们一方面需要了解一个说话者的话语的含义，另一方面又需要了解他的信念范型的含义；由于处于这种进退两难的境地，因此，我们所能做出的最好选择便是选择一种使我们彼此之间达到最大

程度一致的翻译理论。做出下述假定确实是没有什么前途的，即在他人认真地说出“冰箱里有一头河马”这些语词时，他人与我们在冰箱里可能有什么东西的问题上意见不一致，而我们也必须与他人在河马的体积、形状、颜色、制造者、马力和轴距的问题①上意见不一致。

这丝毫不表明无法通过间接表述对另外一个人的话语做出正确报道。这种不确定性所表明的不过是：如果有一种正确报道的方式，那么便会因为在“说（that）”之后采用非同义的语句而存在具有实际差别的其他正确报道方式。这足以证明我们的下述看法是正确的：如果意义是实体的话，那么，便存在某种关于意义问题必须在原则上所具有的明确性的虚假说法。

这一教益隐含于几年前梅茨发起的一场讨论之中。梅茨断言，“任何人都不怀疑，凡是相信马里厄斯②担任第七任执政官的时间不足两星期的人都相信马里厄斯担当第七任执政官的时间不足两星期”这句话是真的，然而，倘若这句话的最后那个语词为（假定同义的）“十四天的时间”这些语词所替换，那么，这句话便完全有可能变成假的；并且，无论我们采取什么样的同义性标准（除了“可在凡是不改变真值的场合下被替换”这一以尚待证明的假定为论据的说法之外），上述情况都会发生。〔11〕丘奇和塞拉斯以下述说法来回答梅茨的问题，即上述困难可以通过在以说话者对语言的使用为基础的替换与以归之于他人的语言使用来表征的替换之间做出牢固的区别来解决。〔12〕但这种做法仅仅在下述场合下才是一个解决办法，即我们认 102
为存在某种方式使我们可以在另外一个人的话语中辨别哪些东西属于他赋予其语词的意义，哪些东西属于他关于世界的信念。根据蒯因的看法，这是一种我们无法做出的区别。

刚才我们走了一条长长的弯路，现在我回过头来考察一番蒯因在

① 这里与其说是在谈论河马，不如说是在谈论汽车，联系上文可知，戴维森用这些说法不过是用来说明指称的不确定性。

② 马里厄斯（Gaius Marius，公元前 155—前 86），罗马将军。

《语词和对象》一书中关于引语式的处理方法的讨论。如上所述，蒯因反对相对于语言这种做法，因为语言个体化原理（principle of the individuation of languages）是难解的，语言在什么情况下同一这个问题与间接表述无关（第 214 页）。他现在提出的建议是，我们不要把关于间接表述的内容语句解释为出现在一种语言中，而把它解释为是由一个说话者在某个时间所说出的。理解内容语句需要相对于说话者和时间，当然，说话者是指说出那个语句的说话者，他由此间接地把一个说法归之于另外一个人。因此，“伽利略说（that）地球运动”这个语句便会具有诸如下述语句所表达的某种含义：“伽利略讲过这样一个语句，这个语句在他嘴里说出时具有‘地球运动’这句话现在在我嘴里说出时所具有的含义”。蒯因并不反对这个建议，因为他认为他保留有某个更简单，至少是同样出色的解决办法。但在我看来，目前提出的这个建议值得给予更认真的考虑，因为我认为这个建议几乎是正确的，而蒯因所偏爱的那些选择具有严重的缺陷。

这些选择中的第一种是谢夫勒的题写理论（inscriptional theory）。[13]谢夫勒建议说，间接表述中的语句使一个说话者和一个表达联系在一起：内容语句的作用是帮助传递这个表达是怎样一种表达。我们按这种方式所获得的是这样一种解释：“Galileo spoke a that-the-earth-moves utterance”。就真理理论和推导理论而论，“x is-a-that-the-earth-moves-utterance”这个谓词具有未赋予结构的一位谓词的形式。蒯因并没有完全以这种方式来表述问题，他可能会由于“逻辑形式”和“结构”这些术语不适用于谢夫勒的谓词而反对我采用这些术语。蒯因把所论及的那个谓词称做“复合的”，把它描述为由一个算子和一个语句所组成（第 214 页、215 页）。这些不过是术语问题；问题的实质在于（人们对之的看法可能不同），根据谢夫勒的理论，间接引语中的语句不具有依赖于谓词结构的逻辑关系，一个适用于所
103 有这些无结构语句的真理谓词无法用塔尔斯基的方式来表征。理由很明显：存在无限多的具有“x is-a-____-utterance”这种句法形式的谓

词，而从语义理论的眼光看来，其中每个谓词都与其余谓词没有联系。

蒯因在进退维谷之境执其一端。既然把语义结构归之于间接表述中的内容语句显然迫使我们认可一些我们并不打算接受的逻辑关系，蒯因便放弃了语义结构。结果忽略了另外一个理论要素，即对真理概念下定义。

抛弃结构便意味着无须进行推导，与这种做法相一致，蒯因进而考虑下一步。他说："……我认为最打动人的最后一个选择是，干脆不要命题态度的对象"（第216页）。在谢夫勒还把"说（that）"看做是一个把说话者和表达联系起来的二位谓词（尽管把内容语句结合成一个对表达为真的一位谓词）的场合下，蒯因现在则把内容语句和"说（that）"设想为直接结合而形成"x said-that-the-earth-moves"这个对人为真的一位谓词。当然，谢夫勒图式所固有的某些推导现在消失了，这也就是说，我们不再能从我们的那个样本语句中推导出"伽利略说（that）某件事情"，我们也不能从那个样本语句和"某人否认地球运动"中推导出"某人否认伽利略说的那句话"这个语句。然而，正如蒯因提醒我们的那样，当谢夫勒的分析按照那条明显的思路被推广到信念和其他命题态度上时，像上面那样的推导根据谢夫勒的分析也可能会失败，因为所需要的表达可能没有被具体化（第215页）。因此，谢夫勒的理论与蒯因的那个"最后的选择"相比所具有的优点是很少的，并且是不确定的；这便是蒯因之所以得出下述结论的原因，即引出最少推导的观点是"最打动人的"。

这种取消不打算要的推导的方式也不幸地取消了真理理论所需要的大部分结构。因此，值得再重新考察一下原先提出的那个建议，即依据把原初的说话者、语句和讲出间接表述中的语句的现在的说话者联系在一起的谓词来分析间接表述。因为这个建议并没有割掉我们一直在讨论的任何简单的衍推关系，在最近提出的那些建议中只有它在与一种可行的引语理论相结合时有望得到标准的语义学方法的处理。

不过有一个细微的缺点。

104 我们力图通过下述办法来显示我们又回过头来讨论的那种分析所具有的特点，即通过把我们所最喜欢用的那个语句重新表述为“伽利略表达了（that）这样一个语句，这个语句经他嘴里说出时具有‘地球运动’这句话经我嘴里说出时所具有的含义”。我们不应当因为“伽利略说（that）地球运动”这句话的这种很啰唆的说法明显参照了意义（即“‘地球运动’这句话所具有的含义”）而把这种说法往坏里想。不要把“地球运动”这个表达式看做是那种理论中的一个单称词项。我们的确被要求弄懂一种关于表达之间的同义性的判断，但不是要把这种判断作为一种语言理论的基础，而要仅仅作为间接表述的为我们所熟悉的习语的未经分析的部分内容。构成我们的这种使人感觉麻烦的释义方法之基础的看法，是关于**说出同样内容**的看法，这也就是说，当我说伽利略说（that）地球转动这句话时，我把伽利略和我本人看做是同样的说话者（samesayers）。[14]

上面所提到的那个缺点是指这样一个缺点。如果我仅仅**说**我们是相同的说话者（即伽利略和我），我还没有**使**我们是相同的说话者；我将如何做到这一点呢？显然，是通过说出他所说出的内容；并不是（并非必须）通过使用他所使用的语词，而是通过使用在此时此地具有与他的语词在彼时彼地所具有的相同含义的语词。然而，这恰恰是根据那种理论我无法办到的事情。因为那种理论把内容语句纳入被引号封闭住的言语行为，而根据任何一种标准的引语理论，这都意味着内容语句是被提到而不是被使用。根据这种解释，当我说出“地球运动”这些语词时，我并没有间接地说出任何像伽利略被断言说出的事情那样的内容；我实际上并没有说出任何内容。我说出的那些被纳入由“伽利略说（that）——”所提供的框架中的语词只是有助于指称一个语句。倘若我们用我们近来所考虑的那种方式来扩充引语，我们就会领会要点。在下述这种说法中，任何表示伽利略和我是同样的说话者的暗示都消失了：

伽利略说（that）“T”⁀“h”⁀“e”⁀“ ”⁀“e”⁀“a”⁀“r”⁀“t”⁀“h”⁀“ ”⁀“m”⁀“o”⁀“v”⁀“e”⁀“s”

我们似乎已陷入一种符号表示的偶然事件的束缚之中了，这种符 105
号表示的偶然事件是一种指称下述这些表达式的方式，这些表达式在被缩略的情况下便产生出关于那些被指称的语词的构造性描述。这个困难是很奇特的，让我们看一下我们是否能设法克服这个困难。设想一个有所改动的事例，即伽利略说出“Eppur si muove”这些语词，而我则说出“地球运动”这些语词。在识别我们是同样的说话者上现在还没有什么困难，我的一个表述在意义上相应于他的一个表述。我现在并没有使用我的语词来帮助指称一个语句；我是为我本人而说的，我的语词以其通常方式指称地球和它的运动。倘若伽利略的表达“Eppur si muove”使我们成为同样的说话者，那么伽利略的其他某个表达也使我们成为同样的说话者。因此，假定我找到一种以指称我的一个适当表达的词或词组来替换“y”的方式，那么，“（$\exists x$）（伽利略的表达 x 和我的表达 y 使我们成为同样的说话者）”这一形式便是一种把我愿意采用的任何说法归之于伽利略的方式。并且，确实存在一种我能据以做到这一点的方式：我只需说出所必要的表达，并用对它的指称来替换“y”。步骤如下：

地球运动。

（$\exists x$）（伽利略的表达 x 和我的最后那个表达使我们成为同样的说话者）。

为把这两段话归结为下述两段话只需做出定义性缩略：

地球运动。

伽利略说出 that。

"that"在这里是指称一个表达（而不是一个语句）的指示性单称词项。

这种处理形式有一个小缺点，因为它使听者对于说出"地球运动"这句话所用于的目的不知所云，直到说出后面那句话后才了解。譬如说，就好像我先讲一个故事，然后才加上一句："这便是从前发生过的一件故事的始末"。在这方面有某种乐趣，并且，说出我们的表达所具有的那种以言行事的语力（illocutionary force）是什么，这无论如何都不会确保这些表达具有那种语力。但在目前的场合下没有什么东西阻碍我们把事物的次序颠倒过来，因此：

> 伽利略说 that。
> 地球运动。

106 现在便可稳妥地进行拼字法上的微小改变，这种改变不具有什么语义学上的重要性，但从表面看来却表明引入者和被引入者的关系：我们可以去掉"that"后面的句号并将后面那句话的第一个字母的大写改为小写，由此得到：

> 伽利略说地球运动（Galileo said that the earth moves）。

或许人们应当毫不惊奇地了解到，英语中心理语句的形式显然是以与这些思考结果所表明的大致相同的方式演化的。根据《牛津英语词典》的说法，

> 一般认为，that 的用法是从指向它所引入的子句的指示代词的用法中所产生出来的。参看：(1) 他曾经住在这里：我们所有人都知道这一点（that）；(2) 这一点（that，现在用 this）我们所有人都知道：他曾经住在这里；(3) 我们所有人都知道这一点

（that，或用 this）：他曾经住在这里；（4）我们所有人都知道（that）他曾经住在这里……[15]

因此可以提出如下建议：间接表述中的语句恰巧具有一目了然的逻辑形式（除了在一个很小的方面之外）。这些语句是由一个指称说话者的表达式、二位谓词“说出”和一个指称一个表达的指示词所组成的。事情就是如此。接在指示词后面的东西给出主语说话的内容，但这种内容与一个说法的原初归属没有任何逻辑上的或语义上的联系。毫无疑问，最后这一点是新论点，每样东西都有赖于这一点，也就是说，从语义学观点看来，间接表述中的内容语句并不包含在要考虑其真实性的语句（即以“that”结尾的语句）之中。

在处理这一课题时，我们谈论题写、表达和言语行为，避免提及语句，这种做法会使我们的工作做得更出色。[16]因为，一个关于“伽利略说（that）”的表达所起的作用是预示一个进一步的表达。就像其他任何表达一样，这第一个表达可能是当真的，也可能是愚蠢的，可能是论断性的，也可能是开玩笑的；但是，倘若它是真的，那么它后面就必须接上一个与另外某个表达同义的表达。第二个表达（被引入的言语行为）也可能或真或假，可能是以论断的方式引入的，也可能是以开玩笑的方式引入的。但是，如果它是像所预示的那样，那么，它就必须至少可以用来传递某人的说话内容。107
起引入作用的表达所起的作用是为我们所熟悉的：我们用下述语词来完成同样的任务，如“这是一场玩笑”、“这是一道命令”、“他下了一道这样的命令”、“现在请注意听这句话”等等。这样一些表达式也许会被称做完成行为式话语（performatives），因为它们被用来在说话者这一方引进一些行为。当完成行为式话语以第一人称现在时出现时，就会造成某种有趣的反身效果，因为在那种情况下，如果说话者说出的话语为真，那么，这些话语是由接在后面的那种行为的内容和样式所唯一决定的，而这种行为的样式又完全有可能是由那同一个起引导作用的完成行为式话语所部分决定的。下面我举一个例子，我也利用这个例子来对间接表述做出最后一个评论。

倘若我们要与对间接表述的分析相一致，那么，“琼斯断定恩德培位于赤道上”这句话便会具有如下的某种含意：“琼斯以断定的方式做出的一个表达具有我的这个表达的内容。恩德培位于赤道上。”这种分析并不因为两个说话者的表达方式可能不同而失效；完成行为式话语的真实性所要求的不过是，以任何一种方式（无论是否以断定的方式）做出的第二个表达在内容上与琼斯的一个论断性表达一致。这样一种对称性在间接表述中是否恰当，依赖于我们在多大程度上把论断纳入对说（saying）这个概念的理解中去。现在假定我尝试说：“我断定恩德培位于赤道上。”当然，我通过这种说法可能并没有断定任何东西；语词的语气无法保证表达的方式。但是，如果我的关于完成行为式话语的表达是真的，那么，我便以断定的方式说出了某种具有我的第二个表达的内容的话语——这也就是说，我的确断定恩德培位于赤道上。如果我的确做出了这个论断，那么，我的成功要素之一无疑是我的关于完成行为式话语的表达，它预示一个论断；因此，完成行为式话语趋向于自我完成。或许正是完成行为式话语的这个特征，诱使有些哲学家错误地认为完成行为式话语（或关于它们的表达）既不真也不假。

根据这里提出的对间接表述的分析，一些标准的难题似乎找到了一个公正的解决办法。外延替换律之所以失败，被解释为是由于我们把实际上的两个语句错当成一个语句了，这也就是说，我们在一个语句里做出替换，而真实性发生变化的却是关于另外那个语句（的表达）。既然一个关于“伽利略说（that）”的表达和接在它后面的任何表达在语义上都是独立的，因此，没有理由仅仅根据形式，就从第二个表达中的变化来预言对第一个表达的真实性所产生的任何**特定**效
108 果。另一方面，假如第二个表达在任一方面有所不同的话，那么，第

一个表达**可能**会有不同的真值，因为“that”的指称会发生变化。

如果要对真理概念下定义，间接引语中的语句（表达）便不具有逻辑后承，这是一个悖论，现在这个悖论解决了。接在动词“说”之后的东西仅仅具有一个单称词项（通常是指示词“that”）的结构。假定“that”有指称，我们便能从“伽利略说（that）”中推导出伽利略说出某件事情；而这是受欢迎的。根据我的解释，伴随间接表述中的完成行为式话语而来的那些为人们所熟悉的语词的确具有结构，而这种结构是为人们所熟悉的，它并没有给真理理论造成任何在间接表述成为我们的话题之前并不存在的难题。

自从弗雷格以来，哲学家们坚定不移地持有下述看法的态度变得强硬起来，即认为在谈论命题态度时所论及的内容语句可以奇怪地指称诸如内涵、命题、语句、表达和题写之类的实体。奇怪的并不是这些实体（如果它们确有其位，它们的确是各得其所），而是下述这样一种看法：间接表述中表示星辰、人、桌子与河马的普通语词可能会由于奇异替换词的出现而放弃这些平凡的指称。如果我们能恢复我们的那种弗雷格之前的语义学上的单纯状态，那么，我认为下述论题在我们看来完全是难以置信的，即在“伽利略说（that）”之后表述出的“地球运动”这些语词，与它们出现在其他语境中时所惯常具有的含义和所指相比，具有不同的含义或指称另外的东西。毫无疑问，它们在间接引语中的作用在某种含义上是特殊的，但那是另一回事。语言本身是工具，因为同一个表达式（其语义特征〔意义〕，没有发生变化）可用于无数的目的。我已力图表明，我们关于间接表述的理解如何没有歪曲这个基本见解。

（牟博　译）

【注释】

〔1〕取自杰克逊（H. Jackson）：《十九世纪九十年代》（*The Eighteen-Nine-*

ties)，73 页。

〔2〕塔尔斯基：《形式化语言中的真理概念》，参看戴维森：《真理与意义》(Truth and Meaning)、《自然语言的语义学》(Semantics for Natural Languages) 和《为约定 T 辩护》(In Defence of Convention T)。

〔3〕关于对基于真理理论的逻辑形式概念的进一步辩护，参看戴维森：《论行动与事件》，137～146 页。

〔4〕参看戴维森：《意义理论与可学会的语言》(Theories of Meaning and Learnable Languages) 和《引语》(Quotation)。

〔5〕蒯因：《语词和对象》，第六章。以下在括号里的页码表示这本书的页码。

〔6〕卡尔纳普：《语言的逻辑句法》(*The Logical Syntax of Language*)，248 页。实际上吉奇在《精神行为》(*Mental Acts*) 一书中也提出了同样的看法。

〔7〕这个论点归功于丘奇：《论卡尔纳普对断定陈述和信念的分析》。

〔8〕弗雷格：《论意义和指称》，丘奇：《关于含义和指称的逻辑表达》。参看戴维森：《意义理论与可学会的语言》。

〔9〕那种关于被限制在两个语义层次上的、在本质上是弗雷格式的思路的看法，是由达米特在《弗雷格：语言哲学》(*Frege: Philosophy of Language*) 一书第九章中提出的。

〔10〕我把一种翻译手册类化为一种真理理论，这种看法并不是蒯因的。关于这一看法及其相关问题的更多论述，参看戴维森：《真理与意义》、《思想与言谈》(Thought and Talk) 和《指称的不可理喻性》(The Inscrutability of Reference)。

〔11〕梅茨：《同义性》。例子是丘奇所举的。

〔12〕丘奇：《内涵向构与信念同一》(Intensional Isomorphism and Identity of Belief)；塞拉斯：《普特南论同义性与信念》(Putnam on Synonymity and Belief)。

〔13〕谢夫勒：《间接表述的书面方法》。

〔14〕严格地说，"说"这个动词在这里被分析为一个可适用于说话者（即伽利略）、该说话者的一个表达（即"Eppur si muove"）和归属者的一个表达（即"地球运动"）的三位谓词。这个谓词从语义学观点来看是初始的。对这个

谓词的一种非形式的释义求助于表达之间的内容相同性关系，这一事实并没有引入任何意向性实体或意向语义学。有人把这看做是一种欺骗形式，但是，这种对策是审慎的和原则上的。关于逻辑形式的问题（现在所论及的正是这类问题）与对个体谓词的分析之间的区别的讨论，请参看论文2。还值得注意的是，彻底的解释（如果它成功的话）会产生一个适当的关于表达之间的同义性的概念。参看论文12。〔这个注释是在1982年加上的。〕

〔15〕默里（J. A. H. Murray）等编：《牛津英语词典》（*The Oxford English Dictionary*），253页。参看奥尼恩斯（C. T. Onions）：《高级英语句法》（*An Advanced English Syntax*），154～156页。我首先从欣蒂卡（J. Hintikka）的《知识与信念》（*Knowledge and Belief*）一书第13页上获知，在这样一种语境中的"that"是从一个明确的指示词那里演化而来的。欣蒂卡说，在德语和芬兰语中都出现过类似的发展。查阅《牛津英语词典》上的出处的工作归功于斯蒂泽尔（Eric Stiezel）。

〔16〕我假定，关于一种包含指示词的语言的真理理论必须严格地适用于表达而不是语句，或者说，这种真理理论将把真理视为语句、说话者和时间之间的一种关系。参看我的《真理与意义》和《自然语言的语义学》这两篇文章。

论文 8　语气和履行（1979 年）

109 弗雷格认为，对语言的恰当说明需要我们注意到句子的三个特征：指称、含义、语力。我在其他地方已经表明，以塔尔斯基式的真理为模型的真理论告诉了我们关于含义所需知道的一切。[1] 只要是像弗雷格那样把真理放到指称的语境中讨论，那么对含义的研究就会最终落入对指称的研究。

但是如何处理语力呢？在本文中，我想这样来考虑语力问题，就是说仅仅考虑我所确定的一种形式，即它作为句子的一个特征是由于它用来区分语气。我由此关心的问题就是：一种真理论能够解释语气上的差别吗？

要回答这个问题，我就要抱歉地迟复[2]巴-希勒尔在多年前向我提出的一个挑战；他问我，如何能够在真理论的范围内表达语气。

分析语气的一个理由在于，它迫使我们注意到句子所意味的东西与它们的用法之间的关系。一方面，我们有语气之间在句法以及语义上的区别（譬如：陈述句、祈使句、选择句、疑问句）；另一方面，我们也有句子使用之间的区别（譬如：做出断定、给出命令、表达愿望、提出问题）。

语气区分了句子，而用法则区分了话语；但是语气也间接地区分了话语，因为任何区分了句子的东西都可以用来区分它们的话语。所 110
以，我们可以询问，这两种区分话语的方式究竟是什么关系？论断是如何与说出陈述句联系起来的，譬如，命令是如何与说出祈使句联系起来的？

最为简单的看法或许是，相互联系的各种话语是一致的：说出祈使句就是命令，说出疑问句就是在提问题，等等。这种看法在达米特的著作中似乎可以得到支持。以下就是达米特对弗雷格关于论断记号或判断竖号（judgment-stroke）用法的解释：

> 判断竖号是一种专门的论断记号，它具有论断力。因而它不是函项表达式，也不是其中的部分：我们无法询问它的意义究竟是什么，或者它的指称是什么；它是以截然不同的方式对复杂的句子符号之意义有所贡献……只是具有判断竖号前缀的句子，才能被说成是表达了一个意义或代表了一个真值：带有论断竖号的整个表达式既没有表达什么东西，也没有代表任何东西——它**断定**了某个东西：就是说，它断定了由判断竖号引出的东西所表达的思想是真的。[3]

达米特在这里说，做出断定的是句子，而我则认为，应当更为自然地说，一个论断就是一个话语，而做出论断的是说话者。不过，这可能仅仅是术语上的分歧；困扰我的是这蕴涵着，论断和陈述语气可以被看做是完全一致的。因为有许多陈述句的话语并非是论断句，例如在游戏、伪装和虚构的情况中说出的陈述句；当然，论断句也可以是用其他的语气说出的句子。（说出“你注意到乔恩又戴着她的紫帽子了吗?”或者是“注意，乔恩又戴上了她的紫帽子”，这有时仅仅是断定了，乔恩又戴上了她的紫帽子。）这对其他的语气同样如此；我们可以用祈使句或陈述句提出一个问题（“告诉我谁赢了第三场比赛”，“我想知道你的电话号码”），或者用一个陈述句发出一个命令（“我们在进入这所房子前要脱鞋”）。

毫无疑问，达米特对这些了如指掌，如果他只是出于更大的观点而暂时地忽略了这些情况，那仅仅是因为他相信存在一种清楚的意
111 义，由此则派生出了反例。但这种意义究竟是什么呢？奥斯汀区分了他所谓的句子的“规范的”或“严肃的”用法和“苍白的”或“寄生的”用法。[4]如果这种区别可以用在非循环的方式，并且最后表明，陈述句的规范用法或严肃用法就是做出论断，祈使句的用法就是发出命令，疑问句的用法就是提出问题等等，那么，这就确立了我们希望得到的在语气与句子用法之间的联系。

在语气及其用法之间的确存在着某种重要的联系，所以我们必定会认为，在以某种语气使用句子去完成某个“相应的”行为中，存在着某种自然的、严肃的或规范的东西。问题是，对这种感觉的阐明是否有助于理解语气的性质。我们很容易看出，诉诸所谓“严肃的”或“规范的”东西无非就是诉诸直觉。一个命令是以祈使句说出而不是以陈述句说出，这里并没有什么严肃性可言；同样，一个严肃的问题完全可以用祈使句的语气提出来，而不是用疑问句的语气。如果“规范”意味着通常或统计学意义上的大多数情况，那么，大多数陈述句被说成是论断，这就的确荒谬了。有太多的故事、没完没了的重复、

阐明、假设、拙劣的模仿、可笑的表演、反复地演唱、显然随意地问候。无论如何，对语气的分析完全没有理由依赖于这种统计学研究的结果。

达米特的解决方法是从这种严肃的或规范的东西转向约定的东西：一个论断被说成是一个陈述句，是根据由约定所刻画的条件；一个命令被说成是一个祈使句，是根据其他由约定给出的条件，如此等等。所以，他写道："……论断就是（有意地）说出一个句子，该句子凭其形式和内容，被看做是根据某种普遍的约定而使用的。"[5]关于祈使句，"……说出某种形式的句子，除了在使这种行为失去通常意义的特殊情况之外，它本身就构成了给出一个命令"[6]。关于如何处理语气与其用法之间关系这个问题，他最后给出了这样的建议：

> ……正确的方法是，根据所使用的语言表达式的形式，把话语看做是约定性地划分为种类，然后去探寻支配着各种话语用法的约定。[7] 112

达米特认为，诸如论断和命令这样的语言行为，就是根据约定刻画的条件以陈述句语气或祈使句语气说出句子；这就是他的语言图像的核心所在，而与该图像相联系的主题是，有一种进一步的约定，认为论断总是试图说出真的东西。因为这两个观点共同确立了以约定的方式使用的语言与某种全面的目的（说出真的东西）之间的直接联系。[8]

我承认，如果我们要对语言给出一个基础性的说明，我们就必须找到如何使用语言与它们的意味之间的联系。然而，我怀疑的是，达米特链条中的两个联系是否成立。我这里无法讨论第二个联系，即假定认为试图说出真的东西这个约定。但与此相关的是要讨论，在某种条件下说出一个陈述句就构成了一个论断。

一个明显的但可以克服的困难是：如果根据这些线索真的会有对

论断的普遍说明，那么，就会有一些约定来解释，论断是如何没有以陈述句的语气说出句子的。但或许可以说，如果有一些约定把陈述句与论断联系起来，那么另外就还会有约定把其他的语气与论断联系起来。

麻烦在于这里所需要的这些约定并不存在。当然，如果我们是在正确的条件下说出一个陈述句，那么我们就的确会做出一个论断。情况可能是这样：我们可以刻画出那些做出一个论断的必要充分条件；譬如，我认为，为了做出一个论断，说话者就必须使自己相信他所说的话。但这并没有表明，这些条件在性质上是约定的。

我们还必须承认，一种语言的解释者和说话者通常能够说出一个论断是在什么时候做出的，这种能力是他们语言能力的关键部分。而且，关于语言学和其他约定的知识在做出和识别论断时起到了关键作用。习俗、姿态、语调、地位、角色和手势等都有或可能有约定的方
113 面，所有这些因素都可以对话语力产生关键性的作用。我们可以很容易地承认所有这些，而不用承认仅仅是通过约定，陈述句或祈使句就变成了论断或命令。

我认为，有充分的理由可以放弃这样一种观点，即认为做出一个论断（或发布一个命令、提出一个问题）就是在完成一个纯粹约定性的行动。正如我一直在表明的那样，一个理由就是，我们很难说这个约定究竟是什么。（譬如，如果一个论断者必然要使自己相信他所说的东西，他就必须要描述出这样一些约定，他通过遵循了这些约定才能使自己相信他所说的东西。）第二点是这样。我们通常理解一个话语是在所有相关的方面，除非我们并不知道它是否是一个论断。一种嘲弄的方式就是，使论断问题在被嘲弄者的心中存而不答；历史小说或影射小说就是有意地使我们感到迷惑。话语的某个约定的方面被删掉了吗？那是什么？如果我们可以说，那么，为什么嘲弄者或小说家不在他的话语中包含每个细节？

有关论断的一切约定的东西都可以说出来，或多少变成一个清楚

表达的句子。我们假定，这并非这样的情况，因而弗雷格的论断记号并非在形式上等同于陈述语气，而是更为复杂地表达了论断中的约定成分。我们很容易理解，以直接的语气简单说出一个句子不能算做是做出一个论断；每个说笑话的人、讲故事的人和演员都会直接地用直接语气去模仿论断。因而，在直接语气上并没有什么意义；恰当的陈述句正如语言一样，都可以起到论断的作用。但由于陈述句并没有强大到使其简单的应用也能构成论断，所以，要能产生论断，还必须附加其他的东西，但这不可能是纯粹语言约定的问题。

这个论证所要表明的是语言的一个基本特征，可以称做语言意义的自主性。一旦语言的特征赋予了约定表达式，它就可以被用做许多非语言的目的；符号性表征必然要打破与非语言目的的密切联系。就目前的情况而言，这意味着不可能有这样的语言形式，即完全通过暗示其约定的意义，就可以把它仅仅用于某个给定的目的，譬如做出论 114
断或提出问题。

这个论证有一个简单的形式：语气不是论断或命令的约定性记号，因为没有什么东西是或可以是论断或命令的约定性记号。应当强调的是，对此的理由并非是说，一个言语行为的以言行事力完全是这个行为精神的、内在的或意向的方面。[9]当然，论断或命令一定是意向的，正如狭义的意义也一定是意向的。但这种意向的内容在于，这个行为应当被解释为论断的或命令的，因而也是这种意向的部分，即表面上公开的东西应当得到恰当的解释。

这很容易卷入这样一场争论：说话者意图完成将被解释为做出论断的行为，这一定是在他的行为被正确地称做论断之前就实现了的。这就无法使人坚信，只有在一个论断被解释为论断时才得以完成；这也无法使人仅仅要求，这个意图一定要呈现出来。我们无须解决论断者的意图在多大程度上必定是成功的这个问题；这里的所有问题是，论断者或命令者是否一定意图使听者通过他（论断者）运用他所知道的或相信的一种语言约定而看出他的意向。如果真有这样一种约定，我们就会很容易地说出它是什么，而且会在大多数情况下很容易地说出是否已经看到了它。但是尽管我们通常可以决定是否已经做出了一个论断，我们还是无法一般地说出所遵循的约定究竟是什么。我认为，我们无法说出的原因是，根本就没有这种约定。

得出在语气与其用法之间不存在约定联系这个结论，可能是一个错误。的确，如果正确地分析了语气，就不存在这样的联系。例如，戴维·刘易斯就大胆地提出，所有非陈述句都可以被"看做是对相应的言语行为履行词的释义，它们具有相同的基础结构、意义、意向和真值"[10]。因此，"炸那个鸡蛋"就同样可以被分析为"我命令你炸那个鸡蛋"。刘易斯认为，这两个句子可以有不同的使用范围，但根
115 据他的理论，由于这样的不同并非来自意义上的不同，他的理论只是否定了语气具有约定意义。

具有同样结论的一种分析在多年前就由赫伯特·伯内特（Herbert Bohnert）提出了。[11] 伯内特认为，命令句具有某种析取结构。因此，"炸那个鸡蛋"应当包含了"或者是你炸那个鸡蛋，或者 X 将会发生"，这里的 X 是说话的那个人并不想假定的东西。

这些理论的重要性在于，我们可以用或经常用陈述句去做那种达米特相信是约定地指派给其他语气的工作。事实上，如果我们想按这种方式思考，我认为，还有一种更为简单和更好的理论，它指派给命令句的语义分析如同指派给更为直接对应的陈述句（把"炸那个鸡蛋"看做是"你会炸那个鸡蛋"）。[12]

这些理论的长处在于，它们表明了拥有真值对于一个句子被用于发布命令或提出问题来说并不是一个妨碍。但还原论理论的这种优点也可以算做它们的缺点，因为把祈使句或疑问句简单地还原为陈述句，就会使我们对各种语气之间的分别毫无认识。如果这样一种还原论的理论是对的，那么，语气就会像是声音那样被说成是与意义毫无关系的了。如果语气并没有影响到意义，那么，我们又如何能够解释语气与用法之间的联系？这种联系又从何而来呢？还原论的分析是抛

弃了而不是解决了我们一开始的问题。

我们现在可以开列出一种令人满意的语气理论应当具有的特征。

（1）它必须表明或保留了陈述句与其他语气中的对应句子之间的关系；例如，它必须清楚地说出这样的意义，即“你要脱下鞋”、“脱下鞋”和“可以脱下鞋吗?”这些句子有共同的成分。

（2）它必须赋予某些没有出现在其他语气中而是用特定语气说出 116
的话语以某种意义成分。这种成分应当是与论断、问题和命令在力量上的差别相联系的，由此就可以解释我们对语气与用法之间约定关系的直觉。

（3）最后，这种理论在语义学上是可以处理的。如果这个理论符合了真理论的标准，那么我就会说一切正常。另一方面，如果我相信如巴-希勒尔所认为的那样，可以表明标准的真理论无法解释语气，那么，把真理论作为一种一般的语言理论就是不恰当的了。

要满足这三个要求，困难是显而易见的。前两个条件提出，语气必须表现为支配句子的算子，而这样的句子或者是陈述句（在这种情况中陈述语气并不需要算子）或者是中立的句子（在这种情况中每个语气都需要一个算子）。然而，第三个条件似乎唯一不禁止的就是真值函项句的算子；显然，真值函项算子无法对语气给出一个合理的解释。

在我看来，达米特可能是对的，他说，语气的句法表达式并不像是一个函项表达式，我们无法询问它的意义或指称是什么，（因而）带有语气标志的句子“既没有表达什么也不代表什么”。正如吉齐所言，语气标志并不像话语的其他部分那样；“……它必定是特类。因为其他的逻辑记号（如果不是多余的话）多少都修饰了命题的内容，而它却对内容无所修饰……”[13]。

达米特和吉齐做出的这些否定的说法，在我看来都是出自部分错误的或混乱的理由。达米特认为，一个带有语气标志的句子无法表达或代表任何东西，因为这个句子“……论断了某个东西……就是说，在判断竖号之后所表达的思想是真的”[14]。这正是我前面所说的，没有一个表达式可以这样做；但是这个想法无论如何都是错的。如果这个论断记号论断了由句子的其他部分所表达的思想是真的，那么，祈使句记号也应当论断了由这个句子的其他部分所表达的思想被说成
117 是真的。但这种建议就抹杀了论断与命令之间的区别。而吉齐则说，语气标志（正如弗雷格所理解的那样）“……表明了这个命题正在被论断”[15]。这个建议保留了所需要的区别。

我已经表明反对达米特和吉齐的观点，认为语气标志无法表明或论断或以其他约定的方式决定说出话语的力量究竟是什么。但如果是这样的话，我们没有清楚地说明语气对意义的贡献。的确，我们似乎陷入了一种悖论。语气一定会对意义有所贡献（以上第二点），因为语气显然是句子的约定特征。但这却无法以任何已知的方式结合或修饰句子其他部分的意义。

让我们转向求助于奥斯汀所谓的“清晰的言语行为履行词”。我们已经抛弃了戴维·刘易斯提出的观点，他认为祈使词应当被还原为清晰的言语行为履行词，但仍然保留了对这种类比的探究。奥斯汀注意到了这样的事实：“……我们有时会用‘去’实际上取得与我们用‘我命令你去’这样的说法相同的效果。”[16]但如何去分析清晰的言语行为履行词呢？

奥斯汀认为，履行词没有真值，因为说出一个类似于“我命令你去”这样的句子，并不是在典型地描述某人的一个言语行为，而是在发布一个命令。这或许就准确地说明了，我们如何刻画许多构成了说出清晰的言语行为履行词的言语行为。但是作为对说出的这些话的意义的描述，这个观点引入了在某些动词的第一人称现在时与其他人称其他时态的语义学之间无法容忍的差异。这个问题是偶然的，因为清晰的言语行为履行词之特殊之处，可以更好地解释为是由于特殊地使用了具有通常意义的语词，而不是由于某种特殊的意义。

然而，如果我们接受了通常关于清晰的言语行为履行词的语义

学，那么，困难就会以一种更难以避免的形式重现。根据对这个问题的标准说法，在类似于“约翰曾命令史密斯走”这样的句子中，句子的后半部分（“史密斯走”）是用做命名或描述一个句子或命题，或是一个句子的意义。要表明其中所隐含的相关句子，我们可以重写整个 118
句子为：“约翰曾命令史密斯出现这样的情况，即史密斯走”。现在根据标准的说法，“史密斯走”这个句子在这个语境中就无法有类似通常意义的东西。因而，它也就无法按照通常的用法使用。然而，“我命令你走”（或重写为“我命令你出现这样的情况，即你走”）具有与“约翰曾命令史密斯走”相同的形式，这样，两者也应当具有相同的分析，只是恰当地改变了人称和时态。由此得出，在我说出“我命令你走”的时候，我不可能是用“你走”这样的话去指当我单独使用它们时可能会指的东西；在这个语境中，我只是在用这些话去指它所表达的句子或命题。于是，如果对这种句子的标准分析是正确的，那么，说出“我命令你走”这样的话就完全不可能是一个让人走的命令。

或者同样这样来说论断：要确定当我说出“下雨了”这句话时我并不是在论断下雨了，方法之一就是在这句话的前面加上前缀：“约翰论断了 that”。根据对这种句子的大多数分析，只要我加上了前缀“我论断 that”，就可以指望得到相同的效果。

这个困难就是通常分析中所面临的各种困难之一种，这个分析促使我提出一种截然不同的方法去处理间接表述、信念句以及表达命令、要求、希望、期待等等的句子：即整个大量可怕的赋予态度的惯用说法。[17] 暂且不谈我们在从外部去量化受支配的句子（或拼凑出来的表面句子）时出现的复杂情况，我的建议是这样的。只要心中想到具有特殊真值和语义学的无论如何都是话语而不是句子，我们就应当满足于分析类似这些话的真值条件：“约翰论断了要下雨”。我认为，我们是把这种话语看做是两个句子的话语，即“约翰论断了 that”和“要下雨”。如果我论断约翰论断了要下雨，我就是在论断“约翰论断了 that”，然后说出了（通常不是断定地说出）赋予约翰断言内容的那个句子，在这个语境中，就是“要下雨”。在说出了“约翰论断了 that”中的“that”，其作用是指向随
119 后的句子，这就赋予了话语以内容。用一种文绉的但有意思的方式说这个想法就是：说出“约翰论断了要下雨”有着说出两句话的效果：

> 约翰做出了一个论断，而该论断的内容是由我的下一句话给出的。要下雨了。

这个分析说明了在替换态度属性上通常没有带来非标准的语义学，因为“that”的所指是随着随后的话语变化而变化的。这也使得第二句话有时就是做出了一个论断，就像是我真诚地说“我做出了一个论断，而该论断的内容是由我的下一句话给出的”。同样，我也可以是在下一个命令，说“你走吧”，即使这句话是紧随着说出“我命令 that”或“这是一个命令”。

我建议以几乎相同的方式把非陈述语气看做是清晰的言语行为履行词，但不是把其他的语气还原为陈述句。这个想法就是这样。我们完全可以把陈述句搁置一边，因为我们发现完全没有理由去使用论断记号。我们会继续（就像我们的习惯一样）时而使用陈述句做出论断，时而用它们做其他的事情；我们会继续使用其他语气中的句子去做出论断，只要我们能够这样做并从中得到乐趣。

在英语中，我们会以各种（有时是模糊的）方式去标记非陈述的语气，如改变动词、词序、标点符号或声调。这样，我们就可以把非陈述句看做是陈述句加上一个句法上代表了恰当转换的表达式；我把这个表达式称做**语气装置**（mood-setter）。正如一个非陈述句可以被拆解为一个陈述句和一个语气装置，说出一个非陈述句也可以被拆解为两个不同的言语行为，一个是说出了一个陈述句，另一个则是说出了语气装置。我们通常并不是一个接一个地完成这些行为，而多少是

同时进行的，这对我们并无大碍。可以想一下一个人一只手揉着肚子，另一只手拍着头。

我们已经看到，语气装置无法在语义学上被看做通常的句子算子，这似乎完全不可能合理地说明，一个非陈述句的意义是如何可以成为一个陈述句的意义与语气装置的意义相结合的结果。我认为，我们把陈述句看做在语义学上独立于相随的语气装置，这并非试图把简单句子中的语气装置结合为陈述句。一方面是有这样的陈述句，它们 120
是在语气装置之前或同时存在的。或更进一步地说，关于话语，有这样一种关于陈述成分的话语，也有这样一种（或许是同时的）关于语气装置的话语。说出非陈述句，总是可以被拆解为两个言语行为的履行词。

到此为止，我的建议并非是与吉齐、达米特以及其他人的建议无可比拟的。的确，我放弃了论断记号，但这更多应当被看做是记法上的问题。我也抛弃了对语气算子意义的这样一种解释，即把它看做是约定地标记着说出某句话时带有的力量。所以，在我的说明中有一个真空；我没有说明这个语气装置是指什么。

吉齐指出，我所谓的语气装置无法被看做是言语的任何部分。这是因为他将其视为更长的句子的一部分，以为它并没有句子算子的语义特征。我们已经使语气装置脱离了它所伴随的陈述句。语气装置可能具有的唯一形式，也就是它可以起到的唯一作用，就是句子的形式。它的用法就像是句子一样，说出了它也就是指说出了一个陈述句。如果我们要以线性形式来表示说出（例如）一个祈使句“戴上你的帽子”，那么结果就会像是说出这样的句子“我的下一句话有命令的作用”，然后说出一句话“你会戴上你的帽子”。

这表明了一种语义情况，但在句法上则是错的。语气装置不可能是一个实际的英语句子，因为它表示的是一种转换。我并不是想说祈使句是两个陈述句。相反，我们可以给出一个说出一个祈使句的语义学，也就是考虑对真值条件的两种刻画，即通过转变最初的祈使句而得到说出陈述句的真值条件和语气装置的真值条件。说出“戴上你的帽子”这句话的语气装置是真的，当且仅当说出其中的陈述内容具有命令的作用。

语气装置是把话语刻画为具有某种以言行事的力量；它们并没有论断它有这种力量，因为只有说话者才能做出论断。但如果某人希望
121 给出一个命令，那么，他就完全可以说出一个具有论断内容的祈使句语气装置。于是，如果语气装置的真值条件成立（就是说，如果说话者所论断的东西是真的），那么，他说出这个陈述句内容也就是在给出一个命令。他要给出这个命令还可以有许多其他的方式；譬如，论断“这是一个命令”，或者“我由此命令 that”，或简单地说出一个命令“你脱下帽子”。

我相信，这个建议可以满足我们对令人满意的语气分析所提出的三项要求。

第一，根据这个建议，所有的语气都有一个共同的成分。从句法上说，这就是陈述的内容，也就是在非陈述语气中被转换的东西。从语义学上说，这正是陈述内容的真值条件。

第二，语气在句法上是由语气装置表示的（或者说，在陈述句情况中就没有这样的装置）。语气装置在语义上的作用就像句子一样，说出句子是真的或假的，就是根据说出陈述句是否具有专门的以言行事的力量。语气装置的意义是约定的，无论一般的意义是指什么；但这并不是认为，这个意义决定了说出语气装置，说出相关陈述句或说出这两者的以言行事的力量。语气与这种力量之间约定的联系应当是这样：力量概念是语气意义的组成部分。说出一个祈使句，在效果上就是说出它自身，它具有某种力量。但这并不是“说出”在“论断”（除了在某些偶然情况中和在加法中）。在这种非论断意义上所说的话，既可以是真的也可以是假的。这一点并不会影响到语气与力量之间的概念联系。

第三，根据某种关于话语的真理论，一种直接的语义学可以是在

任何地方有效的。特别是，被这种理论看做是基础的所有话语应当具有标准意义上的真值。另一方面，如果我是对的，说出一个非陈述句，并不能说是具有真值的。因为每次说出一个非陈述句，都有它自己的语气装置，所以必须在语义上被看做是构成了两句话。而其中每句话都具有真值，但被结合起来的这句话则不是合取的话语，所以它并不具有真值。

（江怡　译）

【注释】

〔1〕参见论文2、4和9～10，它们对这种说法提出了支持和怀疑意见。

〔2〕用于阅读该文的会议原本是要庆祝巴-希勒尔60岁生日。但对于哲学和他的众多朋友来说不幸的是，他在会议举行之前就过世了。

〔3〕达米特：《弗雷格：语言哲学》，315、316页。

〔4〕奥斯汀：《如何以言行事》（*How to Do Things with Words*），22页。

〔5〕达米特：《弗雷格：语言哲学》，311页。

〔6〕同上书，301、302页。

〔7〕同上书，302页。

〔8〕对达米特的约定观的进一步讨论，参见论文18。

〔9〕我应当感谢达米特使我认识到这一点。

〔10〕刘易斯：《普通语义学》（General Semantics），208页。

〔11〕伯内特：《命令的符号学地位》（The Semiotic Status of Commands）。

〔12〕是与否的疑问句就会被看做是具有与对应的肯定陈述句相同的语义学；或者，根据另一种选择，看做是具有与另一种肯定陈述句相同的语义学，但却是对肯定句的否定。为什么的问题同样可以被看做是与陈述句中相应的开放句具有相同的语义学。正如在本文的其他地方一样，我关于疑问句语气的说法只是大概其的。欣蒂卡曾向我指出，我对语气问题的一般性纲领在真正要把它运用到疑问句的时候就会带来麻烦。

〔13〕吉齐：《论断》（Assertion），458页。

〔14〕达米特：《弗雷格：语言哲学》，316 页。

〔15〕吉齐：《论断》，458 页。

〔16〕奥斯汀：《如何以言行事》，32 页。

〔17〕参见论文 7。

彻底的解释

论文 9　彻底的解释*（1973 年）

库特说出 “Es regnet” 这些语词，125 我们在正确条件下知道他说天在下雨。把他说出的话辨识为意向性的和语言的，我们就能继之以解释他说出的那些语词：我们能够说明他的那些语词在那种场合下的含义。我们能够具备什么样的知识以便能使我们做到这一点？我们如何能够得以了解这种知识？其中第一个问题不等同于我们**确实**具备什么样的知识以便能使我们解释他人的语词这个问题。因为很可能有某

* 本文首次发表于《辩证法》（*Dialectica*）杂志，第 27 卷（1973），313～328 页。

种这样的知识，即我们能够具有、但并不实际具有这种知识，而这种知识足以用来做出解释；另一方面，下述这一点并不十分明显，即我们实际具有某种在解释中发挥一种必不可少的作用的知识。第二个问题（即我们如何得以具有会用于做出解释的知识）当然不涉及语言获得的实际历史。因此，它是一个双重假设的问题，这就是说，假定有了一种会使解释成为可能的理论，一个潜在的解释者可合乎情理地获得什么样的证据来在合理的程度上支持这种理论？在下述行文中，我将试图把这些问题更尖锐地提出来，并做出回答。

解释的难题不仅是对另外一种语言而言的，而且是对同一种语言而言的：对于讲同一种语言的人来说，这个难题便以下述问题的形式出现，即如何能确定语言是相同的？讲同一种语言的人可以依赖于这么一种假设：对于他们来说，要以相同的方式来解释相同的表达式。但这并没指出那种证明上述假设之合理性的东西。而对另外一个人的言语的一切理解都牵涉到彻底的解释（radical interpretation）。而彻底的解释会帮助人们不至于忽视种种假设而只专注于那些很显然
126 地要求做出解释的场合。（即用另一种话语来解释一种话语的场合。）[1]

什么样的知识会起到解释的作用呢？一个信手拈来的回答是：关于每个有意义的表达式的含义的知识。在德语里，库特讲的那些语词的含义是天在下雨，而库特在讲德语。所以，库特在讲出“Es regnet”这些语词时说的是天在下雨。人们可能首先会认为，这个回答不只是重述了问题。因为它暗示，在从一个没有做出解释的描述表达式（即他讲出“Es regnet”这些语词）过渡到做出解释的描述表达式（即他说天在下雨）时，我们必须引入一种语词或表达式的手段（它可能在话语的实际表达中被例示，也可能没有被例示）。而这一暗示是很重要的。但是这个回答对我们没有更进一步的帮助，因为它并没有说明，知道一个表达式的含义意味着什么。

这个回答确实还暗示，相应于每个有意义的表达式的是一个实

体，即它的意义。这种想法即使没错也已证明实在是没多大帮助的：它充其量是把那个难题实体化了。

不再着迷于把意义用于对交流或解释做出一种切实可行的说明，这有助于说明为什么有的哲学家设法在不仅不求助于意义，而且根本不求助于任何正规的意义理论的情况下开展工作。当我们用来试图说明解释这个概念的其他那些概念结果表明比被解释项更令人惑然不解时，这便诱使人们考虑：说到底，词语交流不过在于对那些形成当事人的非语言活动之间因果联系的悬而未决的纷乱事物做出详细说明。可是，尽管可解释的言语不过是（即等同于）在各式各样的非语言的意向（如警告、控制、娱乐、使人分心、侮辱）下所完成的行为，而这些行为本身又不过是（等同于）嘴和喉的有意向的活动，但这种观察结果使我们接近于对我们可能具有的知识做出一种可理解的一般性解释，而这种一般性解释允许我们把未经解释的表达重新描述为已经解释的正确表达。

求助于意义这种做法，使我们比起从那些必须为解释提供证据基
础的非语言的行为出发时进一步陷入困境。“只不过是”（nothing 127
but）这种态度并没有为解决证据如何相关于它确实加以证明的东西这个问题提供线索。

弥合这种差距的其他一些建议不是在这方面就是在另外的方面行不通。奥格登（C. K. Ogden）和理查兹（I. A. Richards）的“因果”理论，以及查尔斯·莫里斯（Charles Morris）的“因果”理论企图根据行为主义的论据来逐个地分析语句的意义。即便就算是这些理论对最简单的语句奏效（但显然不是这样），它们也没有触及把这种方法推广到更复杂、更抽象的语句时所碰到的难题。另外一类理论的出发点是试图把语词而不是语句与非语言的事实联系在一起。这种做法倒还有指望，这是因为，语词在数量上有限，语句则不然，而每个语句不过是把一些语词联系在一起而已：这便提供了建构这样一种理论的机会，这种理论只用有限事物来解释无限多的语句中的每个语句。

但是，这样一类理论获得不了证据，因为似乎显然无法根据非语言现象来直接解释语词的语义特征。理由很简单：我们必须借助的现象是语言为之服务的那些超出语言之外的利益和活动，而仅仅在语词被结合进（间或恰巧就是）语句的情况下，这些语词才服务于这些现象。而在这种情况下，便无缘在给出一个语句之前对语词做出一种基本的解释。

出于一些完全不同的理由，彻底的解释不能希望把对典型地说出一个语句时所带有的那些被细致区分的复杂意向的一种解释作为对那个语句之意义的证据。很难看出这样一种方法如何能处理语言结构上的递归特征，而了解这种特征对于解释如何能理解新语句是必不可少的。但是主要的困难在于，我们不能希望独立于对言语做出解释来有意义地归属被细致区分的意向。理由并不在于我们不能提出一些必要的问题，而在于对一个当事者的意向、信念和语词做出解释是一项单一计划的几部分内容，而这项计划的任何一部分内容都不能在其余内容完成之前就假定已完成。倘若这一看法是正确的，那么我们就无法在对意向和信念做出充分解释之后使之成为一种关于彻底解释的理论的证据基础。

我们现在便能对会被用来使解释成为可能的东西做出更详细的说明。解释者必须能理解说话者可能会说出的无限多的语句中的任何一个。如果我们要明确陈述解释者可能具有的那些能使他做到这一点的
128 知识，我们就必须以有限的形式来表述它。[2] 如果要满足这个要求，就必须抛弃任何一种关于普遍的解释方法的企图。我们充其量可以期待的是：说明一个解释者如何能够对讲一种单一语言（或讲数量有限的语言）的人的表达做出解释，这也就是说，寻求一种会对用任何一种（可能的）语言说出的任何表达做出明确解释的理论是行不通的。

当然，一种理论对一个表达做出明确解释意味着什么，这一点还不清楚。对这个问题的系统表述似乎使我们把这种理论看做是对这么一种函项的详细说明，这种函项把表达作为主目，把解释作为函项

值。但在这种情况下，解释简直无异于意义，确实就像某种神秘的实体。因此，在不明显涉及意义或解释的情况下来描述这种理论需要做到的事情，这似乎是明智的；而这种理论需要做到的是，使某个了解这种理论的人能够对该理论所适用的那些表达做出解释。

对解释理论的第二个一般性要求是，一个解释者可以合乎情理地获得的证据能够支持或证实它。既然这种理论是一般性的（即它必须适用于潜在无限多的表达），因而就会很自然地把证据本身看做是被辨认为正确的特定解释的实例。而对于处理一种已经了解的语言的解释者来说，这种情况当然确实出现。讲某种语言的人通常无法为他自己的语言提出一种明确的有限理论，但他能检验所提出的一种理论，因为他能分辨这种理论在应用于特定表达时是否提出正确的解释。

然而，在彻底的解释中，这种理论理应提供一种事先没有给出的关于特定表达的理解，因此，对这种理论的最终证据不可能是正确的样本解释（sample interpretation）。为了讨论一般的情况，这种证据必须是一种可为这样的人所获得的证据，这个人还不知道如何解释那种理论旨在论及的表达，这也就是说，这种证据必须能够在不必使用诸如意义、解释、同义之类的语言学概念的情况下被表述。

在说明我认为怎样一种理论会达到预期目的之前，我想讨论一下 129
最后一种可供选择的建议，即认为一种关于翻译（即从有待解释的语言译成解释者的语言）的方法便是所需要的全部理论。这样一种理论在于陈述一种把相异语言里的任意一个句子转换成所熟悉的语言里的一个句子的有效方法；因此，它会满足对一种可适用于任何一个语句的、被有限地加以陈述的方法的需要。但我认为，一种翻译手册并不是解释理论所应采取的最佳形式。[3]

当我们的目的是做出解释时，翻译方法所处理的是一个错误的论题，即两种语言之间的关系；在这个论题中，所需要的是对其中一种语言做出解释（当然，是用另一种语言做出这种解释，不过这是不言而喻的，因为任何一种理论都是采用某种语言）。我们不能混乱地把陈述那种理论所用的语言当做那种理论的一部分课题，除非我们明确地要这样做。在一般情况下，翻译理论涉及三种语言：对象语言、主题语言和元语言（即那种讨论翻译过程的语言，也就是关于翻译理论的语言，它说明主题语言中什么样的表达式翻译对象语言里的哪一个表达式）。而在这种一般情况下，我们能够在不知道主题语言或对象语言中的任一语句的含义的情况下知道主题语言中的哪一些语句翻译对象语言中的哪一些语句（这至少是就这样一种含义而言的，即某个理解这种理论的人便会解释对象语言中的语句）。如果主题语言恰好等同于理论语言，那么，某个理解这种理论的人无疑便能使用翻译手册来解释另一种语言的表达；不过这是因为，他实现了他所知道的、但这种理论没有陈述的两件事情：即主题语言就是他自己所采用的语言这个事实和他的关于如何用他自己的语言来解释表达的知识。

试图使下述假设变得明确是很不便的，即被提到的一个语句属于一个人自己的语言。例如，我们可以做这样的尝试，即“把库特的语言中‘Es regnet’这个句子译成我的语言中‘天在下雨’这个句子”，但自指索引词（the indexical self-reference）出现在一种应当对任何解释者都奏效的理论中是很碍事的。如果我们决定认可了这个困
130 难，那么仍然还有这样一个事实，即这种翻译方法对我们为解释我们自己的语言所需要具备的知识保持沉默，把它置于理论所涉及的范围之外。翻译理论必须把某种结构置入对语句的理解中去，但是没有理由期望它会对语句的意义依赖于其结构的方式提出什么见解。

用于解释一种语言（包括我们自己的语言）之表达的令人满意的理论会揭示重要的语义结构。例如，对复杂语句之表达的解释便系统地依赖于对较简单的语句之表达的解释。假定我们要给翻译理论附加上一种关于我们自己的语言的令人满意的解释理论，那么，我们就会恰恰具备了我们所想要的东西，但却是以一种不必要的笨拙形式来达到目的的。翻译手册艰辛地把有待翻译的那种语言里的每个语句译成翻译者所用的那种语言里的语句；然后，解释理论再对这些所熟悉的

语句做出解释。显然，参照本国语言是多余的；这种语言是解释与另一种语言之间的一个不必要的中介。解释理论必须提到的唯一一种表达式便是那些隶属于有待解释的语言的表达式。

因此，可以把关于一种对象语言的解释理论看做是把一种起揭示结构作用的关于已知语言的解释理论与一种从未知语言译为已知语言的翻译系统这两者合并的结果。这种合并使得一切对已知语言的参照成为多余。当抛弃这种参照时，所剩下的便是一种起揭示结构作用的关于对象语言的解释理论——当然，这种理论本身是用我们所熟悉的词语来表达的。我提出的建议是，我们在塔尔斯基首先表明其构成方式的那类真理理论中获得这样一类理论。[4]

以塔尔斯基的方式来表征真理理论是这样的：对于对象语言中的每一个语句 s 来说，都可从真理理论中衍推出一个具有如下形式的语句：

s（在对象语言中）是真的当且仅当 p。

这种形式的语句（我们将称之为T-语句）的实例可通过用一个关于 s 的规范描述表达式来替换“s”，用 s 的一个翻译来替换 p 而获得。在这种真理理论中的那个很重要的未做定义的语义概念是**满足**概念，这个概念把（开的或闭的）语句与对象的无限序列（可以把这些对象 131
视做属于对象语言的变元范围）联系起来。数量有限的公理分为两种：有些公理给出对象序列在满足较简单的语句的那些条件的基础上据以满足复杂语句的条件，其他的公理则给出据以满足最简单的（开的）语句的条件。这样，便依据满足概念为闭语句定义出真理概念。正如塔尔斯基所表明的那样，假如理论语言包含足够的集合论，像这样的递归理论就能按照人们所熟悉的思路变成一种明确的定义；但我们将不涉及这额外的步骤。

如果具有专名和函项表达式是对象语言中不可还原的特征，那么就会产生进一步的复杂情况。一个更棘手的问题涉及索引手段。塔尔斯基感兴趣的是不包含索引词和指示词的形式化语言。因此他能够把语句看做是表达真理的工具，在这种情况下把真理理论推广到表达是很平凡的。但是自然语言则必不可少地充满诸如时态之类的索引特征，因此，其中的语句的真实性可能会随着时间和说话者的不同而发生变化。补救办法是相对于具体的时间和具体的说话者来为一种语言表征真理概念。这样，就又可以直截了当地把真理理论推广到表达。[5]

下述内容是为这样一个断言辩护，即业经修改以便适用于自然语言的真理理论可以被用做解释理论。这种辩护将试图回答三个问题：

（1）认为能为自然语言提出所描述的那种真理理论，这种看法有道理吗？

（2）一个先前没有关于有待解释的那种语言的知识的解释者似乎可以合乎情理地获得某种证据；而根据这种证据来断定一种真理理论是正确的，这可能吗？

（3）如果这种真理理论被认为是正确的，有可能对讲那种语言的人所做的表达做出解释吗？

第一个问题是对能为自然语言提出一种真理理论这个假设提出的，第二个问题和第三个问题是问这样一种理论是否会满足我们对解释理论所提出的那些进一步的要求。

132 （1）能为自然语言提出一种真理理论吗？

简要地考虑一下这样一种场合会有助于我们正确评价这个问题，即使用一种语言中的一部分有意义的语词（加上一两个语义谓词）来表达这种语言本身的真理理论的场合。根据塔尔斯基的约定 T，可从一种理论中衍推出全部 T-语句，这便是对这种理论的适当性的检验。在不给这种语言中的语句指派某种类似于标准量化形式的东西、不在这种理论中求助于一种关于满足的关系概念的情况下，显然无法满足那种检验。[6]但有关 T-语句的一个引人注目的情况是，无论必须采用什么样的方法来生成 T-语句，无论运转什么样的本体论车轮，一个 T-语句终归采用下述办法来表达一个语句的真值条件，即不过是求助于与那个语句本身所求助于的一样平凡的东西，因为这两者所求助的东西是相同的。除非原初的语句提到可能世界、内涵实体、特性或命题，否则的话，对该语句的真值条件的陈述并不提及这些东西。

倘若不像塔尔斯基那样求助于未加分析的翻译概念，就没有同样简单的方法来证明关于另一种不同语言的类似论点。但是，我们应当也能为另一种语言来做我们能为我们自己的语言所做的事情；可以表明，难题在于要知道我们正在做这种事情。

似乎可以考虑通过要求一种满足约定 T 的理论来施加某种限制，这也就是说，没有一种现在已知的并被普遍接受的方法来处理（在这种限制的范围内）大量难题，例如，关于归属态度的语句的问题、关于模态的问题、关于一般因果陈述的问题、关于反事实条件句的问题、关于归属性形容词的问题、关于诸如“大多数”之类的量词的问题等等。另一方面，在我看来对自然语言的研究取得了令人印象相当深刻的进展。例如，有泰勒·伯奇关于专名的研究工作[7]，有吉尔伯特·哈尔曼关于“应当”（ought）这个情态词的研究工作[8]，有约翰·华莱士关于物质名词与比较词的研究工作[9]，以及我本人关于态度的归属与完成行为词的研究工作[10]，关于副词、事件与单称因果陈述的研究工作[11]和关于引语的研究工作[12]。

如果我们倾向于对仍然有待去做的工作（或某些已经完成的工作！）持悲观态度，那么我们就应当想到弗雷格在驾驭达米特所谓的 133
“多重一般性”（multiple generality）时所取得的辉煌成就。[13]尽管弗雷格在心目中并没考虑在塔尔斯基的那种含义上的真理理论，但他显然寻求并发现了一种能为之提出真理理论的结构。

把一种真理理论详细地应用于自然语言这项工作实际上几乎毫无疑问地会被分为两个阶段。在第一个阶段里，不是为整个语言，而是为仔细划分出的一部分语言来表征真理。这一部分语言尽管毫无疑问在语法上是简陋的，但却包含无限多的语句，它们可详尽无遗地体现整个语言的表达力。第二个阶段的工作是把剩下来的每个语句与已为之表征真理的那些语句中的一个或（在具有含混性的场合下）多个语句相匹配。我们可以把真理理论在第一个阶段的工作所适用的那些语句看做是给出了一切语句的逻辑形式或深层结构。

（2）能够在开始进行解释之前通过求助于可获得的证据来证实一种真理理论吗？

约定 T 断言：如果一种真理理论为对象语言里的每个语句生成一个 T－语句，那么它就是令人满意的。因此，证实那些 T－语句是真的，这便足以证明一种真理理论在经验上是正确的（实际上，一个适当的样本便会在合乎情理的程度上确证那种真理理论）。由于 T－语句只提到对象语言里的闭语句，因而，相关的证据可以完全由一些关于说话者的那些与语句有关的行为和态度（无疑是通过说出的话语）的事实所组成。当然，一种切实可行的理论必须把语句看做是由一些在语句层次以下的表达式联结而成的，它必须引入像满足和指称这样的语义概念，并且必须求助于一种关于序列和由这些序列排定次序的对象的本体论。所有这些东西都要被看做是在直接证实的范围之外的理论构造。假如这种理论只衍推出采取 T－语句形式的可检验的结果，而这些结果并未提到所采取的那种方法，那么，这种理论便发挥了它的作用。因此，一种真理理论要使对一种明确表达出语法结构
134 的理论的要求，与对一种只能通过它对语句的说明来检验的理论的要求一致起来。

在塔尔斯基的研究工作中，T－语句被当做是真的，因为据假定双向条件式的右边是对所给出的语句真值条件的翻译。但是我们不能在不预先具有彻底解释的情况下就事先假定能够认识到正确的翻译；在经验性的应用中，我们必须抛弃这个假定。我提出的建议是，把解释的方向颠倒过来：塔尔斯基是先假定翻译概念，之后便能以此定义

真理概念；而现在的想法是把真理概念作为基本概念，并由此引出关于翻译或解释的说明。从彻底的解释的观点来看，这种做法的优点很明显。真理性是诸多表达要么具有、要么不具有的单一特性，而每个表达都具有属于它自己的解释；并且，真理性更加易于同说话者的相当简单的态度联系在一起。

在不求助于翻译概念的情况下重新表述约定 T 是毫无困难的：对于对象语言中的每一个语句，一种可接受的真理理论必须衍推出一个具有下述形式的语句：s 是真的当且仅当 p，其中“p”为任何一个这样的语句所替换，即这个语句为真当且仅当 s 为真。假定有了这种系统表述，真理理论便可由 T-语句的确为真这种证据来检验；我们便放弃了这么一种看法，即我们还必须说出替换“p”的语句是否对 s 做出翻译。如果我们对 T-语句的要求如此之少，那么似乎不大可能会形成一种解释理论。当然，倘若我们孤立地看待 T-语句，情况便会如此。但是希望在于，通过对作为一个整体的真理理论施加一些恰当的形式限制和经验限制，个别的 T-语句事实上便会起到做出解释的作用。[14]

我们还必须说出解释者可获得什么样的证据——我们现在看到，证据在于：T-语句是真的。这种证据不可能是对说话者的信念和意向的详细描述，因为对态度做出归属（至少在这种场合下需要精细的描述）要求有这样一种理论，这种理论必须依赖于几乎同解释一样的证据。信念和意义的相互依赖性在下述这方面是很明显的：一个说话者认为一个语句为真，是因为这个语句（在他的语言里）所具有的含义，是因为他所具有的信念。在知道他认为该语句为真的情况下，知道其意义，我们就能推断出他的信念；而假定有了关于他的信念的足够知识，我们或许能推断出意义。但是彻底的解释应当依赖于这么一种证据，这种证据既不采取关于意义的知识的形式也不采取关于信念的详细知识的形式。 135

讨论这种可获得的证据的一个恰当起点是那种认为语句为真、接受语句为真的态度。当然，这种态度是一个信念，但它是可适用于一切语句的单一态度，因而它并不要求我们能够在信念之间做出很细致的区分。它是解释者在能做出解释之前就可以合乎情理地采取的一个态度，因为解释者可以知道一个人打算在说出一个语句时表达一个真理而又不了解这是**什么样**的真理。真诚的论断并不是做出一个人认为一个语句为真这个假定的唯一理由。谎言、命令、故事、讽刺在被觉察为态度的情况下也能揭示一个说话者是否认为他的语句为真。尽管没有任何理由排除掉对语句的其他一些态度（如希望其为真、想要使之为真、相信一个人将要使之为真等等），但我倾向于认为：所有这类证据都可以用认为语句为真这种说法来概括。

因此，可以假定，那种可获得的证据恰恰是：讲有待解释的语言的人认为各种各样的语句在某些时间和某些特定场合为真。这种证据如何能用来支持真理理论呢？一方面，我们具有下述形式的 T-语句：

(T) 当“Es regnet”这句话由 x 在时间 t 讲出时它在德语中为真，当且仅当于 t 时在 x 附近天下雨。

另一方面，我们具有下述形式的证据：

(E) 库特属于讲德语的语言共同体，库特认为“Es regnet”这句话在星期六中午为真，并且星期六中午在库特附近天下雨。

我认为，我们应当把 (E) 看做是表明 (T) 为真的证据。既然 (T) 是一个以全称的方式加以量化的条件句，因此，第一步是收集更多的证据来支持下述断言：

(GE) (x) (t)（如果 x 属于讲德语的语言共同体，那么（x

在t时认为“Es regnet”是真的当且仅当于t时在x附近天下雨))。

求助于一个语言共同体，这种做法最简捷，但却没有以尚待证明的假定为论据：如果对说话者起作用的是相同的解释理论，那么他们就属于同一个语言共同体。

对此提出的明显异议是，库特（或其他任何人）可能在是否在他附近天下雨这个问题上出错。而这当然构成不把（E）作为对（GE）或（T）的确定性证据的一个理由，这是认为像（GE）这样的概括不过是一般真的一个理由。上述那种获得证据的方法倒不如说是一种获得最合适的证据的方法。我们想要有这样一种理论，它满足对真理理论的形式上的限制条件，并获得人们最大程度上的一致同意，这也就是说，就我们所能告知的而论，使库特（以及其他人）所说的话尽可能经常地是正确的。在此不能从严格字面含义上来理解最大化（maximization）这个概念，因为语句在数量上是无限的，并且，一旦那种理论开始形成，那么，承认会犯可理解的错误以及估计到犯各种不同错误的相对可能性，这些做法至少是讲得通的。[15] 136

为一种未知的母语设计真理理论的过程可能大致如下。首先，我们寻求最佳方式使我们的逻辑（在获得一种满足约定T的理论所需要的程度上）适合于那种新语言；这可能意味着把一阶量化理论的逻辑结构（加上同一式）纳入对那种语言的理解中去，不是逐个地理解那些逻辑常项，而是把这种逻辑的大部分内容视为一下子就罩住那种语言的一张网。这里的证据便是推理范型和那些被几乎每一个人在几乎一切时间都始终认为是真或始终认为是假的语句类（它们是潜在的逻辑真理）。第一步是识别谓词、单称词项、量词、联结词和同一式，这一步在理论上是解决逻辑形式的问题。第二步集中精力来处理带有索引词的语句，人们根据世界上的可发现的变化而认为这些语句有时真有时假。这一步连同第一步便对解释单个谓词的可能性做出一些限制。最后一步便是处理剩下的那些语句，人们对这些语句没有一致意见，这些语句所具有的真值并非系统地依赖于环境的变化。[16]

137 这种方法旨在通过尽可能认为信念是永恒不变的而从解决意义问题入手来解决信念与意义的相互依赖性问题。这是通过下述做法来完成的，即在有合乎情理的可能性的情况下向这种不同语言中的语句指派使讲这种母语的人正确（当然，何谓正确是根据我们自己的观点）的真值条件。证明这种做法的合理性的事实在于：只有在意见大量一致的背景下，意见不一致才同意见一致一样是可理解的。这个原则在被应用于语言时则被解释为：我们共同地接受或否定的语句越多（无论是否通过一种解释手段），我们对其余语句的理解就越透彻（无论我们是否对它们有一致的意见）。

这种旨在以一种对意见一致持乐观态度的方式来解释的方法论上的意见，不应当被设想为有赖于一种可能最终表明是错误的关于人类理解力的假设。如果我们无法找到这样一种解释方式，它把一个人的表达和其他行为解释为揭示一组在很大程度上是相容的并按照我们的标准为真的信念，那么我们就没有理由认为那个人是有理性的、有信念的或说出了任何有实际内容的话。

我想在这里插一段关于我的建议之方法论的话。在哲学中我们习惯于下定义、做出分析和进行还原。这些做法很典型地旨在使我们从一些人们对之有较充分理解的、清晰的、在认识论上或本体论上更基本的概念过渡到其他一些我们想要加以理解的概念。我所建议的方法不适合于其中任何一个范畴。我所提出的是一种在有待阐述的概念与那些相对地讲更基本的概念之间的比较松散的关系。处于核心地位的是一种形式理论，即这样一种真理理论：它把一种复杂结构赋予包含真理和满足这两个初始概念的语句。根据这种理论的形式和证据的性质而应用这两个概念。结果便造成一种被部分地做出解释的理论。这种方法的优点并不在于它以无拘束的方式求助于证据支持（evidential support）这一概念，而在于它考虑到一种从最有利的方面加以解释的有力理论。这便允许我们使对一种从语义上表达的结构的需要与一种仅仅可在语句层次上加以检验的理论这两者一致起来。所获得的更妙的结果是：恰恰是那种支持潜在无限多的论点中的每个论点的难以使人信服的证据能够产生丰富的结果，即使是就那些论点而言也是如此。假定有了一种令人满意的理论，那么我们只要知道说话者据以认为语句为真的那些条件，就能对每个语句提出一种解释。最后这个断言仍然有待证明。因为那种理论充其量只给出了真值条件。我们需要证明的是：如果这样一种理论满足我们所规定的那些限制条件，那 138
么就可以用它来做出解释。

（3）如果我们知道一种真理理论满足所描述的那些形式的标准和经验的标准，我们能够对这种理论所论及的那种语言中的表达做出解释吗？

一种真理理论为对象语言中的每个语句都衍推出一个 T-语句，而一个 T-语句给出真值条件。因此，简单地断定一个 T-语句“给出一个语句的意义”，这种做法是很诱人的。当然，并不是通过命名或描述一个作为意义的实体，而仅仅是通过说出在什么样的条件下对该语句的一个表达为真，来做出这种断定的。

可是经过再三考虑就会发现，一个 T-语句很显然并没给出它所论及的那个语句的意义：T-语句确实确定出相对于某些条件的真值，但这并不是说对象语言语句之所以为真是**因为**这些条件成立。然而，倘若重要的不过就是真值，那么，关于“雪是白的”这个语句的 T-语句可以说成是“雪是白的”是真的当且仅当雪是白的一样，也完全可以说成是“雪是白的”是真的当且仅当草是绿的或 2+2=4。我们或许会很有信心地认为没有任何一种令人满意的真理理论会产生出这类异常的 T-语句，但是这种信心并不允许我们过分渲染 T-语句的作用。

似乎会对我们很有帮助的一个步骤是做出下述断言：允许我们对另一种语言中的语句做出解释的不只是 T-语句，还有对 T-语句的规范证明。假定有了一种真理理论，便很易于构造出一种规范的证明，这种规范证明实际上是通过一连串的双向条件句来实现的，它出于唯一性的要求仅仅需要一些有针对性的判定，这些判定支配纳入双向条件句左边和右边的那些语句的优先次序。这个证明的确反映出那种真理理论赋予那个语句的逻辑形式，因而可能会被认为是揭示出某种有关意义的东西。但是，如果我们所知道的不过是：其一序列的语句根据某种真的理论是某个特定的T-语句的证明，那么，我们实际上会同以前一样只了解如何做出解释。

按照这些思路所提出的最后一个建议是：假定我们知道一种处理关于某个特定语句的语言的真理理论，我们便能对这个语句做出解释。因为在那种情况下，我们不仅知道关于这个有待解释的语句的T-语句，而且“知道”关于其他一切语句的T-语句；当然也就知
139 道一切证据。因此，我们便会看到这个语句在作为一个整体的语言中的地位，我们便会知道这个语句中的每个有意义的组成部分所起的作用，并且我们便会了解到这个语句与其他语句之间的逻辑联系。

假定我们知道一个T-语句满足塔尔斯基的约定T，我们便会知道它是真的，我们就能用它来解释一个语句，因为我们会知道那个双向条件式的右边部分对有待解释的那个语句做出了翻译。我们现在遇到的困难是由这样一件事实造成的：在彻底的解释中，我们无法假定一个T-语句满足翻译标准。然而，我们一直忽略了这样一点，即我们已经提出了一条可供选择的标准，这条标准是：T-语句的全体应当（在如上所描述的含义上）最圆满地适合关于那些在讲母语的人看来为真的语句的证据。现在的看法是这样：塔尔斯基直接为每个T-语句所做出的假设可以由一种整体论的限制条件间接地引出。如果这种限制条件是适当的，那么，每个T-语句实际上都会做出一个可接受的解释。

因此，假定我们不仅知道一个T-语句，还知道那种衍推出它的关于真理的经验理论，知道它是一种满足那些形式的标准和经验的标准的理论，那么这个T-语句就能被用来解释一个语句。[17]因为如果

那些限制是适当的，那么，那一系列可接受的理论就会使得其中任何一种理论都对每个潜在的表达做出某种正确的解释。为了看出这种理论可能会如何发挥作用，不妨暂且接受这样一个荒谬的假设：那些限制条件使那些可能的理论缩减到一种理论，而这一种理论蕴涵前面讨论过的那个 T－语句（T）。因此，我们便有理由使用这个 T－语句来解释库特在说天在下雨时所说出的“Es regnet”这句话。假定给出了那些限制条件的可变通性质，一切可接受的理论便不见得是同一的。在所有的证据都已取得的情况下，正如蒯因已强调过的那样，依然要在我们归之于一个说话者的信念与我们对他的词语所做出的解释之间进行权衡。但是，所造成的不确定性不可能十分严重，这便使得任何一种通过了那些检验的理论都会被用来做出解释。

（牟博　译）

【注释】

〔1〕采用“彻底的解释”这个术语旨在表明与蒯因的“彻底的翻译”有十分密切的关系。不过，这种密切关系并非等同关系，用“解释”取代“翻译”，它表明的差别之一是：更加强调前者中明确的语义性质。

〔2〕参看论文 1。

〔3〕把带有恰当的经验限制的翻译手册作为研究语言哲学中的问题的一个手段，这当然是蒯因的一个看法。这种看法激发起了我在目前这个问题上的很多想法，并且，我提出的建议在一些重要方面十分接近于蒯因的看法。既然蒯因并不打算回答我所提出的那些问题，因此，断言翻译方法并不是对彻底的解释这个难题的一种恰当的解决办法，这并没有批评蒯因的任何学说。

〔4〕塔尔斯基：《形式化语言中的真理概念》。

〔5〕关于真理理论如何处理指示词以及必须如何修改约定 T 的讨论，参看温斯坦：《真理与指示词》。

〔6〕参看华莱士：《论指称框架》和论文 3。

〔7〕伯奇（T. Burge）：《指称与专名》（Reference and Proper Names）。

〔8〕哈尔曼：《被辩护的道德相对主义》（Moral Relativism Defended）。

〔9〕华莱士：《原级、比较级与最高级》（Positive，Comparative：Superlative）。

〔10〕参看论文7和8。

〔11〕参看戴维森：《论行动与事件》中第6～10篇论文。

〔12〕参看论文6。

〔13〕达米特：《弗雷格：语言哲学》。

〔14〕关于一些必要的限定，参看论文2的注释〔11〕。

〔15〕关于获得一种“最合适的证据”这一点的进一步讨论，参看论文10～12。

〔16〕了解这里的解释与蒯因在《语词和对象》一书第二章里对彻底翻译的解释这两者的类似程度的读者还会注意到下述这些差别：我的方法里的语义限制条件迫使要对那种语言的量化结构做出解释，这很可能没有为逻辑形式的不确定性留下余地；刺激意义这个概念不在我的方法里起作用，而取代它的参照物是世界的客观特征，对语句真实性的态度与这些特征一起发生变化；蒯因仅仅在识别（纯粹的）语句联结词时才加以强调的宽容原则，在我这里则全面加以应用。

〔17〕参看论文2的注释〔11〕和论文12。

论文 10　信念与意义的基础* (1974 年)

意义与信念在对言语做出解释时发挥 141
着相互联结和相互补充的作用。我想通过强调下述两个方面之间的联系来解释信念和意义这两者的某些尚有疑问的特征：一方面是我们据以把信念归诸说话者的理由，另一方面是我们据以把意义指派给说话者的话语的理由。

当我们说出一个说话者在某个使用场合所用的语词的含义时，我们便对一个语言行为做出解释。我们可以把对话语做出

* 本文首次发表于《综合》杂志，第 27 卷（1974），309～323 页。

解释的任务看做是重新做出描述的任务。我们知道“Es schneit”这些语词在某个特定场合被说出，并且我们想要把说出的这句话重新描述为一个说（saying that）天在下雪的言语行为。[1] 如果我们要想能够以这种方式来重新描述言语（即对一个说话者的表达做出解释），我们需要具备什么样的知识呢？既然一个能胜任的解释者能解释潜在无限多的话语中的任何一个（或者我们不妨这样说），我们便无法通过一一列举实例的办法来详细说明他所具备的知识。例如，他知道，卡尔在某些条件下说出“Es schneit”时是带着某种意向说天在下雪的；但是还有无穷无尽的进一步的实例。在这种情况下我们必须做的事情是陈述一种从中得出特定解释的有限理论。这种理论可以被用来描述解释者在理解说话内容时的一方面能力。倘若我们愿意，我们还可以坚持认为，解释者有一种与该理论一致的机能。如果这仅仅意味着总有一种实现上述那个任务的机能，便难以看出上述断言如何会是不正确的。

解释理论是要由语言学家、心理学家和哲学家协力完成的一项
142 工作。它的研究课题是一个或多个说话者的语言行为，它告诉我们这个或这些说话者的某些表达的含义是什么。最后，解释理论能被用来描述每一个解释者所具备的知识，即关于这种理论的真理的一个可详细说明的有限子集。在下述内容中，我将对一种解释理论所能采取的形式做一点说明，并对之做出很多假设。但我想要集中讨论这样一个问题，即我们如何能断定任何一种这样的理论是真的。

有一个现成的回答。若解释理论的经验含义为真，则该理论为真。我们可以通过从这种理论关于真理的经验含义中进行取样检验来对这种理论做出检验。在目前这种场合下，这意味着要注意到一种理论对一个说话者的话语做出的典型解释是否是正确的。我们同意这样一种看法，即任何一个能胜任的解释者都知道那些相关的经验含义是否为真；因此，任何一个能胜任的解释者都能以这种方式检验一种理论。当然，这并不意味着找到一种真实的理论是无足轻重的；它的确

意味着，假定有了一种理论，那么，对它的检验可能并不需要任何神秘的东西。

然而，起初的那个问题是问我们如何知道某个特定的解释是正确的，而我们的上述现成回答并不是就这个问题而言的。毫无疑问，一个话语能够由一种正确的理论来解释，但是，倘若困难在于确定一个解释在什么样的场合下是正确的，那么，通过给出关于正确解释的样本来支持做出这种解释的理论，这种做法是无济于事的。有一种明显的困境，我们在能认出对解释理论本身的证据之前就需要这种理论。

这种困难是很明显的，因为未被解释的话语似乎是意义理论的恰当的证据基础。如果一种可接受的理论能够得到这样一种证据的支持，那便会构成概念上的进步，因为这种理论实际上是可详细说明的语义性理论，而那种证据会被非语义性的词项来描述。企图指望更基本的证据（譬如说行为主义的证据），这只能使理论构造的任务更加难以完成，尽管这也许会使之更令人满意。不论怎样，我们能在不感到为难的情况下承担起那项困难较少的研究工作。

这个问题的主要麻烦起源于信念和意义用以共同地解释表达的那种方式。说话者之所以认为某个语句在某个场合下为真，这部分地根据他通过说出那句话所表达（或想表达）的某种意思，部分地根据他的某种信念。如果我们必须进行的一切实际上都是做出诚实的表达，那么，我们在不知道说话者的话语的意义的情况下，不能由此推出他的信念，并且，我们在不知道说话者的信念的情况下，不能推出他的话语的意义。

为了突破这个循环，人们提出了各种不同的对策。其中的一种对 143
策是寻找关于语词的含义的证据，而这种证据是不取决于信念的。这种证据还必须独立于意向、愿望、懊悔、希望、赞同和约定，因为所有这一切都含有信念成分。或许有些人认为，有可能在不用知道（或确定）说话者的大量与信念有关的东西的情况下去确定解释理论的正确性。但难以想象如何能做到这一点。

似乎更合乎情理的一种看法是，从关于说话者（或解释者，或这两者）的意向、愿望和信念的详细资料中推导出解释理论。我认为这是属于米德（G. H. Mead）和杜威（J. Dewey）的传统以及维特根斯坦和格赖斯的传统的那些人所采取的办法，他们根据意向、用途、目的、功能等等非语言的东西来给语言的意义下定义或做出说明。我认为，这种办法也不会满足目前的需要。

当然，下述方法论准则不会有错，即当出现关于意义、指称、同义等等的令人惑然不解的难题时，我们应当记住，这些概念就像那些关于语词、语句和语言本身的概念一样，是从赋予其内容的社会交往和社会环境中抽象出来的。由于日常的语言学概念和语义概念是那种旨在对更初始的资料起组织作用的直觉性理论的一部分，因此，所出现的混乱只能起因于这样一种做法，即把这些概念及其假定的对象看做是好像它们具有独自的生命力一样。但这一观察结果无法回答我们如何知道对一个表达的解释在怎样一种场合是正确的这个问题。如果我们的日常概念暗示一种混乱的理论，我们就应当寻求一种更好的理论，而不是放弃建立理论。

人们也不会对下述做法提出异议，即详细说明在说话者的话语的含义与他的非语言的意向和信念之间的复杂的重要关系。我很怀疑依据非语言的意向和信念来给语言的意义**下定义**的可能性，但是，这些怀疑与目前的讨论主题无关（如果并不是产生这些怀疑的根源的话）。

目前的讨论主题是为解释理论的适当性所提供的那种证据的性质。如果这种证据要能回答我们所提出的那个问题，它就必须是可以用非语义学的、非语言学的词项来描述；它还必须是这样一种证据，即我们可以想象一个刚开始从事工作的研究者可在不事先掌握这种证据要支持的那种理论的情况下拥有这种证据。这便是我发现有困难的地方。要证实存在详细的、一般的和抽象的信念与意向而又同时能够说出说话者的话语的含义，这不仅有实践上的障碍，而且有原则上的

144 障碍。我们充分意识到下述企图的荒谬性，即试图在不询问某人的情

况下获知他是否相信有一个最大的素数，或他是否打算通过做出某些声响来使另一个人在认识到这些声响所带有的意向后停止吸烟。这种荒谬性并不在于非常难以在不借助于语言的情况下发现这些信念、意向等这个事实，而在于我们不充分了解在无法交流的情况下如何着手证实这类态度的存在这个事实。

下述说法并没有恰当地表述出这一点，即认为我们的极为复杂的信念、意向和思想就跟未说出的表达一样。我所做出的只是如下断言：详细了解一个人的意向和信念不可能独立于了解他的话语的意义。如果情况如此，那么，罗列出的一系列说话者的复杂的信念和意向便不可能为一种旨在解释其言语行为的理论之真实性提供证据。

既然我们在不了解一个说话者的信念的情况下无法指望对这个人的语言活动做出解释，并且，我们也无法在事先发现这个人的信念和意向的基础上建立关于他的话语的含义的理论，因此我得出的结论是：在从根本上对话语做出解释时，即在**彻底的**解释时，我们必须以某种方式同时提出信念理论和意义理论。这种做法的可能性如何呢？

为了使这个问题对于比较简短的讨论来说充分简单明了，我们不妨改变一下对为解释理论提供的证据基础所做的描述。我想要考虑的不是对表达式的表达，而是对表达式的某种态度，即在实际说出表达式时可能显示出也可能不显示出的一种态度。这种态度是指相对于某个时间认为某句话为真这一态度。我们不妨假定我们可以了解到过去、现在和将来关于这类态度所能知道的一切事情。最后，我想要做出这样一番想象：我们能够描述这些态度成立或不成立的那些外部状况。在这种情况下，可获得的那种典型证据如下所述：一个说话者认为“Es schneit”为真当且仅当天在下雪。我希望人们会姑且承认下述说法是合乎情理的：我们能够说出一个说话者在什么样的场合下认为一个语句为真而不知道他用那个语句表达什么含义，或不知道他对那个语句的未知主题持有什么样的信念，或不知道什么样的详细意向促使（或可能促使）他说出那个语句。常常可以做出这样的论证，我们必须假定一个说话者的大多数表达是关于他认为其为真的语句的表达：如果这是正确的，便确保了可独立地获得的证据基础。不过较弱
145 的假定也行，因为甚至可以发现有被强迫说谎的人和一贯的欺骗者。

因此难题在于：我们假定我们知道一个说话者认为什么样的语句为真、在什么样的场合下为真，而我们想要知道他的话语的含义和他的信念是什么。如果我们具有关于他的信念和意向的充分知识，我们或许能解开这个难题，但在不事先获得解释理论的情况下是不可能做到这一点的。假定有了那些解释，我们便能从证据基础中获知信念，但这就假定了我们想要知道的东西。

在我看来，这个难题类似于决策论中的一个众所周知的难题。假定一个当事人在下述两种选择之间并不偏好某一种选择：一种选择是得到 5 美元；另一种选择是进行一场赌博，如果投硬币出现的是正面，则给他 11 美元，如果出现的是背面，则不给他钱。我们也许会通过下述假定来对他的无所偏好做出说明（即"做出解释"），即假定钱具有一种递减性的边际效用，这也就是说，5 美元在他的主观值尺度上处于 0 美元与 11 美元之间的中点。我们是通过下述假设得到这一结论的，即这场赌博的价值是由其似然性所平均化了的可能结果的值的总和。在这种情况下，我们假定，投硬币出现正面和背面的概率是同样的。遗憾的是，还有另外一种看来同样合理的说明：既然 5 美元在效用上显然不是处于 0 美元与 11 美元之间的中点，因此，那个当事人必须相信背面比正面更有可能出现；如果他以为正面和背面各自出现的可能性一样，那么他无疑会偏好进行那场赌博，因为在这种情况下那场赌博直接相当于提供 5.5 美元。

要点是很显然的。在赌博方式之间的选择是选择者赋予那些结果的相对值与他指派给那些结果的概率（这决定于他的选择）这两种心理因素的结果。假定有了当事人的信念（他的主观或然性），便易于从他做出的选择中计算出他所赋予的相对值；假定有了他的这些相对值，我们便能推断出他的信念。但是，假定只给出了他的选择，我们

如何能够既得出他的信念又得出他的相对值呢？

这个难题很类似于关于解释的难题。决策论中的解决办法是很利落的和令人满意的，而在意义理论中则无法获得同样出色的解决办法。但是，我认为，人们可以看到有可能采用一种类似的对策。简单一点说，弗兰克·拉姆赛提出的用以解决决策论中的上述难题的建议便是这种对策。[2]假定有两种可供选择的赌博结果，即得到11美元和得到0美元，又假定有一个事件E，使得当事人在下述两种赌博方式中并不偏好任何一方。第一种赌博方式是：若E发生，则当事人获得11美元；若E不发生，则他未获分文。第二种赌博方式是：若E发生，则他未获分文；若E不发生，则他获得11美元。当事人在这两种赌博方式之间无所偏好表明，他必定做出了E发生的可能程度与E不发生的可能程度相等的判断。因为如果他认为E更有可能发生，他便会宁愿选择使他在E发生的情况下得到11美元的第一种赌博方式；如果他认为E更有可能不发生，他便会宁愿选择使他在E不发生的情况下得到11美元的第二种赌博方式。对于决策论来说，这种办法解决了如何把主观的或然性与主观的效益分开的难题，因为，一旦找到了E这样的事件，就有可能估计其他的值，从而确定一切事件的主观或然性。 146

在决策论的这种说法中，证据基础在于对那两种可供选择的不同赌博方式究竟偏好哪一种，在于对两者之一下赌注。这种偏好相应于解释时人们认为某句话为真的态度。决策论中的实际选择相应于解释中的实际表达。对某种特定偏好做出说明包括完成对各种值的比较和对或然性的估计这个任务。对这种解释的支持不是来自于对当事人的态度和信念有什么新看法，而是来自于对所要说明的那种偏好进行更多的观察。简而言之，为了说明（即解释）某种特定的选择或偏好，我们便观察**其他的**选择或偏好；而这些其他的选择或偏好便会支持一种我们据以对原来的选择或偏好做出说明的理论。对主观的值和主观的或然性做出归属是理论结构的一部分，是概括有关基本偏好之结构的事实的便利手段；无法独立地检验那些基本的偏好。总而言之，我的论点是，我们应当把意义和信念看做同一个理论的两个相互衔接的构成物，正如我们已经把主观值和主观或然性看做决策论的两个相互衔接的构成物一样。

一种关于决策的理论引出某些关于选择行为的说明性事实，对这些事实的表示方式之一是，把一些旨在衡量那些主观的结果值的数字指派给某个特定的当事人。因而，我们可以把衡量那些主观值的数字0、1和2分别指派给获得0美元、5美元和11美元的人。在粗心的人看来，这可能暗示，对于那个当事人来说，11美元的价值差不多是5美元的两倍。只有通过研究潜在的理论才会了解真相，即只有旨在衡量效益的数字指派才适于线性变换，其他的数字指派则不适于
147 线性变换。例如，尽管数字2、4和6也能用来记录事实，但6并不是4的两倍。在这种理论看来，有意义的是对差别做出比较，而不是对绝对量做出比较。当我们通过指派数字来表示关于偏好、效益和主观或然性的事实时，只有某些数字特性被用来把握从经验上得到辩明的范型。因而，所使用的其他数字特性可以被任意选择，例如在衡量效益或温度时所用的零点和单位。

完全不同的数字指派也可以表示同样的事实。在对言语做出解释时，引入这样一些假定实体即命题作为语句的意义或信念的对象，这种做法可能会使我们误认为这类证据辩明（或应当辩明）一种它并没有辩明的唯一性。倘若有了决策论，我们就能精确地确定哪些数字特性与衡量效益有关，哪些数字特性与衡量或然性有关。由于命题比数字含混得多，因此还弄不清命题在多大程度上胜任人们期待它们去完成的工作。

决策论与解释理论之间不只是类似，还有联系。从决策论这方面来看，存在着这样一个难题，沃德·爱德华兹（Ward Edwards）曾称之为关于决策论的经验应用的“描述难题”（presentation problem）。为了获知一个当事人的偏好（尤其是在一些复杂的赌博中），

显然有必要用话语来描述那些选择。可是，试验者如何能知道这些话语对于这个主体所具有的含义呢？这个难题不仅仅是理论上的：众所周知，对于被这个试验者当做同一个选择的东西所做的两个描述可能会从一个主体中引出完全不同的反应。我们面临着一个我们刚才讨论过的与解释有关的难题：假定我们在不具备关于信念和意向的精确知识的情况下就能解释言语行为，这是不合乎情理的；除非我们能解释言语行为，否则，设想我们能证明在一些复杂选择中偏好某些选择的正当性，这也是不合乎情理的。一种彻底的关于决策的理论必须包括解释理论，而不能预设解释理论。

从解释理论这方面来看，当断定一个人在什么场合下接受一个语句为真时也存在明显的困难。决策论（以及隐藏在它后面的那些常识的看法）有助于说明下述看法，即最好通过信念在使选择或偏好合理化上的作用来理解信念。我们在此只考虑一种特殊的信念，即关于一个语句为真的信念。不过，甚至在这种情况下，我们也最好能在这种 148
信念后找到也许会在选择中显示出来的偏好。我此刻提不出关于可能（或应当）如何做到这一点的详细建议。而理查德·杰弗瑞迈出了首要的一步。[3]他把拉姆赛理论中的那种论及事件、选择和命题的相当难懂的本体论归约为一种只论及命题的本体论，并以此来消除拉姆赛理论中的某些令人烦恼的混乱。在这种情况下，在那些成真的命题之间的偏好就变成了证据基础，因此，我们就能用这种修正过的理论来谈论对命题的真实性的信念的程度以及那些要求命题为真的愿望的相对强度。正如杰弗瑞所指出的那样，对于他的理论来说，不妨把这些不同的态度的对象当成语句。倘若做出这种改变，我们就能把决策论与解释理论的题材统一起来。当然，杰弗瑞有这样一个假定，即当事人和理论建构者以同样方式来理解语句。但是，可以通过放弃这个假定来使这两种理论统一。我们应当最终追求这样一种理论，它把语句之间的偏好（即认为一个语句而不是另一个语句为真的偏好）作为证据基础。因此，这种理论会通过把信念和值归于当事人、把意义归于这个当事人的话语来对这种个别偏好做出说明。[4]

在本文中，我将不再进一步思考是否有可能提出一种关于决策和解释的一体化理论的问题，所以我转而重新讨论这样一个问题，即根据关于表达所例释的语句在何时以及在什么样的外部境况下被认为真的知识来解释这些表达的问题。在我迄今说过的那些话中的主要看法可以概括如下：某些行为的或倾向的事实必然是意义和信念的一个向量，我们可以用一些不对解释做出假定，而解释理论却能引以为据的方式来描述这些事实。其结果是，要解释一个特定的表达，就必须构造一种对潜在无限多的表达做出解释的详尽理论。因此，对特定表达所做的解释的证据，必须是对一个说话者的或语言共同体的全部表达所做的解释的证据。最后，像意义、命题和信念对象这样的实体之所以在对言语行为做出的解释中占有合法地位，这仅仅是因为我们可以
149 表明它们在构造一种适当的理论中发挥着有益的作用。没有理由预先就相信这些实体会有任何助益，因此，识别表达式的意义或信念的对象，不可能是一种理论或分析的独立目标。

对这些看法（我们在很大程度上将其归功于蒯因）的重视代表着语言研究中的少数几个真正突破之一。尽管我按自己的方式表述我的看法，但我认为蒯因与我之间的差别更多地在于各自强调的重点不同，而不在于实质方面。蒯因的论述大部分集中在否定人们对于分析性、同义性和意义等概念的有用性或可理解性所持的那种错误的信任，我则力图强调它们的积极方面。就像我们中的其他人一样，蒯因也想要提出一种解释理论。他之所以对意义提出责难，旨在使人们不要从一些错误的起点出发；而他对这种责难所做的论证则为一种可接受的理论提供了基础。

我接受那种在我看来实质上是蒯因对关于解释的难题所做的描述，而我想提出的对这个难题的解决方案显然在很大程度上也归功于他。不过我们之间还有某些差别。其中一个差别涉及解释理论应当采取的形式。蒯因主张我们应制定一种翻译手册（即按递归方式给出的

一个函项），这种手册用解释者的语言为说话者的每个语句提出一个相应的语句（或在说话者的语句具有含混性的情况下提出不止一个相应的语句）。要解释某个特定的表达，人们要给出起翻译作用的语句，并制定翻译手册。此外，还必须确切地知道一种满足那些经验限制条件的翻译手册保留了什么样的知识：可以这么说，要确切知道不同的可接受的翻译手册之间的不变因素是什么。

为使解释理论具有明确的语义性质，我实际上提出这样的建议，即解释理论应当采取塔尔斯基式的真理理论的形式。[5] 尽管采取的是塔尔斯基式的真理理论的形式，但做了一些变动以适于解决目前的问题。第一，我们所寻求的是一种真理**理论**，而塔尔斯基感兴趣的是这种真理理论中的明确的真理定义。我现在将不讨论这个变动，这个变动主要涉及用那种据以提出真理理论的语言可以在多大程度上获得一种本体论的问题。第二，为了容纳自然语言中的指示因素，必须使这种真理理论相对于时间和说话者（还可能相对于其他某些事物）。第三个变动较重大，触及所讨论问题的核心。塔尔斯基的约定T要求这样一种真理理论，它对某些谓语（譬如说“是真的”）施加一些条件，以便可以从中衍推出具有某种形式的全部语句。这些语句恰恰是那些具有下面这种为我们所熟悉的形式的语句：“‘雪是白的’是真的当且仅当雪是白的”。对于塔尔斯基所讨论的形式化语言来说，可以根据T-语句的句法来了解这些语句（我们可以把这些语句称为定理）；即使在对象语言与元语言不同的情况下，即使在我们用某种更易于处理的东西代替引号的情况下，这一点依然是正确的。但在彻底的解释中，从句法上对T-语句进行检验是不可取的，因为这样一种检验预设了人们希望获得的关于对象语言的理解。理由很简单：句法检验只是把同义关系或翻译关系形式化，而在塔尔斯基的真理理论中这种关系被当做是不成问题的。我们的看法是把塔尔斯基的看法颠倒过来：我们想要通过预先把握真理概念这一假定来获得对意义或翻译的理解。因此，我们需要的是对T-语句的可接受性做出判断的方式，这 150

种方式不是句法的，没有利用翻译、意义或同义这些概念，而是使得可接受的 T-语句事实上会做出解释。

一种真理理论在内容上会是适当的，这也就是说，它会在下述假定下正确地确定真理谓词的外延：对于对象语言中的每个语句 *s* 来说，都可从这种理论中衍推出一个形如“*s* 是真的当且仅当 *p*”的定理，其中，“*s*”为 *s* 的描述表达式替换，“*p*”为这样一个语句替换，即这个语句为真当且仅当 *s* 为真。然而，对于做出解释来说，仅有 T-语句中的真还是不够的。只有在一种真理理论的 T-语句用可以被看做是“给出”对象语言的语句的“意义”的词语来陈述真值条件的情况下，这种真理理论才会做出解释。我们的困难是要找到施加于真理理论上的一些限制条件，这些条件强到足以保证能用这种理论来做出解释。

还有一些关于形式上的性质的限制条件，这些条件起因于下述要求：真理理论应当被有限地公理化；它应当满足（被适当地修改过的）约定 T。[6] 如果元语言被认为包含普通的量化理论，那么，要在对象语言中发现任何不同于标准量化结构的东西，这即使不是不可能
151 的，也是很困难的。这并不意味着：无论任何东西都能仅仅通过假定它在元语言中而被理解为对象语言中的东西。例如，模态算子在元语言中存在并不一定导致一种关于模态对象语言的真理理论。

一种令人满意的理论似乎不可能过分偏离标准量化结构或关于这些结构的通常的语义学。我们必须期望这种理论有赖于某种非常类似于塔尔斯基那种对满足的递归性表征，期望这种理论依据通过量化与复指（cross-reference）、谓语句、真值函项关系等等所造成的一些为人们熟悉的范型来描述对象语言中的语句。当然，在这些语义上易于处理的范型和语句的表层语法之间的关系可能是非常复杂的。

因此，应用这些形式上的限制所造成的结果是，使作为一个整体的对象语言适应于那种强求一致的量化理论。毫无疑问，如果能做到这一点的话，可以通过很多方式做到这一点；尽管如此，就逻辑形式

而论，那些可接受的理论之间的差别未必会很大。因此，对一个语法的语义特征的识别方法基本上是不变的，这也就是说，正确的理论对于被指派给一个特定语句的量化结构的看法大体上是一致的。

由于解决了逻辑形式的问题，因而就必然地会在对象语言（这种对象语言很可能完全隐匿在其表面形式之下）中发现量化理论（包含同一式）的逻辑常项。还存在一些有待解释的更进一步的初始表达式。主要困难是，要找到一种系统的方式使元语言中的谓词与对象语言中的初始谓词相匹配以便生成可接受的 T-语句。倘若元语言谓词是对象语言谓词的翻译，这显然是一种正确的匹配方式；如果元语言谓词与对象语言谓词有相同的外延，这也许就够了。但是，在表述那些限制条件时使用这些概念，这与我们的纲领无关，因为那些限制条件必须论及的东西只是语句和真理概念。不过，不难看到，关于具有索引特征的语句的 T-语句是如何明确地对起解释作用的谓词的选择做出限制的。例如，关于“Das ist weiss”这个德语语句的 T-语句就必须具有如下形式：“对于讲德语的所有说话者 x 和所有时间 t 来说，由 x 在 t 时说出的‘Das ist weiss’这句话是真的当且仅当 x 在 t 时所指示的那个对象是白的”。正如蒯因在他讨论本体论的相对性时曾指出过的那样，可能依然有选择另外一些本体论的余地，从而有选择另外一些对于对象语言中的谓词做出解释的系统的余地。我认为，通 152
过施加一些合理的、并非循环论证的进一步限制，就能把可接受的真理理论的范围缩减到这样一种程度，即一切可接受的真理理论都会产生我们能视之为提出正确解释的 T-语句。不过，其细节必须留待另外一个场合来讨论。

显然，必须对那些施加于这种理论的经验限制条件（即那些可以据以接受 T-语句为正确的条件）做出更多的说明。我们已同意这一点，即这种理论的证据基础是由一些关于说话者据以认为他们的语言中的语句为真的境况的事实所构成的。我已论证过，这样的证据是中立于意义和信念的，它并不对其中任何一个做出假设。现在需要表明的是，这样的证据材料能对 T-语句的可接受性做出检验。

我建议，我们应把一种语言的说话者（在所观察到的境况下）认为一个语句为真这一事实作为该语句在那些境况下为真的证据。例如，不仅应当把“（讲德语的）说话者认为‘Es schneit’为真当且仅当天在下雪”的一些确定无疑的事例当做对上述概括做出确证，而且应当把它们当做对“‘Es schneit’（在德语中）对于一个说话者 x 在 t 时是真的当且仅当在 t 时（x 的附近）天在下雪”这一 T-语句做出确证。

不能期望所有的证据都采用同样的方式。就一个语句据以被视为真的那些境况而论，证据因人而异；对于同一个说话者来说，证据因时而异。然而，一般的对策是选择这样一些真值条件，它们尽可能充分地使说话者在（根据所论及的那种理论以及该理论的建构者关于事实的看法）语句为真时认为这些语句为真。这就是一般的对策（显然在很多方面要对之进行修改）。可以允许说话者对于某些语句比起对于其他一些语句更经常地有不同意见和有更根本不同的意见；没有理由不注意到那些被观察到的或推导出的个别差别，可以把这些差别看做是造成异常（在所论及的那种理论看来）的原因。[7]

建构真理理论不可能是这样一个问题，即为对象语言中的在某个时间说出的一个语句选定一个适当的 T-语句；不仅可以而且必须建构一种保持上面讨论过的那些形式限制条件而又适合于证据的范型。
153 当然，一种真理理论并没有使说话者成为普遍持有真理者，这个事实并不是这种理论的一个缺陷；这种理论的目标并不是要使意见不一致和错误消失，因为这是荒谬的。倒不如说要点在于：广泛的意见一致是能据以对争论和错误做出解释的唯一可能的背景。要了解他人的话语和行为（哪怕是他们的最异常的行为）的意义，就要求我们在这些话语和行为中发现大量理由和真理。认为在他人话语中有过分多的荒唐和背理，这只会破坏我们理解那些他们对之表示出如此不合理的看法的事物的能力。倘若没有注意到在种种清楚明白的问题上人们在交流时假设有大量的一致意见，那么，这是因为那些为人们所共有的真理太多，太习以为常，以致被忽视了。我们想要讨论的问题是一个令人惊奇的或有争论的新问题。

我们可以确信，一种仅依据一个说话者对语句的态度来对这单独一个说话者的表达做出解释的理论会遇到许多同样够格的、可与之竞争的理论，因为在所归属的那些信念上的适当差别能抵消解释上的差别。然而，假定有一个说话者共同体，其中的说话者显然都讲同一种语言，那么，理论家就会寻求一种单一的解释理论：这会极大地缩小他为每个个别的说话者选择一些初步理论的实际选择范围。（在一种持续的对话中，人们不得不从一种可适用于社会的理论着手，并随着其他说话者所特有的证据的积累而使这种理论越来越精致。）

使一种关于解释的社会理论成为可能的原因在于，我们能构造众多的私人信念结构，这也就是说，我们通过建构信念来建立在个人认为是真的语句与按公共标准衡量为真（或假）的语句这两者之间的紧密联系。信念的私人性并不在于信念仅通达于一个人，而在于信念可能是特异的（idiosyncratic）。对信念做出的归属就像做出的解释一样是可公共地加以证实的，它们基于同样的证据：如果我们能够理解一个人所说出的话，那么我们也就能够知道他所具有的信念。

倘若按照我一直在讨论的那种方式来看待解释，那么，就不大可能只会发现一种理论是令人满意的。所产生的那种解释不确定性在语义上对应于蒯因的翻译不确定性。我认为，在我的那种处理方式中，不确定性的程度不会像蒯因所期望的那么严重。部分原因是：我在一种总览一切的基础上提倡施行宽容原则；另外的部分原因是：倘若满足约定 T，显然就确保了量化结构的唯一性。不过，不确定性问题无论如何不是本文所关注的中心问题。意义或翻译的不确定性并非表示我们无法把握一些重要区别；它所标志的是这样一个事实：某些 154
明显的区别并不是重要的。倘若存在不确定性，那是因为：当取得了所有证据之后，依然存在用可供选择的不同方式来陈述那些事实的余地。上面已提到过与决策论的类似之处：如果 1、2、3 这三个数字可用来把握三个不同的选择之间在主观值上的有意义的关系，那么，－17、－2、＋13 这三个数字也可用来起到同样的作用。这种不确定性不可能是我们真正关注的问题。

重要的在于，如果意义和信念像我所提出的那样是相互联结的，那么，就不能在描述一种成功的理论的目标时求助于下述两种看法，即：每个信念都有一个确定的对象；每个语词和语句都有一种确定的意义。这是因为，即使（与人们可能会合乎情理地所期望的那种情况相反）根本就没有不确定性，诸如意义和信念对象之类的实体也不会具有独立的重要性。当然，如果我们确信各种不同的理论都是不合格的，那么，我们就可以问心无愧地发明出这样一些实体。但是，倘若我们知道这一点，我们就会知道如何在无须提到这些对象的情况下陈述我们的理论了。

信念理论和意义理论都可以不需要外来的对象，但它们又确实使用一些使这类理论有别于物理科学和其他非心理的科学的概念，这也就是说，像意义和信念这类概念就其根本而论不可还原为物理学概念、神经病学概念乃至行为主义的概念。然而，这种不可还原性并不是由于意义或翻译的不确定性而造成的，因为（如果我的看法是正确的话），这种不确定性之所以重要仅仅在于它使人们注意到，对言语的解释为什么必须一般地与对行动的解释、从而必须与对愿望和信念的归属相结合。倒不如说正是我们在构造信念理论和意义理论时所必须求助的那些方法确保了这些理论所必不可少的那些概念的不可还原性。所做出的每个解释和对态度的归属都是在一种整体论的理论范围内所采取的一个步骤，这种整体论的理论必然地是由对真理概念的相容性和一般融贯性的关注所支配的，正是这一点使信念理论和意义理论永远有别于那些描述与心智无关的对象或把对象描述为与心智无关的理论。[8]

（牟博　译）

【注释】

〔1〕我在目前场合下是按这样一种方式来使用“说（that）”这个表述式的：一个说话者在某个特定场合说（that）天在下雪，当且仅当他说出的语词（在那个场合）的含义是天在下雪。因此，一个说话者可以在**他**并非意指（或断定）天在下雪的情况下说天在下雪。

〔2〕拉姆赛：《真理与或然性》（Truth and Probability）。

〔3〕杰弗瑞（R. Jeffrey）：《决策的逻辑》（*The Logic of Decision*）。

〔4〕关于发展这样一种理论的情况，请参看我的《走向关于意义和行动的统一理论》（Toward a Unified Theory of Meaning and Action）一文。

〔5〕塔尔斯基：《形式化语言中的真理概念》。

〔6〕参看论文 5 和 9。

〔7〕关于这些修改的更多说明，参看戴维森：《思想与言谈》，特别是参看刘易斯：《彻底的解释》（Radical Interpretation）。

〔8〕参看《论行动与事件》中的第 11 篇论文：《心理事件》（Mental Events）。

论文 11　思想与言谈（1975 年）

155 思想与语言之间是什么关系？显然，说话依赖于思想，因为说话就是在表达思想。这种依赖性呈现为无数的方式。某人说出了一句英语句子“蜡烛没有了”，他一定是想要说一句话，而只有在说这句话时所指的蜡烛没有了的情况下这句话才是真的，而且他一定相信，在他发出这些声音的时候，他就是在说出只有在这种情况下才为真的话。这些意向和信念并不是这个流利的说话者刚好想过的。尽管它们并不是通常要求注意的东西，但如果没有它们，那就不足以表明他是在说英语，而如果没有类似的思想，也就完全无法表明他是在说话。

这个问题还有另一方面：可以有不需要语言的思想吗？最初的自然反应是，可以有这样的思想。有这样一些我们所熟悉的使人难以摆脱的体验，这就是我们无法找到语词表达我们的观念。人们有时认为，编辑会比他本人更好地抓住要点。诺曼·马尔康姆有一条狗，它在追逐一只松鼠到树林后，对着找错了的一棵树狂叫。[1]这不难理解，因为这条狗相信，那只松鼠就在那棵树上。

一种确定的但有些模糊的直觉则倒向另一边。我们有可能怀疑，无法找到恰当语词的说话者是否拥有清楚的观念。把意向和信念赋予了狗，这是多少有些拟人的说法。最初的行为主义就是受到未说出思想的私人性的困惑，它可能愿意接受这样的观点，认为思想实际上就是“自言自语”（talking to oneself）——沉默的言语。

在这些相反倾向的表面背后，涌动着强烈的但有些夸张的潮流， *156*
这可能有助于解释，为什么哲学家们大多都更愿意在这个问题上采取一种立场，而不是提出一种论证。无论出于什么理由，关于思想与语言关系的问题似乎很少就其自身而被提出来。通常的假定是，无论是这个还是那个，无论是语言还是思想，通过比较都是很容易得到理解的，因而更为模糊的一个（无论它是什么）都可以通过用另一个去分析或解释它而得到理解。

我认为这个假定是错的：无论是语言还是思想都无法用另一个得到完全的解释，两者都不具有概念上的优先性。的确，两者是相互联系的，就是说，每一个都需要另一个才能得到理解；但这种联系并非完全可以使得一方足以阐明对方，即使是在有理由得到强调的时候。要能很好地说明所需的主要东西，我们就要表明思想是如何依赖于语言的，这才是我想要确定和捍卫的主题。

每当我们断定地使用一个肯定句，其主动词是心理学上的——例如英语中的“相信”、“知道”、“希望”、“愿望”、“认为”、“担心”，紧接着是一个句子，在它们前面则是一个人的名称或描述，这时，我们就是把思想赋予了这个人。（“that”一词是有选择地或必然地紧随动词之后。）有些这样的句子是把思想赋予了状态，有些则是报告了事件或过程。“相信”、“认为”和“想要”是报告了状态，而“最终相信”、“忘记”、“得到结论”、“注意到”、“表明了”是报告了事件或过程。可以用做赋予思想的句子展现了通常所谓的或分析的语义内涵，这是指通过替换所包含的句子，这个属性是可以从真变为假或从假变为真的，而这不会改变独立存在的句子的真值。

我不敢保证，如果一个人有思想，那么我们就可以借用刚才提出的资源，正确地把那个思想赋予他。但可以如此赋予的思想，至少构成了全部思想的很好例证。

值得怀疑的是，各种各样的思想是否可以被还原为一个思想或一些思想：愿望、知识、信念、担心、兴趣，去命名某些重要的情况，这些大概在逻辑上是独立的，就是说，没有哪一个可以用其他的东西加以定义，即使是有诸如真理和原因这样的进一步的概念。不过，信念对各种思想来说都是至关重要的。如果某人高兴于或注意到或记得
157 或知道，枪已上膛，那么，他就一定相信，枪已上膛。即使他怀疑枪是否上膛，或要仔细检查枪是否上膛，这也需要他相信（譬如）枪是一种武器，它是一种多少有些坚硬的物理对象，如此等等。我们可以有充分的理由不坚信某些必需的具体信念，即某个人是否怀疑枪已上膛。不过，仍然有无数的相互关联的信念。这种信念系统确定了思想，把它定位在一个逻辑的和认识的空间之中。

拥有思想就需要有一种信念的背景，但拥有具体的思想并不依赖于与真正的思想有关的信念状态。如果我考虑去听一场音乐会，我知道我会遇到一定程度的麻烦和花费，我对将要体验的享受怀有更为复杂的信念。我会很喜欢聆听（比如说）贝多芬的大赋格曲（Grosse Fuge），但这只是表明，演出达到了相当的水平，我能够一直神情专注。我有了去听音乐会的想法，但直到我决定是否去之前，我并没有确信我会去；在那个时候之前，我只是怀有这样的想法。

概括以上两段话的意思，我们可以说思想是由信念系统确定的，但它本身在信念方面却是自主的。

我们通常认为，拥有语言在很大程度上就在于能够说话，但是在随后的东西中，说话却是仅仅起到间接的作用。我的论证要点是关于解释者的观念，就是说这个解释者能够理解他人的话语。我认为，把这个想法推进一步就意味着，说话者本人一定是他人的解释者，但我并不想表明，解释者一定是说话者，虽然可以有充分的理由这样认为。或许值得指出的是，这里似乎并不需要语言概念或两个人说相同语言的概念。两个说话者可以相互解释对方的话语，但没有一种（通常意义上的）共同的语言。（我并不想否认，在其他的语境中，共有语言的概念可能是非常重要的。）

本文的主要论题是，一个人无法拥有思想，除非他是其他人所用语言的解释者。这个论题并不意味着可以把思想还原为语言，无论是行为主义的还原还是其他什么的还原；的确，这个论题并没有把语言置于优先地位，无论是认识论的还是概念上的。这个说法同样也会有以下这个说法的缺点，即它承认可能有说话者无法用语词表达的思 *158*
想，或根本就没有语词可以表达的思想。

某人可以解释说出的一个英语句子“枪已上膛”，这样他就一定有许多信念，而这些信念一定完全类似于在他想到枪已上膛时必定拥有的信念。我们可以认为，这个解释者一定相信，枪是一种武器，它是多少有些坚硬的物理对象。对于理解了“枪已上膛”这句话的人来说，恐怕没有什么确定的事物清单是他必须要相信的，但是一定有无数的相互关联的信念。

解释者知道使得一个说出的句子为真的条件，通常也就知道，如果某些句子是真的，那么其他的句子也一定是真的。例如，一个英语解释者知道，如果“枪已上膛，门已锁上”是真的，那么“门已锁上”就是真的。一种语言的句子就是由这种关系模式所带来的逻辑空间确定的。显然，句子之间的关系模式非常类似于思想之间的关系模式。这个事实就带来了这样的看法，即把这两种模式都看做是基础就是多余的了。如果思想是首要的，那么，语言的唯一目的就是表达或传递思想；如果我们把语言看做是首要的，那么我们就会试图把思想分析为语言倾向：如塞拉斯所言，“……在明显是人类水平上的思想……本质上是语词的活动”[2]。但是思想结构与句子结构之间的平行关系，显然并没有提供对其中某一个为首要的论证，而仅仅假定了它们之间的相互依赖。

我们一直是在随意地谈论思想、信念、意义和解释；或者更确切地说，是在随意地使用包含了这些词的句子。但这当然并没有清楚地表明它们是什么样的实体或哪些种类的实体，对这种句子一定应当有系统的说明。然而，表面上谈论思想和说话，并不属于解释人类行为的类似模式，一定要考虑一种有组织的常识形式，通常可以称做一种理论。考察思想与语言之关系的一种方法，就是探究隐含在这种解释中的理论。

这种理论讨论的是对行动的目的论解释。我们不知道一个人为什么举起他的手；一种解释可能是，他想吸引一个朋友的注意。如果这个举手的人并不相信他举起手就会吸引他朋友的注意，那么这个解释
159 就失败了，所以对他举手的一种完整的解释，或无论如何都是一种更为完整的解释就是，他想要吸引他朋友的注意并且相信举起手就会吸引他朋友的注意。对类似这种情况的解释具有某些值得强调的特征。它解释了相对表面的东西（比如举手这个动作），实际上是说明了更为有问题的因素：愿望和信念。但是假使我们要去证明这个解释是对的，那么，这个证据最终就会是涉及所解释的那个事件的更多材料，也就是由假定的信念和愿望所解释的进一步行为。因而，引入信念和愿望去解释行动，就是把行动解释为由理论所协调的行为模式的一种方式。当然，这并不意味着信念不过就是行为模式，或者说，相关的模式无须使用信念和愿望这些概念就可以定义。不过，明显的是，信念和愿望的属性以及对信念和愿望的目的论解释，都伴随着被更为广

泛地描述的行为。

目的论解释所具有的并非为一般解释所共有的特征，是它诉诸**理性**概念的方式。解释行动的信念和愿望，必定是使得拥有这种信念和愿望的人有理由以这种方式去行动。进一步说，我们对愿望和信念所提供的描述，必定是根据对信念内容和愿望对象的目的论解释，展现了行动的合理性。

目的论解释的说服力显然是基于发现行动者行为中一致模式的能力。这里的一致包括了合理性观念，这既是指需要得到解释的行动对于所指派的愿望和信念来说一定是合理的，也是指所指派的愿望和信念一定是相互一致的。对合理性的方法论假定，并非不可能把不合理的思想和行动赋予行动者，它只是为这种属性增添了负担。我们削弱了任何思想属性的可理解性，这样我们就不会去揭示一致的信念模式以及最终的行动模式，因为这只是衬托出了我们可以确定思想的这种模式背景。如果我们看到一个人在拽一根线的两端，我们就会确定他在与自己作对，他想沿着不相匹配的方向移动这根线。这样一种解释 160
就需要复杂的背景。如果这种解释是说他想弄断这根线，当然就不会提出任何问题。

从对他人行动给出目的论解释的那种人的观点看，要赋予愿望或信念某种优先性显然都是没有意义的。它们对于行为的解释都至关重要，没有哪一个比另一个更为直接地得到观察。这就产生了一个问题，因为这就意味着，作为赋予了信念和愿望的主要证明基础的行为，就被算做是不大可以得到公共观察的两种力量的结果。这样，只要是一组信念和愿望会使一种行动得到合理解释，我们就总是可以找到同样能够给出合理解释的截然不同的另外一组。行动的例子越多，就越会受到可能有大量无法接受的其他解释的威胁。

幸好我们可以用一种更为细致的理论，这使我们仍然可以坚定地依赖于常识：这就是偏好理论或关于不确定地做出决策的理论。这个理论最初是由拉姆赛明确提出的，他将其看做对概率概念提供基础的问题，而不是看做一种哲学心理学。[3]拉姆赛的理论加强了对偏好力度和信念程度的量化，由此就使得这样一种自然的看法变得有意义了，即在选择行动过程的时候，我们不仅要考虑各种结果究竟有多大的把握，而且要考虑行动过程在多大程度上能够带来这些结果。这个理论并没有断定我们可以判断信念的程度或直接比较各种价值。相反，它假定了在各种行动过程之间的一种合理的偏好模式，表明了如何形成一种量化信念和愿望的系统去解释这种选择。一旦得到了这种理论所提出的理想化条件，拉姆赛的理论就有可能唯一地确定相关的信念和愿望。抛开假定不谈，我们可以这样来说这个问题：只要我们可以把行动者的行为看做是符合某种一致的（合理的）模式，我们就可以用一种量化信念和愿望的系统去解释这些行为。

我们会回到这里的决策论，现在我们要转向如何解释言语的问
161 题。解释理论的直接目的是，对一种语言共同体成员说出的任意一句话给出意义。我已经指出，解释的核心在于能够满足（经过某些方式的修正可以适用于自然语言的）塔尔斯基T约定的真理论。这种理论可以看做是对一个说话者可能说出的每句话都给出一个解释。要属于一个语言共同体（也就是成为对他人话语的解释者），就要知道这种理论，要知道它是一种恰当的理论。[4]

一种解释理论就像一种行动理论一样，会使我们以一种显示的方式重新描述某些事件。一种行动理论回答当一个人举起手时他在做什么这样的问题，就是重新描述了他试图引起朋友的注意这个行动，同样，一种解释方法会引导我们把发出的某些声音，重新解释为说出雪是白的这种行动。然而，在这一点上，这种类比失效了。因为决策论同样可以解释行动，但这并没有同时表明解释理论如何能够解释说话者说出“雪是白的”这句话。但这毕竟是可以得到解释的，因为说话就是一个行动，所以这就必定引出对信念和愿望的目的论解释。解释并非是与对言语的目的论解释不相干的，因为要解释某人为何说了某

事，我们就需要知道他自己对所说的话的解释以及其他的东西，也就是他相信在他说出这些话的情况中他的话所指的东西。这自然就会涉及他对关于其他人对他的话所做解释的信念。

如果我们询问如何去检验一种解释方法，那么行动理论与解释理论之间的这种相互关联就会呈现为另外一种方式。最终，这个回答一定是这样：它有助于使秩序进入我们对行为的理解。但在中间阶段，我们可以看到，**当做真或接受为真**的态度直接指向的是句子，这一定在赋予一个理论以形式中起到关键作用。一方面，语言的大多数用法都会直接告诉我们，或者是有助于我们理解这样的问题，一个说话者是否认为一个句子是真的。如果说话者的目的是为了提供信息，或者是为了做出一个诚实的断定，那么，这个说话者通常就会相信他所说的话在这种情况下是真的。如果他是发布一个命令，我们通常就可以把这看做是表明了，他认为（与说出的句子密切相关的）某个句子是假的；这对大多数欺骗的情况同样如此。当一个问题被提出来，这一般表明提问者并不知道某个句子是否是真的；如此等等。为了从这种 162
证据中推出一个说话者认为一个句子为真，我们就需要知道许多他的愿望和信念，但我们并不一定要知道他的话究竟是什么意思。

另一方面，知道使某人认为句子成真的情况，这是解释的关键所在。我们在思想的情况中已经看到，虽然大多数思想都不是信念，但正是信念的模式使我们确定了思想；类似的，在语言的情况中，虽然大多数话语都不关涉真理，但正是被认为是真的句子的模式赋予了句子以意义。

认为句子（在特定条件下）为真的态度，就以一种根本的方式把信念和解释联系起来了。我们可以知道一个说话者认为一个句子是真的，但不知道他用这个句子指什么或它表达了他的一个什么信念。但如果我们知道他认为这个句子为真**并且**我们知道如何去解释它，那么，我们就可以形成一个正确的信念态度。相应的是，如果我们知道被认为是真的句子所表达的信念是什么，我们就知道如何去解释它。

解释的方法论问题就是，假定某人所接受的句子在某种情况下为真，要看如何得到他所相信的东西以及他的话所指的东西。这种情况再次类似于决策论中的情况，在决策论中，假定某人对两种可选择的行动过程有所偏好，我们就可以察觉到他的信念和愿望。当然，这不应当被看做是一种解释理论可以独自成立，因为正如我们所见，我们没有机会得知一个句子何时为真而却无法赋予愿望和无法把行动描述为具有复杂的意向。这种看法并没有剥夺对兴趣的解释理论，而是在更为复杂的行动和思想理论中赋予了它一个地位。[5]

仍然不清楚的是，一种行动理论是否需要解释，这是我们为自己提出的要回答的问题。确定的是，所有用来检验决策论或不确定偏好的标准方式，都依赖于语言的用法。要消除主体方面对语词反应的必163 要性，这相对简单一些：可以把他看做是这样表达了一种偏好，即采取了行动，也就是直接达到了他的目的，而不是说出他想要的东西。但这无法解决关于他已经做出选择的问题。当要求某人拿一个苹果和一个梨时，他却只拿了苹果而没有拿梨，他可能就是在表达一种偏好，即偏向他左边的东西而不是他右边的东西，偏向红色的东西而不是黄色的东西，偏向首先看到的东西，或判断更贵的东西。重复检验就会读出他的行动比其他人更为合理，但依然存在的问题是，如何确定他何时会判断两个选择对象是一致的。涉及不确定事件（如赌博中的选择）的检验甚至更难不用语词去表达。如果一个心理学家怀疑自己能够确定一个主体如何在解释他的指示，他就必须对要检验的理论增加一个语词解释的理论。如果我们把所有的选择都看做是揭示了偏好某个句子而不是另一个句子为真，那么最后的全部理论就应当是对句子的解释，同时也赋予了信念和愿望，这些信念和愿望被看做是把行动者与句子或话语联系起来。这种复合的理论会解释所有语词行为以及其他行为。

所有这些都强烈地表明，愿望和信念（以及其他思想）属性一定是与对语言的解释密切相连的，决策论和解释理论都无法离开对方而成功地得到发展。但是要使人更为信服，我们仍然要讨论思想的属性为什么依赖于对语言的解释。一般的但不是非常有新意的理由是，没有语言，我们就无法在思想之间做出精细的区分，而这些思想对我们时而确信提供的说明是至关重要的。我们赋予态度的方式保证了，语言的一切表达力量都可以被用来做出这种区分。人们可以相信司各特不是《威弗利》的作者，但并不怀疑司各特是司各特；人们可以去发现没有肾脏的人。人们可以去咬手里的苹果，但并不想去咬手里唯一的有虫子的苹果；如此等等。我们赋予了思想如此多的意向性，但如果没有出现语言，它却很难做出如此之多。比如说，这只狗知道主人在家。但它知道（它的主人）斯密斯先生或（作为同一个主人的）银行行长在家吗？我们并不是真的想去解决这些问题或赋予它们意义。更为困难的是，当没有出现语言的时候，如何去区分普遍的思想和思 164
想的结合，或者，如何赋予有条件的思想或具有（譬如说）混合量化的思想（"他希望每个人都被某人所爱"）。

这些考虑对爱狗者来说可能没有对其他人那样更具有说服力，但无论如何，它们并没有构成一个论证。我们所表明的或说明的最多是，除非有一种行为可以被解释为语言，否则就不会有任何证据可以恰当地证明我们用于形成思想属性的精细区分。如果我们执意要在这些条件下赋予愿望、信念或其他属性，那么我们对行动的归属和随后的说明就会完全是不确定的，因为许多其他的属性体系，许多其他的说明，都会同样由适当的材料所证明。或许这正是我们可以用来反对把思想赋予哑巴动物的所有理由，但我并不这样认为。

在继续讨论之前，我想看一下对我正在探究的一般思路的一种可能的反对意见。反对者说，假定我们保证，如果我们想要找到适用于思想属性全部装置的应用，我们就需要在婴儿和大象那里所没有的非常复杂的行为。人们会说，对于解释是如何工作的这种情况的大致说明，仍然没有表明这种复杂性必须被看做是与语言相关联的。因为这种说明过多地依赖于使思想成真的特殊态度。存在这种态度的最为直接的证据就是诚实的断定。但这似乎是说，我们把言语看做是除了做出诚实的断定之外从未与语言打过交道的人的行为。某些哲学家就梦想有这样一帮单调的人，但我们可以正确地说他们有语言吗？在这种观点中所遗失的就是所谓的**意义的自主性**。一旦一个句子得到了理解，那么说出这个句子就被用做大多是外在于语言的目的。只能使用一次来表达的工具就缺乏意义的自主性；这就等于说，它不应当被看做是一种语言。所以，要得到完整的思想属性所需要的行为的复杂性，完全不需要具有与要求或需要语言解释完全相同的复杂性。

我同意假设的这个反对者的观点，意义的自主性对语言是至关重要的；的确，这在很大程度上解释了为什么语言意义无法基于外在于
165 语言的意向和信念加以定义或分析。但是反对者没有区分**可以**用做唯一目的的语言和**的确**用做唯一目的的语言。可以用做唯一目的的工具就不会是语言。但诚实的断定本身可以产生一种解释理论，所以从未用做其他用法（虽然能够用做更多用法）的一种语言同样如此。（实际上，这件事情是不可思议的。某人知道在什么条件下他的句子在社会上是真的，但他不可能没有掌握或利用不诚实地断定的可能性——或是为了玩笑、讲故事、催促、夸张、漫骂以及其他所有快乐的事情。）

一种解释方法告诉我们，对英语的说话者来说，说话者 x 在时间 t 说出“下雨了”这句话是真的，当且仅当在（x 附近）时间 t 下雨了。要想得到这条信息，要想知道其他人也知道它，就是要知道这句话的意思，而不用知道说出它的目的是什么。意义的自主性还有助于我们解释，通过使用语言，如何可以赋予思想。假定某人肯定地说出了一句话“雪是白的”。为了知道使这句话成真的条件，我可以补充道（如果我愿意）：“我也相信那个（that）”，由此就为自己赋予了一个信念。在这种情况中，我们都断定了雪是白的，但相同的力量对于自我属性来说并不是必要的。另一人会用讥讽的语气表达不相信“雪是白的”——我可以再次给自己赋予一种信念，说：“但**我**相信那

个（that）”。这也可以用另一种方式来表达：如果我可以取他人说话的长处为我自己赋予一种信念，我就可以用我自己的话语为他人赋予一种信念。首先，我说出一个句子，也许就是“雪是白的”，然后，我补充道：“他相信那个（that）”。第一句话可能是也可能不是一个断定；无论如何，它没有为任何人赋予一个信念（即使它是一个断定，我也会向自己**表示**相信雪是白的）。但如果我的话“他相信那个（that）”是一个断定，我就为其他人赋予了一个信念。最后，先是说“雪是白的”，然后补充道：“我相信那个（that）”，这里没有任何东西妨碍我为自己赋予一个信念。

在所有这些例子中，我用“那个（that）”这个词去指示性地指一个话语，无论它是由说出“那个（that）”的说话者说出的还是由其他说话者说出的。“那个（that）”无法指一个句子，这是因为，正如丘奇在类似的情形中指出的那样，指称总是相对于语言的，因为一个句子在不同的语言中可能有不同的意义〔6〕；同样更为明显的是， 166
因为相同的句子在相同的语言中也可能具有不同的真值。

指示性指称话语在以上考虑的那种情况中可以如同这样的情况：句子的表面结构变为这样的东西：“我相信雪是白的”或“他相信雪是白的”。在这些例证中，我也认为，我们应当把“那个（that）”看做是一个指示词，现在朝前指向位于产生边缘的话语。因而，标准的态度属性的逻辑形式就是并列结合在一起的两句话的形式。这里没有联结词，虽然第一句话包含了指称第二句话。（当然，同样的看法也适合于对句子的书写。）

我在其他地方已经讨论了对态度的语词属性的分析，这里就没有必要重复这个论证和说明了。〔7〕这个分析本身也有自身困难，特别是在最终把量化关系分析到所包含的句子时，但我认为，这些困难是可以克服的，同时还能保留这个观点的诱人特征。这里我想强调的一点是，把对态度属性的并列结构式分析与我们目前的主题联系起来。所提出的分析是直接把意义的自主特征与我们描述和赋予思想的能力联系起来，因为仅仅是由于对句子的解释独立于它的用法，才使得说出一个句子可以用做描述对他人的态度。如果我的分析是对的，我们就可以摆脱这样一种不大可能（但很普遍）的观点，即认为被放到“那个（that）”从句中的句子所需要的解释完全不同于在其他语境中对它起作用的解释。因为句子并非日常语境中的名称或摹状词，我们可以具体反对这样一个假定，即认为态度拥有诸如命题这样的对象，使得“that”从句可以被看做是去命名或描述。我们不应当试图把根据并列结构式分析而做出指称的话语，叫做被赋予的态度的对象。

对我们关于思想和语言之关系的问题，这里提出了一个浅显的解决方法。看待这种并列结构式分析的一个方式是由蒯因在《语词和对象》中提出的，这就是：当一个说话者把一个态度赋予一个人，他所做的就是模仿或类比那个人的一个实际的或可能的言语行为。[8]间接167 表述是最好的例子，而断定则是另一个好例子。假定我说：“希律王断定了尼罗河发源于月亮山”。如果我认为希律王的说法是正确的话，我的第二句话（我说过的“尼罗河发源于月亮山”）一定是与希律王说出的话有某种关系：在某种恰当的意义上，它一定是对希律王所说出的话的翻译。因为只要仍然断定这个说法是对的，希律王与我就是说了相同的话，我的话就是在模仿他的话。当然，在力量方面并非如此，因为我并没有对尼罗河做出任何断定。相同之处在于我们说话的内容方面。如果我们转向其他的态度，这个情况就更为复杂了，因为并没有典型的话可供模仿。如果我肯定了“琼斯相信雪是白的”，我说出“雪是白的”就不会是对琼斯实际上所说的话的模仿。我们还可以这样来考虑：我所肯定的是，如果琼斯要说出一句话来翻译我的句子，他就应当是诚实地说出他自己的想法。一旦得到了某些关于使得这样一种虚拟条件成真的条件假定，我们就会得出，只有拥有语言的人才会拥有思想，因为拥有思想就会是拥有一种在特定情况中说出某些带有相应力量的句子的倾向。

我们可以采取这样的思路，但不幸的是，似乎并没有清楚的理由能够说明为什么我们必须这样做。我们开始寻找一种论证去表明，只有拥有语言的人才有思想。刚才勾画出的内容并不是一个论证，而是一个建议，是一个我们不必接受的建议。对态度属性的逻辑形式的并列结构式分析，可以无须关于话语的模仿理论而继续进行。当我说，“琼斯相信雪是白的”，我是直接描述了琼斯的心理状态：这的确是某人所拥有的心理状态，他会诚实地断定“雪是白的”，只要他是说英语，但这可能是没有语言的人也有可能存在的一种状态。

为了给出我最后的主要观点，我必须返回到一直被忽略了的关于解释的一个方面。我曾指出，当做真的态度指向具体情况中的句子，这是解释的基础，但我并没有说它是如何起到这种作用的。还应当记得的是，困难在于，一个句子被当做真是由于两个因素：说话者用句子去意味的东西和他所相信的东西。为了整理的目的，我们所需要的是一种方法，即在研究一个因素时保持另一个因素的稳定。

语言共同体中的身份取决于解释这个团体中成员话语的能力，而一种方法就在于某人是否拥有和知道某人拥有一种（多少以塔尔斯基的方式）对所有（通常是相对于时间和说话者）的句子都可以提供真 168
值条件的理论。这个理论是否正确在于，它以有限陈述的方式包含了类似如下形式的定理：“‘下雨了’对说话者 x 在时间 t 是真的，当且仅当（在 x 附近）在时间 t 时下雨了。”这个理论的明确基础关注的是被当做真的句子，即如下的事实：“‘下雨了’被斯密斯在 8 月 26 日早上 8 点看做是真的，而且当时在斯密斯附近的确下雨了。”在句子被当做真的时候仅仅考虑成真的句子，就有可能产生一个正确的理论，只要是（1）有一种理论满足了形式限制，并由此是与证据相一致的；（2）只是在一个句子成真的时候所有的说话者都认为它是真的——假定所有的信念至少在可以得到表达的程度上都是真的。

但是，这当然不能断定说话者从来没有过假的信念。错误在于赋予信念的意义上。然而，我们可以假定**大多数**信念都是正确的。理由在于，一个信念是由它在一种信念模式中的位置加以确定的；而正是这种模式决定了这个信念的主题以及它所涉及的内容。在世界的某个对象或某个方面可以成为一个（真假）信念的题材之前，关于这个题材一定有无数的真信念。假信念就是削弱了对这个题材的确认，因而也就削弱了把这个信念描述为关于这个题材的有效性。这样，假信念也就随之削弱了关于相关信念也是假的这种说法。例如，我们如何明白古人（某些古人）相信地球是平的？是**这个**地球吗？好吧，我们这个地球的确是太阳系的一部分，部分地用于确定这个系统的事实是，它是一大群环绕着极大的灼热星球的又大又冷的固体。如果有人**不**相信关于地球的所有这些说法，那么，我们可以肯定他所想到的就是地球吗？答案是不言自明的。只要考虑到相关的信念，就可以动摇某人确信古人相信地球是平的这个信念，这一点是确定无疑的。这并不是说任何一个假信念必定会破坏我们确认其他信念的能力，而是说对这种确认的可理解性一定依赖于大多是未被提及的和毫无疑问为真的信念背景。换句话说：信念者所相信的东西越多，他的错误就越明显。过多的错误只会模糊视点。

于是，使解释成为可能的事实就是，我们可以先天地放弃出现大量错误的机会。如果一个解释理论使人赞同大量假的句子，那么它就
169 不可能是正确的：通常的情况是，当一个说话者认为一个句子是真的时候，它就是真的。就此而言，正是对解释方法的选择，使得在说话者认为一个句子为真时，这个解释方法才把这个句子算做是真的。当然，这个说话者可能错了；解释者也可能出错。最终，在选择一个解释方法时起作用的东西就是，解释者和说话者被看做是普遍一致的：根据这种方法，说话者是在某些特殊条件下认为句子是真的，而在解释者看来，正是在说话者认为句子成真时才能得到这些条件。

没有一种简单的理论可以把说话者和解释者置于这种完全的一致，因而一种可行的理论必定随时都会在这一方面或那一方面出错。因此基本的方法论认识在于，一种好的解释理论总是在使这种一致达到最多。或者说，假定句子在数量上是无限的，假定有许多进一步的

考虑，最好的词就是**尽可能完善**（optimize）。

某些不一致比其他的东西对理解更具有破坏性，一种全面的理论自然就一定会把这点考虑在内。理论上的不一致（在某些情况中）可能比其他更为明显的不一致更能得到宽容；对如何看待事物或事物表现如何不一致，却没有关于事物本质的不一致那样能够得到宽容；关于某些态度被说话者赋予自己的真理，这方面的不一致可能完全是不可宽容的或很少可以得到宽容的。我们不可能把相关的考虑加以简单化，因为我们关于证据支持信念的方式所知道或相信的一切，都可以用来决定在何处可以允许这个理论出错，什么样的错误对理解来说破坏性最小。在这一方面，解释的方法论不过就是意义之镜反射的认识论。

当一个解释者断定了他的方法可以作用于语言共同体时，他就是在寻求一种尽可能完善整个共同体一致的理论。由于简单的交流可以保值，他就期望在共同体中有更为简单的共同的解释理论。

如果对彻底解释的这种说明是正确的，至少在一般的意义上是正确的，那么我们就会承认，客观真理和错误的概念必然会出现在解释的语境中。一个句子被认为是真的和事实上是真的，这种区别对人们之间的交流系统至关重要，当在个别情况中有这样一个区别，那么它 170
就被看做是一个错误。由于被当做真的态度是相同的，这个句子究竟是真是假，就直接对应于信念。信念这个概念由此就有可能在客观真理与被认为是真的这两者中选择一端，我们正是在这种联系中去理解信念这个概念。

我们拥有的信念概念仅仅在于它在语言解释中的作用，因为它作为一种私人态度是无法理喻的，除非把它看做是对由语言提供的公共规则的一种调整。由此可见，一个人只要有了信念概念，他就一定是语言共同体中的一员。假定其他的态度也依赖于信念，我们就可以更为一般地说，只有可以解释语言的人，才能拥有思想概念。

一个人如果没有信念概念，他可以拥有一个信念吗？在我看来，根据这种理由，他是不可能的。某人无法拥有一个信念，除非他理解了犯错误的可能性，这就要求掌握真理与错误（真信念与假信念）之间的对立。但我认为，这种对立只能出现在解释的语境当中，这就使我们必然得到了公共客观真理的概念。

人们常常误以为，真理的语义学概念是多余的，断定一个句子 s 是真的和用 s 去做出一个断定，两者之间没有差别。恰当的可能是一个关于信念的冗余论，就是说，相信 p 并非与相信 p 是真的有所不同。这个真理概念不是语义概念：语言不是直接反映在图像中的。但它正是出自这个图像，它是这个图像的框架。因为真信念的概念依赖于真话语的概念，反过来，没有共享的语言，就不可能有这种情况。正如莎士比亚笔下的俄底修斯所言：

> 一个人无论禀有着什么奇才异能，
> 倘然不把那种才能传达到别人的身上，
> 他就等于一无所有；
> 也只有在把才能发展出去以后所博得的赞美声中，
> 才可以认识他本身的价值。
>
> （《特洛伊罗斯与克瑞西达》，第三幕第三场，115～120 页）[9]

（江怡　译）

【注释】

〔1〕马尔康姆（N. Malcolm）：《没思想的畜生》（Thoughtless Brutes）。

〔2〕塞拉斯：《概念变化》（Conceptual Change），82 页。

〔3〕拉姆赛：《真理和概率》（Truth and Probability）。

〔4〕参见论文 9 和 10。

〔5〕决策论与彻底解释之间的相互关联同样在《论思想和行动》（*Essays on*

Thought and Action）中的第 10 和 12 篇论文以及《走向关于意义和行动的统一理论》一文中得到了阐述。

〔6〕丘奇：《论卡尔纳普对断定陈述和信念的分析》。

〔7〕参见论文 7。

〔8〕蒯因：《语词和对象》，219 页。

〔9〕朱生豪等译，《莎士比亚全集》，第四卷。

论文 12 对福斯特的答复[*] (1976 年)

171 福斯特先生的论文中有很多看法是我所同意的，还有更多的看法是我所赞赏的。我同他一样偏好外延性的一阶语言；我很乐于在对这样一种具有明确语义性质的理论的探索中与他为伍：这种语义理论依据语句结构以递归的方式解释语句的意义。并且，我很高兴他赞同下述看法，即可以在整体论的限制的基础上判断一种语义理论是否适当。我对他没有对这种看法

* 本文首次发表于埃文斯（G. Evans）和麦克道尔（J. McDowell）编：《真理与意义》（*Truth and Meaning*：*Essays in Semantics*）（牛津大学出版社，1976）。

提出批评尤感赞佩：正如《李尔王》一剧是由于科迪莉亚的出走而获得其打动人心的魅力的，我认为，语言理论的成功有赖于它们避免不加批判地引入约定、语言规则、语言实践或语言游戏这些概念。

仍然是就积极方面而论，我认为，福斯特正确地提出了这样一个问题，即所提出的一种理论是否明确地表达出某种知识：这种知识足以解释讲该理论所适用的那种语言的人所做出的表述。（出于一些我认为不会影响我们的讨论的理由，我避免使用"掌握"[mastery] 这个字眼，避免提及一个说话者对语言的特殊运用能力[如果有这种能力的话]。）我不轻易抬高这种系统阐明意义理论之一般目标的方式的重要性，尽管这种看法的一些基本原理已在我早期的几篇论文里出现。[1] 我感谢牛津大学的一些朋友促使我设法澄清我在这个主题上的观点——我在此应当特别提到迈克尔·达米特、加雷思·埃文斯、约翰·麦克道尔以及约翰·福斯特（John Foster）。

我在 1973 年 5 月于瑞士的比尔首次宣读的一篇论文里，批评了我本人早期试图确切说明真理理论与意义理论之间关系的那种做法，并设法把这种说明做得更好一些。[2] 我在温莎（1973 年 11 月）又再次宣读了这篇论文。1974 年在牛津大学，该论文成了达米特和我在第三学期（Trinity Term）的一次讨论班上所展开的大部分讨论的基础。我在那里针对我的早期表述所提出的批评，（我认为）基本上就是福斯特在他现在的这篇论文的第二部分里详尽阐述的那些批评，而我尝试做出的补充说明则在其论文的第三部分里所抨击的那些看法之列。 172

一般来说，我赞同福斯特的下述看法：为了能够解释一个说话者的话语，我还必须十分圆满地系统地阐明，具有某种充分的知识，根据我的看法，这意味着什么。另一方面，我希望我的目标并不是像他所认为的那样远远没有实现，我并没有被他关于我的"宏伟构思已破产"的论证所说服。就现在的情况而论，下述看法在我看来的确仍然是正确的，即如果某人具备由一种关于语言 L 的真理理论（一种满足所规定的经验上的限制条件和形式上的限制条件的理论）衍推出的某一部分知识，并且他知道这种知识是由这样一种理论衍推出的，那么他便能够解释讲 L 的说话者的话语。

塔尔斯基认为（他的这种看法对于我们的目的来说差不多是足够了），一种关于语言 L 的真理理论是圆满的，假定它（通过一组有限的非逻辑公理以及标准逻辑）对 L 中的每个语句 S 衍推出一个下述形式的定理：

S 在 L 中是真的当且仅当 P。

其中“S”由一个关于 S 的标准化描述所替换，“P”由 S 在那种关于真理理论的语言里的翻译所替换。倘若我们知道这样一种理论，并且认识到，所知道的正是这样一种理论，那么，我们就能翻译 L 中的每个语句，就会知道这是所做出的翻译。我们还会有更多的知识，因为我们会详细地知道，L 中语句的真值如何有赖于它们的结构，某些语句为什么衍推出其他一些语句，以及语词如何凭借与世界中的对象的关系来完成其功能。

既然塔尔斯基的兴趣在于定义真理概念，他一直致力于能以规定取代阐释的人工语言，因此他就可以把翻译概念当做是理所当然的。但是在**彻底的**解释中，这恰恰是无法假定的东西。所以，我对接受这样一种真理理论提出某些经验的限制，这种真理理论可以在不求助于诸如意义、翻译或同义这样一些概念的情况下（尽管还要求助于对真理概念的某种理解）来表述。我试图通过推理来表明：倘若一种真理理论满足这些限制条件，那么，从这种理论中推出的 T-语句便
173 会在实际上具有 S 的旨在替换“P”的翻译。

接受在观点上的这种改变并非放弃约定 T，而是以新的方式来理解它。与塔尔斯基一样，我也要求有一种满足约定 T 的真理理论，

不过，塔尔斯基为了说明真理概念而假定翻译概念，而我则想通过假定对真理的局部理解来阐释翻译概念。

甚至当我写《真理与意义》一文时我就清楚地认识到，如果可接受的真理理论仅仅包括那些会发挥解释作用的理论，那么，不仅要有形式的限制，还必须再加上经验的限制。我的错误并不像福斯特似乎暗示的那样是这么一种假定，即**任何一种**正确地给出真值条件的理论都会发挥解释的作用；我的错误在于忽略了下述事实：某人也许知道一种充分独特的理论，但并不知道它是充分独特的。我过去很易于忽略这种区别，因为在我的想象中，如果这种理论为某个根据证据来建构它的人所知，那么这样一个人不可能没有认识到他的理论满足那些限制条件。

福斯特注意到可能会对我的建议所提出的两个问题之间的差别。一个问题是，我对一种可接受的真理理论所施加的那些限制条件是否适当以便确保该理论满足约定 T（即确保在其 T-语句中，双向条件式的右边确实是对它给出其真值的语句的翻译）。另外一个问题是，我是否能成功地说出一个具备语言运用能力的解释者所知道的内容（或他会充分知道的内容）。福斯特在此所关心的只是第二个问题；为论证篇幅所限，他愿意姑且承认那些限制条件对于达到它们的目的来说是适当的。

我们必须从这个角度来理解福斯特对那些正确地给出真理谓词的外延（其全部 T-语句都为真）、但不满足约定 T 的真理理论的讨论。因此，福斯特在这么一种假定上与我（暂且）是一致的，即我所提出的标准不承认包含下述语句为 T-语句的真理理论：

> “a 是 b 的一部分”是真的当且仅当 a 是 b 的一部分，并且地球是转动的。

福斯特的论点确切地说是这样：尽管我所说的解释者具有一种满足约

定 T 的理论，但这种理论本身并没有告诉他这一点。

174 同样的论点出现在福斯特的下述说法中：

> 正如通常所理解的那样，述说一个语句的真值条件便是说出该语句为真的充分必要条件，便是在一切可能的境况范围内划分出语句与其一致的那个子集。但 T-**语句**并不是在这种含义上述说真值条件的。T-语句并没有说：在所有的并且仅仅那些……**是**（was）① 事实的境况中，如此这般的一种结构类型**会是**（would be）真的；而仅仅是说：由于实际情况就如此，故这种结构类型**是**（is）真的当且仅当……

实际上，可以对比一些没有观察到的和反事实的情况来表明一种通过经验检验的理论的特点，这在任何一个知道证据是什么以及如何使用证据来支持该理论的人看来是很明显的。困难在于，这种理论本身并没有说明它具有它实际上所具有的特性。

如果我们问某人要成为一名物理学家必须知道什么，我们便得到一种恰恰相同的结果。马上就可给出的一个回答也许是：物理学定律。但是福斯特会说这还不够（我同意他的这个看法）。物理学家还必须知道（这是我的个人看法），这些定律确实是定律——即它们被其实例所确证，并支持反事实的和虚拟的断言。为了获得这种描述，你会做出这么一种想象：一个刚学科学的孩子被告知一个物体的质量对它在真空中降落一段特定距离的时间没有任何影响。然后他被问道："假定伽利略从帝国大厦上投下一根羽毛和一颗炮弹，并且假定地球上没有空气。哪一样东西先落到地面，羽毛还是炮弹？"那个聪明的孩子回答说："我不知道，你只告诉过我在实际情况下确实发生的事情；你没有说在事情假定是另外一种样子的情况下会发生的

① 请注意，这里用的是虚拟语气以表示假设情况。

事情。”

福斯特提出如下论题（他认为我“试图表达”这一论题但没有做对）：“为了掌握 L，我们既需要知道［一种 T－理论］所陈述的那些事实，又需要知道我们所知道的这些事实是 T－理论的。”然后他一言以蔽之曰，某人需要知道：某种关于 L 的 T－理论所陈述的内容是……（这里的省略部分要由一种 T－理论替换。）我很乐于接受这种说法，因为它相当于我本人的说法。（据我所知，我从来没持有他归之于我的这样一种看法，这种看法使关于一种真理理论所陈述的内容的知识与关于该理论是 T－理论的知识这两者无关。）

现在让我们考虑福斯特认为我应当持有（而我知道我确实持有）的那种看法。不能这样认为：根据这种看法，关于一种语言的知识归结为知道如何把这种语言翻译成另外一种语言。解释者确实知道，他的知识就是一种 T－理论（一种翻译性的 T－理论，它满足约定 T） 175
所陈述的内容。但是没有理由假定这个解释者能以任何一种特定的语言形式（更不用说以任何一种特殊语言）来表达他的知识。

我们或许应当坚持认为，一种理论是某种语言的一个语句或一组语句。但是，知道一种理论对于知道这些语句为真既不是必要的又不是充分的。说它不是充分的是由于，某个知道这种理论的人可能并不知道这些语句的含义；说它不是必要的是由于，知道那些关于该理论的语句所表达的真理就够了，这并不要求对关于该理论的语言具有知识。

例如，某个能解释英语的人知道，所说出的“雪是白的”这句话是真的当且仅当雪是白的。这个人还知道这个事实是由一种翻译理论衍推出的，这也就是说，这不是关于那个英语句子的偶然事实，而是一个对该语句**做出解释**的事实。一旦弄清了这种表述方式的要点，在我看来不妨以一种更加熟悉的方式把这个解释者在这种情况下所知道的内容重新表述为：他知道“雪是白的”在英语中**意谓**（means that）雪是白的。

因此，很清楚，我的看法并没有使解释一种语言的能力依赖于能够把那种语言翻译成一种所熟悉的语言。或许值得通过澄清一个迄今所忽略的问题来强调这一点。在自然语言中存在着像指示词和时态这样的索引要素，这意味着必须使很多语句的真值条件相对于表达它们的场合。当采取这种做法时，一个 T-语句的双向条件式的右边绝没有对它给出其真值条件的那个语句做出翻译。一般来说，一种适当的真理理论不采用任何索引手段，从而可以不包含非常大量的、多种多样的语句之翻译。就这些语句而论，甚至就连解释依赖于翻译能力这种错觉都没有。（这里用“意谓”这个说法同样不大令人满意。）

福斯特认为我的宏伟计划破产了，因为我在利用关于 T-理论性质的断言来获得解释时，必须使用一种像在“这个解释者知道某种 T-理论所陈述的内容是……”中的“陈述”这样的内涵概念。但在这里他把一个我从未具有的目标强加于我。我设法对语言和意义做出解释的方式必须利用诸如信念和意向这样的概念，我认为，这些概念
176 不可能还原为任何更加科学的或行为主义的概念。我设法做到的是对意义做出一种说明（解释），这种说明不必利用一些未做解释的**语言学**概念。（这种说法甚至比我认为可能出现的情况还略微强一些。）如果在说明一个解释者所知道的内容时，有必要使用所谓的内涵概念（它与信念和意向等相一致），那么我的计划就不会破产。

当然，我的计划的确要求自然语言里的一切语句都能按照一种 T-理论来处理，因此，倘若无法对内涵性习语实施这样的处理，我的计划便行不通。一种满足诸如约定 T 这类条件的真理理论似乎不能容许内涵语义学，不过问题并不是完全简单或完全清楚的；这促使我设法表明一种外延语义学如何处理关于信念语句、间接引语和其他这类语句的特殊情况。福斯特认为我的分析行不通，但难以看出这与我们的辩论有何相干。如果他的论点是：**没有任何一种** T-理论能够为归属态度的语句提出令人满意的语义学，那么，关于如何确切描述

说话者的语言运用能力的全部讨论便都是完全无关的。但是，如果有可能做出某种（我的或其他人的）分析，那么，对间接引语和关于信念与意向的语句奏效的分析，大概也会对困扰着福斯特的那种“陈述”关系奏效。

福斯特的下述看法无疑是正确的，即“一种 T-理论所陈述的内容是……”这个表达式通常会被称为一个非真值函项的语句算子，因为放在其后的实质等值的语句可能会造成带有不同真值的结果。这给我们留下两个难题（福斯特或许没有对这两者做出充分区别）。第一个难题是，对间接引语的并列结构式分析是否能恰当地应用于目前的场合；另外的那个难题是，如果相关的陈述（stating）概念（无论它的语义学是什么）隐匿了一个未经分析的语言学概念，那么我对彻底的解释所做出的说明是否受到威胁。我刚才已表明，前一个问题仅仅勉强地与我们的讨论有关；后一个问题显然是极为重要的。然而，我希望对这两个问题都做出某种说明，因为除非证明这样一种分析有缺点，否则，我的确要对“陈述”（state that）提出一种并列结构式语义学。

对间接引语的并列结构式的语义分析告诉我们，把对“伽利略说（that）地球运动”的一个表述（utterance）看做是由“伽利略说（that）”和“地球运动”这两个语句的表述所构成的。“that”指称第 177
二个表述，而第一个表述为真当且仅当伽利略的表述在内容上同于（“翻译”）“that”所指称的那个表述。（福斯特错误地认为我对“伽利略说［that］”的分析是“伽利略的某个表述和我在上面的表述使伽利略和我成为同样的说话者［same-sayers］”。但那并不是一种分析，而是旨在使读者感受到这种语义学的一个重新构思出的表述；它是一个阐述性的启发手段。）

福斯特试图通过表明我的语义分析经不起翻译检验而证明它是错误的。这种检验要求，对一个表述的翻译（使之被分析）必须陈述与原来的表述所陈述的相同事实或命题（我借用福斯特的字眼）。因此，他指出，（根据我的分析）把“伽利略说（that）”翻译成保持“that”之指称的法语，并没有转达给一个讲法语的听者任何有关伽利略说话的内容的知识。他以此表明，根据我的分析，一个关于像“伽利略说地球运动”这样的语句的日常表述并没有陈述伽利略说话的内容；因此，我的解释理论所需要的一种关于“陈述（that）”的类似分析也会遭到同样的失败。

但是，福斯特心目中的那两个述说相同的事实或命题的表述之间的这种关系是什么呢？他告诉我们的不过是必须保持指称。然而，这无疑是不够的，因为如果任何两个表述在保持指称的情况下陈述相同的事实，那么就很难阻止做出这样一个人们很熟悉的证明，即一切真表述都陈述相同的事实。使用“命题”这个词则表明，不仅必须保持指称，还必须保持意义。可是，如果指称和意义这两者都必须被保持，那么就很容易看到，在表述包含索引词的情况下，只有很少的几对表述可以陈述相同的事实。且不论那些能使用两种语言的人，没有任何法语表述能陈述我用“我”所陈述的事实，并且，我无法通过说两次“我现在感到暖和”来两次陈述相同的事实。根据这些标准来判定我的分析是错误的，这不过是因为它假定间接引语包含着索引成分来判定它是错误的。如果不做进一步的论证，那么，所得出的结论使人怀疑的倒不是我的那种分析，而是那些标准。

我同福斯特一样当然也假设：一个翻译者会以通常的方式把英语间接引语翻译成法语。在我看来，他会通过指称他将必须提供的一个新表述来做到这一点。（如果我两次说出“伽利略说地球运动”这
178 句话，也会发生同样的事情。）承认这一点并不是像福斯特所论证的那样，“要把关于间接引语的那种并列结构式描述解释为那种内涵性说法的一个以符号表示的变种”。符号表示法与它无关；无论是研究可能世界语义学的学者还是我，都接受同样的符号表示法。我们的分歧在那种语义分析上。要点在于：翻译者并不是在福斯特的那种含义上，而是在某种更通常的含义上陈述相同的事实，在后面这种含义

上，我们常常允许，乃至要求在所指是由（借用赖欣巴赫的用语）标志性反身词（token reflexive）指称时翻译会改变那个所指。

我们再回过头来讨论对那个令人烦恼的词“陈述”所进行的并列结构式分析的前景，我们首先应当注意到，一个更恰当一些的词是“衍推”（entails）。我们想获得的是关于像“理论 T 衍推‘雪是白的’在英语中为真当且仅当雪是白的”这样的语句之表述的语义学。并且必须提出这样一种要求，即为了语义学理论的目的，要把对这个语句的表述看做是对这么两个语句的表述，其中对第一个语句的表述以指称对第二个语句的表述的指示词来结尾。因此，（这种）衍推被理解为在一种理论与主张这种衍推的说话者的表述之间的一种关系。这种关系是什么？一个合乎情理的建议认为，这种关系是在语句与那种语句和（或许是另外一种语言的）表述之间的同义关系这两者之间的逻辑后承关系的相关产物。如果可从一种理论 T 衍推出“雪是白的”在英语中为真当且仅当雪是白的，那么，T 便有一个与我对“‘雪是白的’在英语中为真当且仅当雪是白的”的表述同义的语句作为逻辑后承。

上述假言推理的第二部分难道没有求助于一个特定的语言概念——同义概念吗？确实是这样，这也就是说，它恰恰是我们通过对一种真理理论施加一些条件而试图引出的翻译概念。这并没有造成循环解释，因为我们一直做出这样的假定，即这些条件是在不求助于我们想要解释的那类语言学概念的情况下按照一种并非以尚待证明的假定为论据的方式而被陈述的。所以，当我们开始陈述一个解释者所具备的知识时，就能以非循环的方式来使用隐匿在衍推概念中的同义概念或翻译概念。当把关于一种翻译理论的概念归之于一个解释者时，我们的确已经做出了这一假定。

我认为福斯特有一点很重要的看法是正确的。即使我为捍卫我对那种足以用来做出解释的东西所做出的系统说明而采取的每一种说法都是对的，也依然没有一种理论严格地构成意义理论。无论做出多么

179 妥善的选择，真理理论也不是意义理论，而可从一种翻译理论衍推出一些事实这个陈述并不是在那种规范含义上的一种理论，因为那些表达它的语句包含不可还原的索引成分。然而，这并没有使人们无法说明一个解释者具有知识意味着什么，因此也就使人们能够对语言哲学中的主要问题之一做出一个令人满意的回答。

（牟博　译）

【注释】

〔1〕例如，论文 1 和 2。

〔2〕所提到的这篇论文是论文 9。

语言与实在

论文 13　论概念图式这一观念*（1974 年）

很多派别的哲学家倾向于谈论概念图式。人们告诉我们，概念图式是组织经验的方式；它们是对感觉材料赋予形式的范畴体系；它们是个人、文化或时代据以检测所发生事件的观测点。或许在这些概念图式之间无法通过翻译来沟通，因为对于企图进行这种翻译的人来说，在一种概念图式里表征一个人的那些信念、愿望、希望和点点滴滴的知识，在另外一种概念图式里没有真正的对应体。实在本身是相对 183

* 本文首次发表于《美国哲学学会会刊及演讲汇编》（*Proceedings and Addresses of the American Philosophical Association*），第 47 卷（1974）。

于一种概念图式而言的，这也就是说，在一种概念体系里算做实在的东西在另外一种概念体系里可能并不是实在的。

甚至那些确信只有一种概念图式的思想家也受图式概念的支配，甚至一神论者也有他们的宗教。并且，当某人打算描述“我们的概念图式”时，倘若我们从字面含义上来理解他，那么他的这个引为己任的任务便做出这样一种假定，即可能存在一些对立的概念体系。

概念相对主义是一种很令人神往和兴奋的学说，或者说，倘若我们能充分了解它，它便会是这样一种学说。但麻烦（在哲学中常常会出现这样的麻烦）在于，难以在保持这种兴奋的同时又增进可理解性。这正是我所要论证的一点。

我们被促使做出这么一种想象：我们可以通过我们所熟悉的那种正当例子来理解大量的概念变化或概念上的深刻差别。有时，一个概念（如在相对论里所定义的同时性概念）十分重要，以至于整个一门科学为之而改观。有时，对在一门学科里为真的一系列语句所做出的修改甚为关键，以至于我们可能会感到，所涉及的那些词项改变了其意义。在彼此相距很遥远的不同时间或地点演化的不同语言，在处理某一范围内的现象时可能采取极为不同的对策。在一种语言里轻易
184 就出现的东西在另外一种语言里可能难以出现，而这种差别也许反映出在风格和价值上的重大差异。

可是，像这样的一些例子尽管有时给人以深刻的印象，但还不至于极端到人们无法借助于单独一种语言来解释和描述那些变化和差别。沃夫想要证明，霍皮人①表现出一种十分不同于我们的形而上学，以至于霍皮语和英语（正像他所表述的那样）无法“被校准”(be calibrated)，但他却使用英语来传达霍皮语里的典型语句的内容。〔1〕库恩杰出地使用我们的科学革命后的术语（难道还有什么别的

① 霍皮人（Hopi）是北美印第安人的一个部落，现居住在美国亚利桑那州东北部。

方式吗?）来说明科学革命前事物是如何如何。[2] 蒯因则使我们对“概念图式演变中的前个体性用语”抱有同情。[3] 而柏格森告诉我们在哪里能眺望到一座未被某种褊狭的视角所歪曲的山。

概念相对主义的主要隐喻（即关于不同观点的隐喻）似乎暴露出一个潜在的悖论。不同的观点仅当有一个可在上面描绘它们的共同坐标系时才是有意义的，而一种共同坐标系的存在又与那种关于显著的不可比性的断言不符。在我看来，我们需要考虑对概念上的差别设定某些界限。有一些极端的假定陷入悖论或自相矛盾，而对一些不太过分的例子我们则可以毫无困难地加以理解。什么东西决定着那条我们由此会从仅仅是奇怪或新奇的看法跨向荒谬的看法的界限呢?

我们可以接受这样一种学说，它把具有一种语言与具有一种概念图式联系起来。可以对这种关系做出这样的假设：概念图式有什么不同，语言也就有什么不同。但是，假定在不同语言之间有一种翻译方式，那么讲不同语言的人就可以共有一种概念图式。因此，对翻译标准的研究便成为集中心思研究概念图式的同一标准的一种方式。倘若概念图式不以这种方式与语言相联系，那么原来的那个难题便毫无必要地变成了两个难题，因为在这种情况下我们会不得不想象由心智及其普通范畴与一种带有其组织结构的语言一起发挥作用。既然如此，我们肯定要问谁是主宰者。

另外一种看法认为，**任何一种**语言**都**曲解实在，这暗示只有在根 185
本不用语言的情况下心智才得以按照事物的本来面目来把握事物。这种看法把语言构想为与使用它的人的能动作用无关的一种惰性的（尽管它必定具有歪曲作用）媒介。这是一种确实无法加以维护的语言观。然而，如果心智能毫不歪曲地把握实在，那么心智本身便必定是不具备任何范畴和概念的。这种无特征的自我是人们在一些完全不同的哲学分支中的理论里所熟悉的。例如，有一些理论使自由成为与当事人的一切愿望、习惯和意向无关的决定；而一些知识理论则提出，心智能观察到它自己的感觉和观念的整体。在每种情况下，心智都脱离了作为其构成部分的特性；正如我所说过的那样，这是从某些推理思路中得出的一个无法回避的结论，而这样一种结论应当始终使我们确信应拒斥导致这种结论的那些前提。

我们可以把概念图式认同为语言，这样（或者说更进一步地）我们便可以考虑这样一种可能性：一种以上的语言可以表达同一种概念图式（即几套可互译的语言）。我们不会把语言看做是一种可与心智分离的东西；人能讲一种语言，这并不是一种人能够在丧失它的同时又保持思维能力的特性。因此便不存在这样的可能性，即某人能够占据一个制高点，通过暂时摆脱他自己的语言而对不同的概念图式进行比较。那么，我们是否能够认为，在两个人讲两种不可互译的语言的情况下他们具有不同的概念图式？

在下文中我将考察预计可能会提出的两种情况：一是完全不可翻译，一是部分不可翻译。倘若在一种语言里任何范围内的有意义语句都不能被翻译成另外一种语言，那么便是完全不可翻译；倘若某一范围内的语句可被翻译而另外某一范围内的语句不可被翻译（我忽略掉可能会出现的不对称情况），那么便是部分不可翻译。我的对策是，首先论证我们无法理解完全不可翻译这个说法的意义；然后较简要地考察部分不可翻译的情况。

那么，首先讨论所要谈的完全不可翻译的情况。采取下述抄近路的办法确实是很诱人的：人们可能会说，能证明某种活动形式不能用我们的语言来解释，也就同时证明了那种活动形式不是言语行为。倘若这是正确的，那么我们大概就应当认为，一种无法用我们的语言
186 解释成语言的活动形式便不是言语行为。可是，用这种方式来表述问题是无法令人满意的，因为这不过是把可翻译成一种我们所熟悉的语言作为一种语言标准。人们所认可的是，可翻译性论题缺乏自明性的感染力；如果该论题是一个真理（正如我所认为的那样），它便应当作为论证的结论而出现。

要增加这种看法的可信性，就要思考语言与信念、愿望和意向这

些态度的归属之间的密切关系。一方面，言语显然需要众多加以细致区别的意向和信念。例如，一个断定坚毅使荣誉生辉的人必须也使自己相信这一点，他必须打算使自己相信这一点。另一方面，除非我们能把他的话语翻译成我们的话语，否则，我们似乎未必能把像上述那些说法那样复杂的态度清晰地归属于一个说话者。下面这一点可能是毫无疑义的：能够翻译某人的语言与能够描述他的态度这两者之间的关系是非常紧密的。不过，在我们能对这种关系是什么做出更多的说明之前，反对语言不可被翻译这一说法的论题依然是令人难懂的。

人们有时认为，根据可翻译性关系不是传递的这个理由，可被翻译成一种所熟悉的语言（譬如说英语）这一点不能作为一种语言标准。这种看法认为，某种语言（如土星人的语言）也许可以被译成英语，并且某种未来的语言（如冥王星人的语言）也许可以被译成土星人的语言，而冥王星人的语言不可被译成英语。足够多的可翻译的差别可能会增添一种不可翻译的差别。通过想象这样一种语言序列，其中每种语言都根据它是否可以按可接受的方式被译成另一种语言来排定它们之间疏密有致的顺序关系，我们便能想象出一种与英语迥然不同以至于全然不可译成英语的语言。与这种遥远的语言相应的是一种完全不同于我们的概念体系。

我认为，这种做法并没有使这场讨论纳入新的因素。因为在那种情况下我们就不得不问，我们如何认识到土星人正在**翻译**冥王星人的语言（或做其他任何事情）。讲土星语的人也许会告诉我们那正是他在做的事情，或更确切地说，我们也许会一时假定那正是他告诉我们的事情。但在这种情况下我们就想知道我们对土星语的翻译是否正确。

根据库恩的看法，在不同的科学传统中（在不同的“范式”中）发挥作用的科学家是“在不同的世界里工作”[4]。斯特劳森在《感觉的界限》中一开始就写道：“人们有可能想象出非常不同于我们所知的世界。”[5] 既然至多不过有一个世界，所以这些众多的世界便是隐 187

喻上的或只是想象出来的。然而这两种隐喻是全然不同的。斯特劳森使我们想象非现实的可能世界，即通过以不同的系统方式重新对语句分配真值、可以用我们现在的语言来描述的世界。在这种情况下，不同世界之间差异的清晰度有赖于对我们的仍然有待确定的概念图式（即我们的描述手段）做出假定。另一方面，库恩则想要我们想象对同一个世界的不同观察者，他们用彼此之间不可比的概念体系来观察这个世界。斯特劳森的被想象出的众多世界是根据同一个观点所看到、所听到或所描述的，而库恩的一个世界是根据不同的观点所看到的。我们想要研究的是第二种隐喻。

第一种隐喻要求在语言内区分概念（concept）与内容（content），这也就是说，我们使用一种确定的概念体系（带有确定意义的语词）来描述可供选择的多种宇宙。有些语句会仅仅因为所涉及的概念或意义而为真，其他的语句会因为世界的方式而为真。在描述可能的世界时，我们仅仅使用第二种语句。

而第二种隐喻则暗示一种相当不同的二元论，即一种关于总括的图式（或语言）和未被解释的内容这两者的二元论。尽管坚持这第二种二元论并非与坚持第一种二元论不相容，但对后者的非难却可以对坚持第二种二元论起到促进作用。这里便讨论它可能会如何发挥作用。

放弃分析与综合的区别作为理解语言的基础，便是放弃这样一种看法，即我们能清楚地在理论与语言之间做出区分。正如我们可能会不严格地使用语词那样，意义受到理论的污染，而不是受到被视为真的东西的污染。费耶阿本德用下述说法来表述这一点：

> 我们反对意义不变性的论点是简单明了的。它是从这样一种事实中得出的：在确定旧理论或旧观点的意义时所涉及的某些原理通常与新的……理论不相容。它指出，通过淘汰造成麻烦的旧原理来解决这个矛盾，用新理论中的原理或定理来取代旧原理，

> 这种做法是很自然的。而这样一种做法也会导致淘汰旧意义，这 188
> 就证明了我们的结论。[6]

我们现在似乎可以有一种生成一些不同的概念图式的公式。当讲一种语言的人开始把他们原先认为是假的一系列重要语句接受为真的语句（当然，反之亦然）之时，我们便从旧图式中得到一个新图式。我们一定不要把这种变化简单地描述成一个把过去的谬误视做真理的问题，因为一个真理是一道命题，而他们在把一个语句接受为真语句时所接受的东西不同于他们从前在认为该语句为假时所否定的东西。是该语句的意义发生了变化，因为它现在属于一种新语言。

新的（或许是更好的）图式如何产生于新的和更好的科学这一图景恰恰正是像普特南和费耶阿本德这样的科学哲学家和像库恩这样的科学史家向我们所描绘的图景。其他某些哲学家则暗示出这样一种相关的看法，即倘若我们要让我们的语言适应于一种业已改进的科学，我们便能改进我们的概念总体。例如，蒯因和斯马特两人便以略有不同的方式不无惋惜地承认，我们现在的谈话方式使得我们不可能建立一门真正的行为科学。（维特根斯坦和赖尔则毫不惋惜地做出类似的论断。）蒯因和斯马特认为，对此的补救办法是改变我们的谈话方式。斯马特提倡（和预言）这种改变是为了把我们纳入科学上可靠的唯物论轨道，蒯因则更关注于为一种纯粹的外延性语言扫清道路。（或许我应当补充说，我认为，我们实际上具有的概念图式和实际使用的语言最好被理解为外延性的和唯物论的。）

倘若我们要遵循这番劝告，我本人认为这并不会促进科学或理解，尽管有可能促进伦理学。但现在的问题仅仅是，如果会出现这类变化，我们是否有理由把这些变化称做基本概念图式上的改变。人们易于察觉到在这样称谓这些变化时所碰到的困难。假定我在我的科学语言部长办公室里想让新就任的人停止使用譬如说指称情绪、感情、思想和意向的语词，转而谈论那些据假设或多或少等同于上述精神废料的生理状态或事件。如果这个新就任的人讲一种新的语言，我如何来辨别他是否把我的劝告当做耳边风呢？仅仅就我所知，那些颇有光
189 彩的新用语（尽管是从那种它们在其中指称生理事件的旧有语言中窃取来的）在他嘴里也可能起着表述那些乱七八糟的旧精神概念的作用。

上面这句话里的关键用语是：仅仅就我所知。已弄清的是，部分保留或全部保留旧词汇本身并没有为判断新概念图式同于（或不同于）旧概念图式提供根据。因此，起初听来似乎很激动人心的发现（即真理相对于概念图式）迄今被证明不过是这样一个为人们所熟悉的平凡无奇的事实，即一个语句的真（尤其）相对于它所隶属的那种语言。库恩所谓的科学家并非生活在不同的世界，而是像那些需要韦氏词典的人一样可能仅仅在各自使用的词语上相互区分。

摒弃分析与综合的区别并没有证明有助于人们了解概念相对主义的意义。然而，依据某种可用来支持概念相对主义的看法（即关于经验内容的看法）却对分析与综合的区别提出解释。综合与分析的二元论是关于下述两种语句的二元论：一种语句的真（或假）既是因为它们本身的含义，又是因为它们的经验内容；另一种语句不具备经验内容，它们的真（或假）仅仅依据其意义。倘若我们摒弃这种二元论，我们也就抛弃了那种附属于它的意义概念，但我们却不必抛弃经验内容这一概念，这也就是说，如果我们想要这样认为的话，我们可以坚持认为**一切**语句都具有经验内容。而经验内容本身又是根据事实、世界、经验、感觉、感官刺激之全体等诸如此类的事物来解释的。意义使我们得以谈论范畴、语言的组织结构等等；但是，正如我们已看到的那样，人们有可能摒弃意义和分析这两个概念而同时又保留语言体现一种概念图式这一看法。因此，取代分析与综合的二元论，我们便得到概念图式与经验内容的二元论。这种新二元论是这样一种经验主义的基础，这种经验主义被剥夺掉了分析与综合的区别和还原论这两个站不住脚的教条，这也就是说，它被剥夺掉了下述这种不切实际的

看法，即认为我们可以按照唯一的方式逐句地分派经验内容。

我极力主张：关于图式和内容（即起组织作用的概念体系和某种有待组织的事物）的第二种二元论是无法理解的和无法辩护的。这种二元论本身是经验主义的一个教条，即第三个教条。这第三个教条或许是经验主义的最后一个教条，因为倘若我们放弃这个教条，那么就搞不清是否还会剩下什么别具特色的东西可称为经验主义。

人们以多种方式来阐明图式与内容的二元论。这里有些例子。 190
第一个例子取自对萨皮尔（Sapir）的论题做出详细说明的沃夫。沃夫说：

> ……语言对经验起一种组织作用。我们倾向于把语言仅仅看做是一种表达手段，而没有意识到，语言的首要作用是对一连串的感觉经验进行分类整理，结果形成某种世界秩序。……换句话来说，语言以一种较粗糙但又更宽广、更多样的方式来做与科学所做的同样的事情。……因此我们被引向一个新的相对性原理，它认为，除非所有的观察者的语言背景是类似的，或能按某种方式校准，否则，相同的物质证据就不会把这些观察者引入相同的宇宙图景。[7]

在此我们有了所需要的一切要素：具有组织力而又与科学没有明显区别的语言；被组织的事物，它们有时被指称为“经验”，有时被指称为“一连串的感觉经验”，有时被指称为“物质证据”；最后，可互译性（“校准”）的失败。可互译性的失败是概念图式彼此有差别的一个必要条件；与经验或证据的共同关系被假定为有助于我们了解下述断言的意义，即翻译失败时值得考虑的是语言或概念图式。这种看法的关键在于：存在某种外在于一切概念图式的中立的共同事物。当然，这种共同事物不可能是彼此有差别的语言的**题材**，否则的话，翻译就会是可能的了。因此，库恩最近写道：

> 哲学家现在放弃了找到一种纯粹的感觉材料语言的希望。……但是其中很多人却继续假设，通过求助于一种完全由下述语词构成的基本词汇便可以将种种理论进行比较，这些语词按照一些不成问题的、在必要的程度上独立于理论的方式与自然界相联系。……费耶阿本德和我都已详细论证过，这样一种词汇是无法得到的。在从一种理论到其他理论的转换中，语词以一些微妙的方式改变了它们的意义或可应用性的条件。尽管大多数相同的记号在革命前和革命后都在使用（例如，力、质量、元素、化合物、细胞），但是其中有些记号与自然界相联系的方式由于某种原因发生了变化。因此，我们认为，相继的理论彼此之间是不可通约的。[8]

当然，“不可通约”是库恩和费耶阿本德用以表示“不可互译”的词。自然界提供有待组织的中立内容。

191 费耶阿本德本人提出，我们可以通过“在概念体系或者语言之外选择一个视点”，来比较彼此有差别的概念图式。他希望我们可以做到这一点，因为“仍然有作为一种实际存在的过程的人类经验”[9]，它独立于一切概念图式。

蒯因在很多段落中也表达了相同的（或相似的）思想：“我们所谓的知识或信念的整体……是一种人造的结构组织，它仅仅沿着其边缘与经验紧密接触……”[10]“整个科学就像一个力场，它的边界条件就是经验”[11]；“作为一个经验主义者，我……把科学的概念图式看做……是一个根据过去的经验来预测未来经验的工具。”[12]并且还说：

> 我们坚持把实在按某种方式分解为诸多可识别的和可区别的对象的复合体。……我们按这种方式来谈论对象的习惯是十分根深蒂固的，以至于说我们采取这种做法看来几乎等于什么都没

说；因为难道还会有别的说法吗？很难说还会有什么别的说法，这并不是因为我们的对象化范型是人类的一种永恒不变的本质特性，而是因为我们恰恰在理解或翻译另外一些不同的语句的过程中必然要使另一种不同的对象化范型适应于我们自己的范型。[13]

对差别的检验依然无法进行翻译，或在翻译上出现困难："……谈到那种遥远的、根本不同于我们的语言手段，不过是说翻译不会顺利进行。"[14] 而在翻译上遇到的艰难可能会十分严重，以至于讲另外一种语言的人有一种"尚未想象到的、无法确认个体的范型"[15]。

因此，这种看法认为，倘若有什么东西与经验（自然界、实在、感觉提示）处于某种关系（预测、组织、面对或适合）之中，那么这种东西就是一种语言（不论我们是否能翻译它），以及与之相关联的一种概念图式。问题在于这种关系是什么以及更清晰地说明那些相关的实体。

所论及的那些形象化比喻和隐喻可划分为两组：要么是概念图式（语言）**组织**某种事物，要么它们**适合**这种事物（正如在"每个人都修改他的科学遗产以便适合他的……感觉提示"[16] 这段话里所表述的那样）。第一组还包括**使**（一连串经验）**系统化**、**划分**（一连串经验）这些说法；第二组说法还有一些进一步的例子，如**预测**、**解释**、**面对**（经验的法庭）。至于那些被组织的实体或概念图式必须适合的实体，我再次认为我们可以发现两种主要看法：要么是实在（宇宙、世界、自然界），要么是经验（转瞬即逝的显示、表层刺激、感觉提示、感觉材料、所给予的东西）。 192

除非一个单一对象被理解为包括或就在于其他对象，否则的话，我们就无法赋予组织该单一对象这个概念以清晰的意义。组织一个柜橱就是收拾其中的东西。倘若你被告知不要组织其中的鞋和衬衫，而是要组织柜橱本身，你便会大惑不解。你如何组织太平洋呢？这无非是清理海岸，或许还要重新安置其岛屿之所在位置或消灭其中的鱼。

一种语言可以包括这样的简单谓词，它的外延不可与其他某种语言里的任何一个简单谓词相匹配，乃至可与其中任何一个谓词相匹配。使我们能在特定情况下证明这个论点的正确性的东西，乃是这两种语言所共有的本体论以及一些确认相同对象化的概念。当翻译失败的范围是相当有限时，我们就能对之做出清晰的说明，因为翻译普遍成功这一背景向我们提供了所需要的那种使翻译失败成为可理解的东西。但是在那种情况下我们所探求的是一场更大的游戏，这也就是说，我们想要了解存在一种我们根本无法翻译的语言这个说法的意义。或者换一种不同的方式来表述这个论点，我们在那种情况下所寻求的是一种语言标准，这种标准不依赖于（或衍推出）可翻译成一种我们所熟悉的话语这一点。我认为组织自然界这个柜橱的形象化比喻并不会提供这样一种标准。

另外那种对象即经验又如何呢？难道我们能够认为一种语言组织**经验**吗？又重新出现那些大致相同的困难。组织这个概念仅仅适用于众多事物。无论我们所经验到的众多事物是什么（例如，像丢了一颗纽扣或绊了一跤、具有温暖的感觉或听到双簧管的声音这样的事件），我们都不得不根据一些所熟悉的原理来确认个体。一种组织**这类**实体的语言必须是一种非常像我们自己的语言。

经验（及其同类，如表层刺激、感觉和感觉材料）还对组织这个观念造成另一种更明显的困难。如何能把某种东西当做一种**仅仅**是对经验、感觉、表层刺激或感觉材料才起组织作用的语言？无疑，刀叉、铁路以及山脉、卷心菜和自然界的其他东西也需要组织。

毫无疑问，上述最后一个说法作为对下述这样一个断言的回答听起来是不恰当的，即认为一个概念图式是对感觉经验的一种处理方

193 式；我赞同这一点。可是，我们所考虑的是**组织**经验这种看法，而不是**处理**（或适合、面对）经验这种看法。上述回答对前一个概念（而不是对后一个概念）是恰当的。因此，现在让我们看一下我们采用第二种看法是否能把事情办得更出色。

当我们从讨论组织转而讨论适合时，我们就把注意力从指称性的语言手段（如谓词、量词、变元和单称词项）转到整个语句上来了。正是语句发挥预测作用（或被用来预测），正是语句对付或处理事物，正是语句适合我们的感觉提示，正是语句能与证据进行比较或对照。也正是语句面对经验法庭，不过它们当然必须共同在一起面对经验法庭。

所提出的那个建议并不是说，经验、感觉材料、表层刺激或感觉提示是语言的唯一题材。确实，存在这样一种理论，它认为谈论埃尔姆大街上的砖房最终要被解释为谈论感觉材料或知觉，但这样一种还原论的观点只是我们所考虑的那种一般立场的不合乎情理的极端说法。这种一般立场是：感觉经验为是否接受语句提供全部**证据**（在此，语句可能包括整个理论）。假定这种证据证实了一个语句或理论，那么该语句或理论便会适合我们的感觉提示、成功地经受经验法庭的审判、预测未来经验或处理关于我们的表层刺激的范型。

在一般的事态发展进程中，有可能一个理论被实际得到的证据所证实，然而又是假的。可是，这里所考虑的并不只是实际得到的证据，这也就是说，所考虑的是过去、现在和将来的所有可能的感觉经验的总体。我们没必要停下来沉思这句话可能会有的含义。所论及的论点是：一个理论适合或承认可能的感觉经验的总体，这就意味着这个理论是真的。如果一个理论对物理对象、数或集合实行量化，那么，在这个作为整体的理论适合感觉证据的情况下，对那些实体所做的说明便是真的。人们可以看到，从这种观点看来，这样一些实体如何可能被称做一些设定。如果某种东西能与另一种不是设定的东西形成对比，那么把这种东西称做一个设定便是合理的。在此，并非设定的事物是指感觉经验——我们所说的至少是这样一种意思。

困难在于，适合经验总体这个概念就像适合事实（或对于事实而真）这个概念一样，并没有使为真（being true）这个简单概念更易于了解。谈感觉经验而不谈证据（或只是谈事实），这表达出一种 194

关于证据的来源或性质的观点，但它并没有给据以检验概念图式的宇宙增添新的实体。假定感觉经验的总体便是所存在的一切证据，而所存在的一切证据恰恰是使我们的语句或理论为真的东西，那么，我们所想要的正是这种感觉经验总体。然而，没有任何东西，没有任何**一样东西**使语句和理论为真，这也就是说，能使一个语句为真的不是经验，不是表层刺激，不是世界。正是经验呈现为某种进程、我的皮肤感到温暖或被刺破、宇宙是有限的这些事实使语句和理论为真（如果我们愿意采取这种说话方式的话）。但可以在无须提到事实的情况下把这一点表述得更好。"我的皮肤是温暖的"这个语句为真当且仅当我的皮肤是温暖的。这里并没提到事实、世界、经验或证据。[17]

在这种情况下，我们想要依据适合某个实体这一概念来表征语言或概念图式的企图便归结为这样一种简单想法，即如果某种东西是真的，它便是一种可接受的概念图式或理论。或许我们最好说"**在很大程度上**是真的"，以便容许共有同一个概念图式的人在细节上有所不同。而一个不同于我们自己的概念图式的标准现在就变成了：在很大程度上为真但不可转译。这是不是一个很有用的标准的问题不过是这么一个问题：我们在多大程度上充分地理解在其运用于语言时独立于翻译概念的真理概念。我认为答案是：我们根本无法如此独立地理解真理概念。

我们承认，像"'雪是白的'是真的当且仅当雪是白的"这样的语句的真实性是很平凡的。然而，这样一些英语语句的总体却唯一地为英语确定出真理概念的外延。塔尔斯基把这一观察结果做了推广，使之成为对真理理论的检验手段，这也就是说，根据塔尔斯基的约定T，一个令人满意的关于语言L的真理理论必须对于L中的每一个语句s都衍推出一个"s是真的当且仅当p"这种形式的定理（其中，"s"由s的描述表达式所替换，若L是英语，则"p"由s本身所替换，若L不是英语，则"p"由s在英语里的翻译所替换）。[18] 当然，这并不是一个真理定义，这并没有暗示有一个一般地适用于语言的单一真理定义或理论。不过，约定T却暗示出（尽管它不可能明说）为一切具体化了的真理概念所共有的一个重要特征。它之所以能够做到这一点是因为它必不可少地使用了翻译成我们所知道的一种语言这 195
个概念。既然约定T体现出我们关于如何使用真理概念的最好的直觉，所以似乎便没有希望获得这样一种检验，即对一种概念图式是否根本不同于我们的概念图式的检验（倘若这种检验有赖于我们能使真理概念脱离于翻译概念这个假设）。

因此，无论是一批业已确定的意义还是中立于理论的实在都无法提供在概念图式之间进行比较的根据。倘若这样一种根据是指某种被构想为种种不可通约的概念图式所共有的东西，那么进一步追寻这种根据便是犯了一个错误。当放弃这种追寻时，我们也就摒弃了那种打算了解关于这样一种单一空间的隐喻之意义的企图，在这种单一空间的范围内，每个概念图式都占有一个位置并提供一个观察点。

现在我转而讨论那种比较有节制的看法，即翻译的部分失败而不是翻译的完全失败。这种看法引入了这样一种可能性，即有可能在种种通过参照其共同部分而可理解的概念图式中做出转换和对比。我们需要这样一种关于翻译或解释的理论，即它没有做出关于共有的意义、概念或信念的假设。

信念与意义的相互依赖性是由关于言语行为的解释的下述两方面的相互依赖性所造成的，即信念的归属与语句的解释。我们在前面曾谈到，由于这些依赖关系，我们能够把概念图式与语言相联系。现在我们可以用一种更明确一些的方式表述这个论点。试允许下述两种情况：只有某个对说话者的信念（以及意向和愿望）充分了解的人才能对该说话者的言语做出解释；而不理解说话者的言语便不可能在说话者的信念之间做出细致区别。在上述情况下，我们如何来解释言语或清晰地对信念和其他态度做出归属呢？显然，我们必须具有一种同时地解释态度和言语而对这两者都不做出假设的理论。

我仿效蒯因的看法而建议，我们可以在不进行循环论证或做出无根据假设的情况下，把某些对语句的非常一般性的态度视为对一种关于彻底翻译的理论的基本证据。至少为了目前的讨论起见，我们可以依赖于“认为……是真的”这个指向语句的态度，把它作为极为重要的概念。（一个内容更加充实的理论也会论及对语句的其他态度，如渴望……是真的、想要知道……是否为真、打算使……为真等等。）
196 尽管这里的确牵涉到态度，但是可以从下述这一点中看到并没有把那个主要的问题视为当然这个事实：如果我们仅仅知道某人认为某个语句为真，那么我们就既不知道那个语句在他那里的含义，也不知道他认为该语句为真这一点表示什么样的信念。因此，他认为该语句为真这一点是两个力的向量，这也就是说，关于解释的问题也就是从证据中提取出一种切实可行的意义理论和一种可接受的信念理论。

对这个问题的解决方式最好从一些平淡无奇的例子中来领悟。倘若你看见一艘双桅船驶过，并且你的伙伴说道：“瞧那艘漂亮的小帆船（yawl）”，那么你就可能面临一个解释的问题。很显然，你的朋友有可能把一艘双桅船错当成一艘小帆船了，从而形成一个错误的信念。可是如果他的视力没毛病，他的视线也不错，那么更合乎情理的是：他并没有完全像你那样使用“yawl”这个词，他对那艘行驶着的游艇上的小帆船的看法并没出错。我们随时都会做这种即兴的解释，决定赞成对语词做出重新解释，以便保留一种合理的信念理论。作为哲学家，我们对系统的用词错误持特殊的宽容态度，并且对这种语词误用的结果做出解释。具体做法便是从被视为真的语句中构造出一种关于信念和意义的实际理论。

这样一些事例强调对违背共同信念之背景和目前实行的翻译方法的不规则细节做出解释。可是，在不那么平凡的情况下所涉及的那些原则也必须是同样的。重要的是：如果我们的全部知识不过是什么样的语句在一个说话者看来是真的，而我们无法假设他的语言就是我们自己的语言，那么我们在不具备关于说话者的信念的大量知识或没有做出这种假设的情况下甚至无法迈出朝向解释的第一步。既然关于信念的知识只和解释语词的能力联系在一起，所以开始时只有唯一的一种可能性，即假定对信念持有普遍一致的看法。通过向一个说话者的语句指派仅在该说话者认为这些语句为真的情况下（在我们自己看来）才实际成立的成真条件，我们便开始获得一种接近完成的理论。其指导方针是，考虑到简单性，考虑到关于社会条件之影响的预感，当然还考虑到我们关于可辩明的错误的常识知识或科学知识，在这些考虑的制约下，尽可能地向语句指派成真条件。

设计这种方法并非旨在消除不一致，它也不可能做到这一点；
其目的在于使有意义的不一致成为可能，而这有赖于有一种（或某 197
种）一致的基础。这种一致可以采取广泛共有在“讲同一种语言”的说话者看来为真的语句的形式，或表现为在很大程度上由解释者为讲另外一种语言的说话者设计的真理理论所促成的一致。

既然宽容不是一种选择，而是具有一种切实可行的理论的条件，因此，认为我们也许会由于赞同宽容而犯大量错误的看法是毫无意义的。直到我们成功地确立起被认为是真的语句之间系统的相互关系之前，无错误可犯。宽容是强加于我们的；不管我们是否愿意，倘若我们想要理解他人，我们就必须认为他们在大多数问题上的看法是正确的。如果我们能提出一种使宽容性与理论的形式条件协调一致的理论，那么我们便做到了为确保交流所能做到的一切。只有这种理论才是可能的，只有这种理论才是需要的。

当我们以一种使意见一致发挥最大作用的方式（正如我们所说过的那样，这包括为犯可辩明的错误即意见不一致留下余地）来进行解释时，我们才最充分地了解他人的语词和思想的意义。这把概念相对主义置于怎样一种境况之中呢？我认为答案是：我们必须对概念图式上的差别做出与对信念上的差别所做出的大致相同的说明，这也就是说，我们通过扩大共有的（可翻译的）语言或共有的意见这一基础来增进宣称图式上或意见上的差别时的清晰度。确实无法在图式上的差别与意见上的差别这两种情况之间划出一道清楚的界限。如果我们选定用一个我们根据语言共同体基础非常赞同的语句来翻译某个被其说话者所拒斥的外来语句，我们可能就很想称之为概念图式上的差别；如果我们决定以其他方式来容纳证据，那么谈论意见上的差别也许是更自然的。但是当他人以不同于我们的方式来思维时，一般原理或所求助的证据都不能迫使我们判定那种差别在于我们的信念而不在于我们的概念。

我认为，我们必须得出这样一个结论：试图给关于概念相对主义的看法、从而给关于概念图式的看法赋予一种可靠的意义，把这种企图建立在翻译部分失败的基础上就如同建立在翻译全部失败的基础上一样是无法奏效的。只要有了潜在的关于解释的方法论，我们就无法判断他人是否有根本不同于我们自己的概念或信念。

用下述说法来进行概括是错误的，即认为我们已经表明：在具有
198 不同概念图式的人们之间，以一种无须那种不存在的东西（即中立基础或共同的坐标系）而发挥作用的方式，交流如何是可能的。因为我们没有发现任何能据以说概念图式不同的可理解的根据。宣布下述很令人愉快的消息也同样是错误的，即一切人（至少是一切运用语言的说话者）都具有一种共同的概念图式和本体论。因为，如果我们不能可理解地说概念图式是不同的，我们也不能可理解地说它们是同一的。

在放弃对未被解释的实在（即某种外在于一切概念图式和科学的东西）这一概念的依赖性时，我们并没有放弃客观真理这一概念，而是恰恰相反。只要有关于图式和实在的二元论这个教条，我们就得接受概念相对性以及相对于一个图式的真理。没有这个教条，这种相对性便会落空。当然，语句的真实性依然是相对于语言的，但那是尽可能地客观的。在放弃关于图式和世界的二元论时，我们并没有放弃世界，而是重建与人们所熟悉的对象的没有中介的联系，这些对象本身的行径使我们的语句和意见为真或为假。

（牟博　译）

【注释】

〔1〕沃夫（B. L. Whorf）：《霍皮语动词的点体与段体》（The Punctual and Segmentative Aspects of Verbs in Hopi）。

〔2〕库恩（T. S. Kuhn）：《科学革命的结构》（*The Structure of Scientific Revolution*）。

〔3〕蒯因：《论说对象》（Speaking of Objects），24页。

〔4〕库恩：《科学革命的结构》，134页。

〔5〕斯特劳森：《感觉的界限》（*The Bounds of Sense*），15页。

〔6〕费耶阿本德（P. Feyerabend）：《解释、还原与经验论》（Explanation, Reduction, and Empiricism），82页。

〔7〕沃夫：《霍皮语动词的点体与段体》。

〔8〕库恩：《对批评者看法的反思》（Reflections on My Critics），266～267页。

〔9〕费耶阿本德：《经验主义的问题》（Problems of Empiricism），214页。

〔10〕蒯因：《经验主义的两个教条》（Two Dogmas of Empiricism），42页。

〔11〕同上书。

〔12〕同上书，44页。

〔13〕蒯因：《论说对象》，1页。

〔14〕同上书，25页。

〔15〕同上书，24页。

〔16〕蒯因：《经验主义的两个教条》，46页。

〔17〕参看论文3。

〔18〕塔尔斯基：《形式化语言中的真理概念》。

论文14　形而上学中的真理方法*（1977年）

199　我们在共有一种语言（在这是为交流所必需的任何一种含义上）时，也就共有一幅关于世界的图景，这幅图景就其大部分特征而论必须是真的。因此，我们在显示我们的语言的大部分特征时，也就显示了实在的大部分特征。所以，研究形而上学的一种方式便是研究我们语言的一般结构。当然，这并不是唯一正确的关于形而上学的方法，因为并没有这样一种唯一正

* 本文首次发表于弗伦奇（P. A. French）等人编：《中西部哲学研究》，第2卷，《语言哲学研究》（*Midwest Studies in Philosophy*，2：*Studies in the Philosophy of Language*）（明尼苏达大学出版社，1977）。

确的方法。但它是一种方法，并且，像柏拉图、亚里士多德、休谟、康德、罗素、弗雷格、维特根斯坦、卡尔纳普、蒯因和斯特劳森这些所处时代大不相同或学说大不相同的哲学家，都一直在运用这种方法。不言而喻，这些哲学家对于语言的大部分特征是什么或最好可以采取什么方式来研究和描述它们持有不同的看法；因此，他们各自的形而上学结论也是多种多样的。

我将描述和建议的方法并不新颖；这种方法的每一个重要特征都可以在这个或那个哲学家那里找到，其最主要的想法隐含在语言哲学的大部分最出色的文献之中。它的新颖之处在于明确阐述这种方法并对其哲学上的重要性做出论证。我首先进行这种论证；然后对这种方法做出一番描述；最后，概述它的某些应用。

一

我们的语言（任何一种语言）为什么必须体现或依赖于一种关于事物存在方式的在很大程度上正确的共有观点呢？我们首先考虑为什么那些能相互理解彼此的言语的人必须共有一种世界观（不论这种观点是否正确）。原因在于，当我们的解释方法把他人置于犯我们所认为的明显错误的境地时，我们便损害了我们对他人话语的解释的可理解性。我们确实能够了解我们与他人之间的差别，但是只有在共有信念的背景下才能了解这些差别。所共有的东西一般来说无须评注；它过于乏味、十分平凡或非常熟悉，以至于人们注意不到它的存在。可是，倘若没有一种广泛的共同基础，争论者就无从开展他们的争辩。当然，正像只有在很大程度上具备共同基础才能与他人看法不一致一样，只有在很大程度上具备共同基础才能与他人看法一致；这一点或许是很明显的。 200

只有在一种密集的信念范型的范围内才可识别和描述信念。我可以相信一朵云在太阳前飘过，但这仅仅是因为我相信有一个太阳；相信云是由水蒸气构成的；相信水能以液态或气态形式存在；如此等等。尽管并不需要一系列更进一步的特定信念来赋予我的信念即一朵云在太阳前飘过以实质内容，但必须具备某一组恰当的相关信念。如果我假定你相信一朵云在太阳前飘过，那么我便假定你具备那种正确的信念范型来支持那一个信念，而我假设你所具备的这些信念，为了起到支持作用，就必须像我的那些信念一样足以证明这样一种描述是正确的，即把你的信念描述为一朵云在太阳前飘过这一信念。倘若我正确地把那个信念归之于你，那么你就必须具备一种几乎同于我的信念范型。因此，不足为奇的是，我们只有通过使我们在很大程度上是一致的解释，才能正确地解释你的话语。

到目前为止，我的论证可能似乎仅仅表明出色的解释造成意见一致，而把一致同意的东西是否为真这个问题完全悬置起来了。无疑，意见一致并不保证它就是真理，无论这是多么广泛的意见一致。然而，这种看法没有领会到该论证的要点。其基本断言是，需要大量的共同信念来为交流或理解提供一个基础；因此所推广的断言便应当是，客观的错误只能出现在一种很大程度上为真的信念的背景之中。虽然意见一致无助于形成真理，但是如果有的一致意见为假，那么大多数一致意见必定为真。

正如把过多的错误归之于某人要冒使他的课题丧失主题的危险一样，把过多的实际错误归之于一个人也使他犯错误这一点无从谈起。当我们想要进行解释时，我们是依靠于某种关于意见一致的一般范型的假设来工作的。尽管我们假定大多数我们认为是共同的东西为真，但是我们当然无法假设我们知道真理何在。我们之所以不可能根据已
201 知的真理来进行解释，并不是因为我们无知，而是因为我们并非始终了解哪些是真理。我们在解释时无须无所不知，但关于无所不知的解释者的看法并不荒谬；这个无所不知的解释者把信念归之于他人，并且正如我们其余人一样根据他自己的信念来解释他人的言语。既然他

就像我们其余人一样来做这件事，因此他必然发现需要大量的一致意见，以便了解他对信念的归属和他对他人言语的解释的意义；在这种情况下，一致意见根据假设当然就是真的。而现在就很明显，为什么关于世界的大量错误的确是不可理解的，这是因为：假定它们是可理解的也就是假定能够有这样一位解释者（无所不知的解释者），他正确地把他人解释为犯大量的错误的人；而我们已证明这是不可能的。

二

成功的交流证明存在一种关于世界的共同看法，它在很大程度上是真的。而我们之所以要求这种共同看法是由于我们认识到，被认为是真的语句（信念的语言表示）确定它们所包含的语词之意义。因此，共同的看法造就共有的语言。这便是下述这种看法之所以合乎情理的原因，即认为我们研究语言的最一般的方面也就是在研究实在的最一般的方面。依然有待说明的是，如何才能识别和描述这些方面。

由于语言的语义性质，由于它的语句具有成真或成假的潜在可能性，还由于语言可以被言说和书写，所以语言是交流的工具。研究什么样的语句为真，一般来说，这是各种不同的具体科学的任务；而研究真值条件则纳入语义学的研究领域。如果我们想要使世界的一般特征鲜明地显现出来，那么，我们就必须在语言中留意，语言里的语句是真的，这一般地意味着什么。所提出的建议是：如果把语句的真值条件置于一种详尽完整的理论的语境之中，那么，展现出来的语言结构就会反映实在的大部分特征。

我们的目标旨在为这样一部分自然语言建构一种真理理论，这部分自然语言合乎情理地发挥着强有力的重要作用。任何形而上学结论的重要性所依赖的一个因素便是这种真理理论的适用范围——这种理论适用于多少自然语言，它的说服力如何。这种真理理论必须向我们 202

表明，我们如何能把潜在无限多的语句中的每一个语句看做是这样构成的，即借助于有限的组合规则之有限的应用、由一批有限的在语义上有意义的原子（大致说来即语词）而构成。因此，这种真理理论必须根据每个语句的构成提出该语句的真值条件（相对于表达该语句的那些境况）。所以，这种真理理论可以被说成是根据一个语句里的语词所发挥的作用来解释对该语句的一个表述的真值条件。

这里所说的在很大程度上要归功于弗雷格。弗雷格看到了对一个语句的真如何依赖于该语句的组成部分的语义特征这一点做出解释的重要性，他表明人们可以如何对自然语言的一些令人印象很深的引申部分做出这样一种解释。他的方法现在很为人熟悉：他引入一套标准化的符号，其句法直接反映旨在做出的那种解释，然后极力表明被做出解释的新的符号表示具有与自然语言的重要部分同样的表现力。或更确切地说，那种表现力并不完全相同，因为弗雷格认为自然语言在某些方面有缺陷，他把他的新语言看做是对自然语言做出的一种改进。

弗雷格所关注的是语句的语义结构和语句之间的语义关系（就经过衍推而生成的那些语句而论）。但不能认为他为一种作为整体的语言设想出一种全面的关于真理的形式理论。他这样做的一个后果是，他缺乏对语义悖论的兴趣；另一个后果是，他显然愿意接受给语言里的每一个指谓词组所指派的无数多的意义（含义）和所指。

因为弗雷格认为把函项应用于主目是语义组合的唯一程式，所以他不得不把语句看成是一种名称，即真值的名称。在弗雷格的这种处理手法被简单地视为表征语句真值条件时所采取的一种人为对策的情况下，它是无懈可击的。但是，既然语句并不是以名称的方式在语言中发挥作用的，因此弗雷格的做法便暗中破坏了人们的信任感，使人们认为，他需要用来使其语义学发挥作用的本体论与隐含在自然语言中的本体论没有任何直接联系。因此，没有弄清的是，人们可以从弗雷格的方法中学到什么有关形而上学的学问。（无疑，我的这种说法并不是说，我们无法从弗雷格的工作中学到有关形而上学的学问；但要看到如何从他的工作中学到这种学问，必须对不同于我的论证的那些论证进行整理。）

蒯因表明了一种为解决理解语言的问题而采取的整体论方法如何提供了所需要的那种经验基础，并通过这种做法向手头的这项计划提供了必不可少的实质内容。如果要按照我所提议的那种方式从真理理论中得出形而上学结论，那么研究语言的方法就必定是整体论的。然而，出于若干理由，蒯因本人并没有看到整体论具有这样一种直接的形而上学重要性。首先，蒯因既没有使真理理论对一种语言的本体论发挥如此重要的关键作用，又没有使之成为一种对逻辑形式的检验。其次，蒯因就像弗雷格一样，把一种圆满地形式化了的语言看做是对自然语言的改进而不是一种关于自然语言的理论的一部分。在一个很重要的方面，蒯因似乎甚至比弗雷格走得还远，因为，在弗雷格认为他的符号表示有利于较出色的语言的场合下，蒯因则认为它也有利于较出色的科学。结果，蒯因便把他的形而上学附属于他的规范的形式语言，而不是附属于自然语言；正像他所表述的那样，“要求一种最简单的、最清晰的关于规范形式语言的总括性范型，无异于要求一些终极范畴，即对实在的最一般特性做出刻画”[1]。 203

我所倾向的形式语言（即就标准逻辑而论的一阶语言）也就是蒯因所偏好的那些形式语言。但我们做出这种选择的理由有点不同。这样一些语言之所以使蒯因满意是因为，它们的逻辑很简明，而在科学上值得尊敬的那部分自然语言可以被翻译成这些形式语言。我同意蒯因的这种看法。但是，既然我并不对改进自然语言感兴趣，而对理解自然语言感兴趣，因此，我把形式语言或规范的符号表示看做是探究自然语言结构的手段。我们知道如何给出一种关于形式语言的真理理论；因此，如果我们也知道如何把一种自然语言里的语句系统地转换为形式语言里的语句，那么我们就会有一种关于自然语言的真理理论。从这种观点来看，标准的形式语言便是协助我们把自然语言作为更复杂的形式语言来处理的中介手段。

塔尔斯基就形式化语言的真理定义所做的工作对于自然语言所需要的那种真理理论发挥着一种激励作用。[2]塔尔斯基的那种方法是通过列举一个有限的词汇表中的词项的语义特性来发挥作用的，在这一基础上，这种方法以递归的方式为无限多的语句中的每个语句表征真204 理。由此，再引入一个精巧而有力的概念（即满足概念，这个概念既把语句又把非语句的语词与世界中的对象联系起来），便获得真理概念。塔尔斯基的方法有这样一个重要特征：对一个真理谓词“x 在 L 中为真”的表征是被接受的，仅当它对于语言 L 中的每个语句都衍推出一个下述形式的定理，即“x 在 L 中为真当且仅当……”，其中，“x”由对所论及的那个语句的描述表达式来替换，省略部分由该语句在那种理论的语言中的翻译来替换。

显然，这些定理（我们可以称之为 T-语句）需要一种只对 L 中的真语句才成立的谓词。一个语句的真值条件翻译该语句（即出现在一个 T-语句中“当且仅当”的右边的东西翻译在其左边所描述的那个语句）；根据这一事实，同样明显的是，那种真理理论表明：如何在不求助于从任何一个给定语句那里无法获得的概念手段的情况下为这个语句表征真理。

这些说法仅仅大致上是正确的。一种自然语言的真理理论必须使一个语句的真理相对于表述该语句的那些境况，而在采取这种做法的情况下，当给出带有索引要素的语句的真值条件时，由 T-语句给出的真值条件不再翻译所描述的语句，也不可能避免使用或许是语义上的概念。更为重要的是，翻译概念不可精确地乃至不可清楚地应用于自然语言（在人工语言那里，这个概念可以被弄得很精确，因为解释是由命令强加于人工语言之上的）。

出于这些理由和其他一些理由，强调下述这一点是很重要的：一种自然语言的真理理论（正如我所构想的那样）既在目标上又在兴趣上十分不同于塔尔斯基的真理定义。这种真理理论并非明确地仅适用于人工语言，数学家和逻辑学家所关切的塔尔斯基真理定义的大部分应用也就随之丧失了，例如关于相容性的一些结论。塔尔斯基可以把翻译当做是从句法上加以规定的，然后接着定义真理。但在应用于自然语言的情况下，假定对真理概念有局部理解，然后运用真理理论来阐明意义、解释和翻译，这更讲得通。[3] 塔尔斯基的约定 T 中的满足概念在一种真理理论中依然是迫切需要的，但它不再可用做一种形式检验手段。

一种真理理论要为自然语言揭示结构。当真理理论按照一种可解释的方式把每个语句视为由数量有限的、与真理相关的语词所构成时，它便明确显示出这种结构。当我们不是根据一种详尽完整的理论，而是直接地研究词项和语句时，我们就必须把形而上学纳入语言；我们指派语词和语句所发挥的作用是与我们在认识论的或形而上学的基础上独立地设定的那些范畴一致的。哲学家便以这种方式来深思这样一些问题，例如，是必须有对应于谓词的实体（或许是共相），还是必须有对应于非指谓的名称或摹状词的非实存实体；或者他们论证说，语句符合（或不符合）事实或命题。 205

当我们寻求一种详尽完整的真理理论时，便会对这些问题做出一种不同的说明，因为这样一种理论提出了一些它自己的不可避免的要求。

三

现在让我们考虑这种真理方法的某些应用。我们注意到，应通过仅仅使用一个语句的概念手段来给出这个语句的真值条件这一要求，在似乎能够满足这个要求的场合下不是完全清楚的，并且也不是可适用于每一种场合的。造成例外的实例是涉及指示词的语句，而这里解决这个困难的办法是比较简单的。[4] 抛开这些实例不谈，我认为，尽管那个要求不很清楚，但它仍具有一些重要含义。

假定我们要把下述这样一条规则作为真理理论的一部分："一个由后面接有一位谓词的单称词项组成的语句是真的当且仅当由那个单称词项命名的对象属于由那个谓词所确定的类。"[5]这条规则违反了上述要求，这是因为，倘若承认这条规则，那么，"苏格拉底是聪明的"这句话的T-语句便是"'苏格拉底是聪明的'为真当且仅当由'苏格拉底'命名的对象属于由'是聪明的'这个谓词所确定的类"，对真值条件的陈述在此涉及两个语义概念（命名和确定一个类），而这两个语义概念在"苏格拉底是聪明的"这句话所求助的概念中间是不太合乎情理的。

206 如果真理理论还包括下面这些陈述作为公设，即由"苏格拉底"命名的对象是苏格拉底，x属于由"是聪明的"这个谓词所确定的类当且仅当x是聪明的，那么，就会轻而易举地把刚才提到的那个有倾向性的T-语句转变为"'苏格拉底是聪明的'为真当且仅当苏格拉底是聪明的"这个没有对上述语义概念做出承诺的、可接受的T-语句。倘若可以得到足够多的这类公设，即对所有专名和初始谓词均配置上这样的公设，那么结果便是很清楚的。首先，对于所涉及的一切语句，都可以获得不带有不必要的语义词项的T-语句；额外的语义词项是不必要的。因为，对于每个名称和谓词，都会不得不有一个公设，而仅仅在名称和初始谓词的表列是有限的情况下这才是可能的。可是，如果这个表列是有限的，那么，便仅仅会存在有限数量的由一个名称和一个一位谓词所组成的语句，便不会有什么东西会妨碍为所有这样的语句直接给出真值条件——这些T-语句本身便可以充当公理。

这个例子说明了保持有限多的词汇如何可以消除语义概念；它还表明，对一种令人满意的真理理论所提出的那种要求如何产生一些本体论上的结论。在此，当我们使那种真理理论产生不带有过重的语义负担的T-语句时，对那些符合于谓词的实体的要求便消失了。的确，在我们目前正在处理的这种情况下，真理理论完全不需要把表达式和对象纳入明确的符合关系，因此并没涉及任何本体论；但造成这一结果的原因在于，应给出其真值条件的语句的数量是有限的。

这并不是说，无限多的语句必然要求本体论。假定所提供的那些语句（它们带有我们一直在设想的那类没有被赋予结构的谓词）的数量是有限的，那么，通过附加一个或更多个用来从语句构造语句（如否定、合取或析取）的推导手段，便可毫无困难地继续推导出无限多的语句。倘若为了给出那些最简单的语句的真值条件并不需要本体论，那么这些推导手段也不会额外要求本体论。

然而，一般来说，与语义相关的结构是易于要求本体论的。例如，试考虑这样一种看法，即认为就像缺乏有意义的结构的专名那样，也应当把引语视为语义原子成分。塔尔斯基把这种看待引语的方式说成“似乎是最自然的方式，并且完全合乎使用引号的习惯方式”〔6〕。他提出一个典型论证以表明不能把引号看做是一个普通的函项表达式，因为一个引语并不命名一个实体，所以，引号不能作为由 207
引号圈入的东西所命名的任何东西的函项。关于这一点，塔尔斯基的看法无疑是正确的，但是，塔尔斯基的说法所蕴涵的不可能是这样一种教益，即引语类似于专名——倘若能够对于一种包含引语的语言给出塔尔斯基式的真理理论，便无论如何都不可能蕴涵那样一种教益。因为显然有无限多的引语。

蒯因认为，可以由拼写来替代引语（塔尔斯基也说过大致相同的话），可以从蒯因的这种说法中得出一种关于可能的解决办法的看法。拼写的确具有结构。它是一种通过使用有限多的表达式（连接符号、与之相关的圆括号和字母的［专有］名称）给出一个表达式的在语义上清晰的描述式。按照这个思路，我们便应当把一个像“cat”这样的引语视为具有这样一种形式，这种形式是由“‘c’⌢‘a’⌢‘t’”或（更好地）由“(see⌢eh)⌢tee”① 更清晰地给出的。这种看法至少在某种

① “see”、“eh”和“tee”分别表示“c”、“a”和“t”这三个字母的发音。

程度上是可行的。但是请注意由此产生的那些结论。我们不再把“cat”这个引语看做是没有被赋予结构的；倒不如说我们是把它视为对一个复杂描述表达式的某种缩写。然而，它并不是为目前所处理的这个事例所规定的一种任意缩写，而是一种可以机械地扩展到那类可更清晰地表明结构的描述表达式上的缩写**式样**（style）。确实，谈论缩写是引人误解的；我们不妨说这种理论把引语作为复杂描述表达式来处理。

另外一个结论是，在赋予引语以结构时，我们不得不在引语中承认有一些可重复的和独立的“词”，即单个字母的名称和连接符号。当然，这些“词”在数量上是有限的（这是所要求的），但是它们还展示出一个本体论上的事实，即对字母的承诺；而这一事实在把引语视为没有被赋予结构的名称的情况下是不明显的。当我们把分子语句解释为由有限多的几类原子语词所组成时，我们便获得一种易于处理的理论；但是我们也获得了原子语词。

一个关于设定所需要的语言结构如何随后引出本体论的更激动人心的例子，是由弗雷格的那种关于命题态度语句造成的间接语境（oblique contexts）的语义学所提供的。在弗雷格看来，一个像“丹尼尔相信在兽穴里有一头狮子”这样的语句是由二位谓词“相信”（其第一位由“丹尼尔”这个单称词项填入，其第二位由命名命题或“含义”的一个单称词项填入）支配的。采取这条思路不仅要求我们把语句视为单称词项，而且要求我们为它们找到所命名的实体。还有
208 更进一步的结论。因为，显然有无限多的语句可以占据“丹尼尔相信（that）……”之后的位置。因此，如果我们要提供一个真理定义，我们就必须在这些单称词项中发现语义结构，这也就是说，必须表明如何能把这些单称词项作为关于命题的描述表达式来处理。如果在这种情况下还认为在一个语句里的单称词项具有其通常含义上的所指，一些荒谬结果便会接踵而来。为了避免这些荒谬结果，弗雷格把那些单称词项看做是指称内涵实体。这样，谓词、量词和语义联结词的语

义特征也必须发生类似的变化。迄今为止，尽管我们一直寻求的那种真理理论能够处理那种情况，但只是通过把所论及的语言中的每个语词视为含混的（即在普通语境中对之有一种解释，而在它处于“相信[that]”以及类似动词之后时又对之有另外一种解释）这种办法来处理。表面看来，从这种理论的制高点上看，一个语词必须被看做是两个语词。弗雷格意识到了这一点，他坚持这种以自然语言为背景的含混性；丘奇在《关于含义和指称的逻辑表达》一文里所论及的那种人工语言中，通过引入一些确定、清晰的表达式（下标不同）来消除那种含混性。[7]

弗雷格提出，每当把一个命题态度动词加到一个指称表达式之前时，这个表达式便得以指称较高语义层次上的一个实体。因此，每一个语词和语句都是在无限多方面含混的；根据丘奇的理论，则会有无限多的基本词汇。这两种理论都不可能提供我们想要的那种真理理论。

弗雷格清楚地意识到，如果我们要有一种系统的真理理论，就有必要把每个语句的真值看做是它的组成部分或诸多方面的语义作用的函项。弗雷格对这一点的意识要比他之前的任何人都清楚得多，也比他之后的大多数人更清楚。弗雷格没有意识到的是（正如最后那个例子所显示的那样），由对一种详尽完整的真理理论的要求所造成的那些（特别是对有限词汇的）附加限制。弗雷格使语义学进展到这样一种程度，即使得上述要求成为可理解的，或许甚至是可被满足的；但是他并没有想起要去系统阐述这种要求。

让我们更细致地考察一下那种依靠自身力量发挥作用的对策，它使我们能够通过表征真理谓词来昭示潜在结构。像“杰克和吉尔上山”这样简单的语句可以例示起初的几个步骤——这个语句在什么样的条件下是真的？挑战出现在那种运用反复手段（iterative device）的语句（即合取语句）上。显然，我们可以继续在“吉尔”这个词之 209
后随意增添诸如“和玛丽”之类的词组。因此，任何一个对该语句的真值条件的陈述都必须考虑到由同样手段生成的、有待处理的那种语句无限性。这里所要求的是在真理理论中的一种递归规定，只要需要，这种递归规定便可以随时发挥作用。正如我们大家所知，处理这个问题的诀窍在于为那些最基本的、有限的最简单语句（如“杰克上山”和“吉尔上山”）定义真理，然后依据那两个简单句的真值条件规定出“杰克和吉尔上山”这个语句的真值条件。因而我们得到：“杰克和吉尔上山”是真的当且仅当杰克上山和吉尔上山，并把它作为真理理论的一个推断。在“当且仅当”的左边，本国语言中的一个语句（无论其结构是否一目了然）被加以描述；在“当且仅当”的右边，虽然是同一种语言里的一个语句，不过它是这同一种语言里这样一部分中的语句：它能够通过反复运用那些同样的简单手段使潜在的语义结构明确起来。倘若一种真理理论为所论及的那种语言里的每一个语句都产生这样一个被纯化过的语句，就可以把在双向条件式右边所使用的那部分语言的总体看做是一套典范性的符号标记。倘若具备用以替换某些语词的符号以及通过使用圆括号或某种起同样作用的手段使之明晰地分组，那么，在为所有语句陈述真值条件时使用的那部分语言的确可以变得难以区别于通常所谓的形式化语言或人工语言。然而，做出下述假定则是错误的，即假定必须找到这样一种从所论及的语言中划分出来的典范语言。既然“and”（和，并且）可以被写在英语中的两个语句之间，所以我们可以轻而易举地把“杰克和吉尔上山”这句话转化为“杰克上山并且吉尔上山”，然后再按照下述规则给出后面那句话的真值条件，这条规则说的是：几个语句的合取为真当且仅当每个合取支为真。但是，假定“和”从来不用于语句之间，那么它的作为语句联结词的作用仍然会通过下述规则而得到承认，这条规则说的是：一个由一个合取主词（“杰克和吉尔”）与一个谓词所组成的语句为真，当且仅当由被结合进去的第一个主词与那个谓词所组成的语句和由被结合进去的第二个主词与那个谓词所组成的语句均为真。所要求的这条规则的意思不是那么清楚，为了使之起到简单的初始规则的作用，还需要用其他一些规则来补充。但是，要点依然是：采用典范性的符号标记是为了方便，如果需要的话，没有它我们也能照样取得发展。把逻辑形式显示出来，这种做法固然不错，但并不是非这样不可。 210

类似的，如果我们能合乎情理地把一切包含否定的语句转化为否定性词组始终支配一个语句的语句（如"并非［that］……"［it is not the case that］），并且这种转化前后的两个语句的真值被公认为相同，那么便可十分轻而易举地处理否定。倘若不可能采取这种做法，那么，在一个像"煤不是白的"这样的语句的真值条件是通过谈及"煤是白的"这句话的真值条件而给出的情况下，否定依然是一个语句联结词。（"煤不是白的"是真的当且仅当"煤是白的"不是真的。）

仅仅在真理理论发现量化结构的场合，才迫使本体论问题出现；而那种场合正是真理理论通过系统地把表达式与对象联系在一起而对真理依赖者的范型（pattern of truth dependencies）做出最佳解释的地方。引人注目的是，这种对理论的要求非常坚定地化解了这样一个古老的令人迷惑不解的问题，即如何说明主词和谓词的不对称性（如果存在这种不对称性的话）。只要我们的注意力集中在单一的简单句上，我们就可能对一种关于真理的解释为什么应当较少地涉及本体论中的谓词而较多地涉及单称词项这一点感到奇怪。以与苏格拉底符合于"苏格拉底"这个词大致相同的方式，聪明的对象所构成的类（或者说聪明这种性质）呈现为可以符合于"苏格拉底是聪明的"中的"聪明的"这个谓词的东西。正如上面所指出的那样，有限多的这类语句并不要求一种真理理论牵涉到本体论。然而，当我们接触到带有任何一种程度的复杂性的混合量化和谓词时，情况就发生变化了。由于有了复杂的量化结构，真理理论便会使表达式与对象相应。但是，只要假定那种潜在的逻辑是一阶逻辑，就没有必要引入符合于谓词的实体。当然，认识到这一事实并不会解决是否有诸如共相或类这样的事物的问题。但是，这的确表明在单称词项与谓词之间存在差别；至少对于语言中的大部分成分，即变元、量词和单称词项必须在函项中被解释为指称性的；但对于谓词则不然。

自然语言中的一个语句的量化结构是什么，这并非总是明显的；当研究看来是单称词项的词与其他语句的逻辑关系时，这些词有时会
211 转化为某种不那么具有实指意味的东西，而那些理论要求可能暗示，一个语句发挥这样一种作用，这种作用只有通过把该语句看做是具有一种从表面上看并不明显的量化结构这种做法才能得到解释。这里是一个人们所熟悉的例证。

一个像"在杰克被摔破头之前他跌倒了"这样的语句的本体论是什么？似乎只有杰克和他的头是在该语句为真的情况下必须存在的实体的候选者。并且，倘若我们在"在……之前"的位置上换上"并且"，那么，上述回答或许会出于已经探讨过的下述理由而使我们满意，即我们能够以一种会对无穷的类似情况起作用的方式、仅仅根据那些作为其构成成分的语句的真值条件来陈述"杰克跌倒了**并且**杰克被摔破了头"这整个语句的真值条件；而我们又希望仅仅在具有关于杰克和他的头的本体论的情况下给出作为构成成分的那些语句的真值条件。但是，"在杰克被摔破了头之前他跌倒了"这句话并不适合于做这种处理，因为"在……之前"无法被看做是一个真值函项式的语义联结词。为了看出这一点，试做下述考虑：为了使所论及的那个语句成为真的，它的两个作为构成成分的语句都必须为真；但这还不足以使该语句为真，因为把"杰克跌倒了"和"杰克被摔破了头"这两个语句的位置进行交换便会使该语句变成假的。

弗雷格已向我们表明如何处理这种情况。我们可以按下述方式来阐述"在杰克被摔破头之前他跌倒了"这个语句的真值条件：它是真的，当且仅当存在一个时间 t 并且存在一个时间 t'，使得杰克在 t 时跌倒了，杰克在 t' 时被摔破了头，并且 t 在 t' 之前。因此，倘若我们接受任何一个这样的语句为真，那么，我们显然也就对时间的存在性

做出了承诺。并且，考虑到真理定义的整体性质，对包含“在……之前”的语句中所隐含的本体论的发现必定影响到其他语句：例如，“杰克跌倒了”是真的，当且仅当存在一个时间 t，使得杰克在时间 t 跌倒。

现在讨论一个更烦人的例子。首先，试考虑“杰克的跌倒致使他的头被摔破”① （Jack's fall caused the breaking of his crown）这句话。在此，人们会很自然地把“杰克的跌倒”和“他的头被摔破”当做描述事件的单称词项，把“致使”当做一个二位谓词或关系谓词。但在另一方面，在诸如“杰克的跌倒”中的“跌倒”这样的普遍词项与诸如“杰克跌倒了”中的“跌倒”这样的动词之间的语义关系是什么呢？就此而论，“杰克的跌倒致使他的头被摔破”在其真值条件方面如何不同于“杰克跌倒了，这致使杰克被摔破了头这一点成为事实”（Jack fell，which caused it to be the case that Jack broke his crown）（其中，“这使……成为事实”这个短语从表面看来是一个语句联结词）呢？ 212

正如我在别处已较详细地论证过的那样，关于“致使”的正确理论与弗雷格关于“在……之前”的理论是相应的。[8] 我提出，“杰克跌倒了，这致使他的头被摔破”是真的。当且仅当存在事件 e 和 f，使得 e 是杰克所遭受的跌倒，f 是他所遭受到的摔破他的头，并且 e 致使 f。根据这个建议，对事件适用的“是一个跌倒”这一谓词变成初始的，而包含所论及的那个动词的语境则是派生的。例如，“杰克跌倒了”是真的，当且仅当存在一个跌倒，使得杰克遭受到这个跌倒；“杰克去散步”是真的，当且仅当存在一个散步，使得杰克去散步；如此等等。根据这种分析，一个像“杰克的跌倒”这样的名词词组就变成了一个真正的描述表达式，它所描述的东西便是杰克所遭受的一个跌倒。

① 为与下面的分析相应，这里有意采取生硬的直译，以保持名词词组的原貌。

有一个考虑可能会有助于使我们对一种关于特定事件的本体论感到放心，这就是：我们在那种情况下没有我们刚才尝试地接受的那种关于时间的抽象本体论也行，因为事件就像时间一样可以合乎情理地作为“在……之前”这种关系的关系项。另外一个考虑是，通过承认我们对一种关于事件的本体论的承诺，我们就能够设法获得一种可行的关于副词和状语的语义学。倘若没有事件，在解释下述三个语句之间的逻辑关系时就会遇到困难，即“琼斯星期六在浴室用刀片刮脸时刮破了脸”、“琼斯在浴室里刮破了脸”和“琼斯刮破了脸”这三个语句。某种重复手段似乎在发挥作用；不过，从语义学的观点看来，这种手段可能是什么样的手段呢？尽管那些论述逻辑的书并没有说：它们分析这些语句以便规定出一些其位数依赖于状语的数量而变化的关系，但是，这导致下面这个不可接受的结论，即存在无限多的基本词汇，而这一结论无法对明显的推导做出说明。通过把这些语句解释为是论述事件的，我们就能解决这个难题。因此，我们便能说，“琼斯星期六在浴室刮破了脸”是真的，当且仅当存在一个事件，那个事件是指琼斯刮破他的脸，**并且**，那个事件发生在浴室里，**并且**它发生在星期六。所论及的那种手段现在是很明显的：它就是把合取和量化结合在一起，这种为人们所熟悉的结合手段能够使我们处理“某个人跌倒了并且摔破了头”这个语句。

尽管这种手段可以发挥作用，但是，正如我们已经看到的那样，
213 它承诺了一种本体论以便使之发挥作用，即一种为说明“某个人跌倒了并且摔破了头”的包括人的本体论，（此外还有）一种为说明“琼斯星期六在浴室刮破了脸”的事件本体论。具有一些讽刺意味的是，在近来的哲学中，试图通过把某些词组视做状语性的来**避免**本体论问题，这种手法变得很流行。诸如此类的建议之一认为，倘若我们把一个像“在史密斯看来，这座山是蓝色的”这样的语句翻译为“在史密斯看来，这座山蓝蓝地显现出来”，我们便能弃绝感觉材料。另外一种相似的看法认为，通过把关于命题态度的语句视为在

本质上是状语性质的（因此，“伽利略说地球运动”［Galileo said that the earth moves］这个命题态度语句就会变成这样一个语句：“Galileo spoke in a-that-the-earth-moves-fashion”），我们在没有关于内涵对象的本体论的情况下也能行事。我认为，人们不大可能在不牵涉到本体论的情况下对这类关于状语的规定提出一种系统的语义分析。

真理理论还可以用一种更进一步的、相当不同的方式引起形而上学的反响。为了适应存在于一种自然语言中的指示词以及像时态这样的指示词因素，真理理论必须把真理作为表述的属性，因为表述依赖于（或许尤其依赖于）说出的语句、说话者和时间。换言之，可以把真理视为说话者、语句和时间之间的一种关系。例如，倘若“我五英尺高”这句话在大多数人一生中的某个时间被说出，那么，对这句话的表述是真的；倘若这句话在几个人的一生中的相当长的一段时间里被说出，那么，对它的表述也是真的。如果一个说话者在他面朝西时的某时说“你的套裙在闪亮”这句话，这句话可能是真的，不过，如果这个说话者面朝北时说这句话，它也许就不是真的。“希拉里登上了珠穆朗玛峰”这句话在很长一段时间里为假，但现在成为永真的。不带有指示词因素的语句无法完成带有指示词因素的语句的工作。但是，如果我们能有一种真理理论，那么我们就必定能够在不使用指示词的情况下陈述这样一条规则，这条规则说明在什么样的条件下带有指示词的语句为真。这类规则仅仅通过对表述、说话者和时间（或许还有事件）实行量化便会给出像“希拉里登上了珠穆朗玛峰”这样的语句的真值条件。

如果必须在提出真理理论时明确地求助于说话者和他们说话时所处的境况，那么，根据语言的一般特征反映世界的客观特征这个假定，我们就必须得出下述结论：一种可理解的形而上学会把关于处于某个公共的时空位置的人（＝说话者）的观念置于中心地位。

应当弄清的是，形而上学中的“真理方法”并没有消除对那些更

214 标准的（实质上常常是非语言的）论证或决定的求助。例如，在一种真理理论中能够做的事情在很大程度上依赖于这种理论本身所展现的逻辑手段，而这种理论无法为我们决定这些逻辑手段。正如我们所看到的那样，这种真理方法也并没暗示，除了那些被当做逻辑真理的真理之外，我们必须接受什么样的真理作为相互理解的条件。真理理论的任务是描述真理在语句当中必须采取的范型，它并没有告诉我们这种范型落实到何处。因此，例如，我论证说，除非存在事件，否则，我们关于世界的日常断言中的非常大的一部分便不可能是真的。但是，即使一种真理理论采取我所提出的那种形式，它也不会具体规定出哪些事件是存在的，甚至任何一种真理理论都不会做到这一点。然而，倘若我的关于涉及变化的语句的逻辑形式的看法是正确的，那么，除非存在事件，否则，在那些有关变化的很普通的语句种类中便不存在真语句。并且，如果没有关于变化的真语句，也就没有关于变化的对象的真语句。如果一位形而上学家愿意假定，诸如“维苏威火山于 1944 年 3 月爆发”或“恺撒越过鲁比肯河”之类语句不是真的，那么，真理理论并不会迫使这样一位形而上学家承认事件的存在（或许）乃至人或山的存在。但是，如果他接受很多这样的语句是真的（无论它们可能是哪些语句）这一点，那么，他显然就必须接受人和火山的存在；并且，倘若我的看法是正确的，他也必须接受像（火山）爆发和跨越（河）这类事件的存在。

这种真理方法的优点并不在于它一劳永逸地解决了这样一些问题，甚至不在于它在没有做进一步的形而上学反思的情况下解决这些问题。但是，这种方法的确可用来使我们对可供选择的可行方案的判断力更加敏锐，并使我们对一个决定所造成的后果有一个全面的了解。形而上学以普遍性作为一个目标，真理方法则通过规定出一种论及所有基础的理论而表达出那个要求。因此，关于形而上学的那些难题既没有被解决也没有被取代，它们会被看做是关于一切出色的理论建构的难题。我们需要这样一种理论：它是简单而又是清晰的，它具有一种业已被理解和辩明的逻辑手段，它对有关我们的语言发挥作用的方式的事实做出解释。这些事实是什么，对这个问题可能依然是多少有些争论的，这个问题就如同在简单性与清晰性之间做出权衡一样，无疑也是在不同因素之间做出权衡从而见仁见智的事情。我并不怀疑，这些问题是换上了新装的形而上学老问题。但是这件新装在很多方面是颇有魅力的。

（牟博　译）

【注释】

〔1〕蒯因：《语词和对象》，161页。

〔2〕塔尔斯基：《形式化语言中的真理概念》。

〔3〕参看论文9和10。

〔4〕参看温斯坦：《真理与指示词》。

〔5〕比较卡尔纳普：《意义与必然性》，5页。

〔6〕塔尔斯基：《形式化语言中的真理概念》，160页。对引语的更多讨论请参看论文6。

〔7〕丘奇：《关于含义和指称的逻辑表达》。

〔8〕参看戴维森：《因果关系》（Causal Relations），载戴维森：《论行动与事件》。

论文 15　无指称的实在* (1977 年)

215 人们难以明白，一种不阐明指称概念、不让这个概念发挥主要作用的意义理论如何能有成功的希望。而在另一方面，又有充分的理由假定，无法用更初始的词项或从行为的角度来对指称做出解释或进行分析。让我对这个进退两难的境地做出更充分的描述，然后说明我为什么认为塔尔斯基式的真理理论能有助于摆脱这一困境。

"意义理论"这个词并不是一个技术术语，而是用以表示一类问题（一个问题

* 本文首次发表于《辩证法》杂志，第 31 卷（1977），247～253 页。

类）的。其中的主要问题是要完成这样一项任务，即求助于较简单的（或至少是不同的）概念来对语言和交流做出解释。因为语言现象显然依附于非语言现象，所以人们会很自然地认为这项任务是能够完成的。倘若（1）一种理论的知识足以令人理解讲一种自然语言 L 的人的话语，并且（2）能够通过求助于不使用语言学概念（或至少不使用 L 中的语句和语词所特有的语言学概念）加以描述的证据而经验地运用这种理论，那么，我打算把这种理论称为关于自然语言 L 的意义理论。第一个条件表明所涉及的问题的性质，而第二个条件则要求不要以尚未解决的问题作为论据。

我所说的真理理论是指这样一种理论，它满足某种类似于塔尔斯基的约定 T 的东西；通过以递归的方式表征一个真理谓词（譬如说“在 L 中是真的”），对于 L 中的每个语句 *S*，都可从这种真理理论中衍推出一个元语言语句，这个元语言语句是从“*S* 在 L 中是真的当且仅当 *P*”这个范型中通过用对 L 中一个语句的规范描述式替代“*S*”、用元语言中一个给出所描述的那个语句的真值条件的语句替代“*P*”而得到的。这种真理理论必须（至少）相对于时间和说话者来处理索引表达式。尽管如此，我仍把这类理论称为**绝对的**真理理论以使之区 *216*
别于那些使真理（还）相对于一种解释、一个模型、一个可能世界或一个论域的真理理论。在我所描述的那种真理理论中，不对真理谓词下定义，而必须视之为一个初始表达式。

我们可以把指称看做是在专名与它们所命名的东西之间、在复合单称词项与它们所指谓的东西之间以及在谓词与它们对之适用的那些实体之间的一种关系。尽管这里的讨论将不涉及指示词（demonstratives），但它们的指称当然必须要相对于（至少）说话者和时间。

现在回过头来讨论那个困境。我们之所以没有指称概念似乎就无法提出意义理论的原因就在这里。无论一种意义理论包括其他什么内容，它都必须包括对真理做出解释，即陈述语言中的任意一个语句的成真条件。出于一些众所周知的理由，这样一种理论不能采取下述做法来解释真理，即首先为有限数量的简单语句解释真理，然后再在简单句的基础上为其余语句指派真理。必须把语句分析成构成部分（谓词、名称、联结词、量词、函子［functors］），并表明每个语句的真值是如何从这些构成部分的特征和这些构成部分在语句中的组成所表现的特征中推导出来的，这些至少是一种有启发性的说法所要求的。因此，真理显然依赖于构成部分的语义特征；而在构成部分是名称和谓词的场合，除了指称关系外还能有什么相关的其他特征呢？解释一个像"苏格拉底飞翔"（Socrates flies）这样的语句的真值条件必定相当于说：它是真的当且仅当由"苏格拉底"指称的对象是由"飞翔"这个谓词指称的对象①之一。

上面所提到的那种真理理论的确表明，每个语句的真值条件如何是在有限的基本词汇中的词项的语义特征之函项。但是，人们经常认为，这样一种理论并没有对基本词汇的语义特征做出解释。我们在一种真理理论中会发现这些为人们所熟知的递归规定，例如它们规定：一个合取为真当且仅当每个合取支项为真，一个析取为真当且仅当至少有一个析取支项为真，如此等等。（实际上，这种真理理论不仅必须解释联结词在闭语句中是如何发挥作用的，还必须解释它们在开语句中是如何发挥作用的，因此，递归步骤不是直接应用于真理概念，而是直接应用于**满足**这个关系。）

我们知道，甚至对于那些最简单的情形，都要从这种理论中衍推出一个T-语句，例如：

217 （T）"苏格拉底飞翔"是真的当且仅当苏格拉底飞翔。

倘若不对这个简单句的构成成分做出说明，这种理论如何处理这类情

① 即该谓词对之适用的对象。

形呢？也许可以采取这样一种方法：要求基本词汇必须是有限的。因此，特别是只能有数量有限的简单谓词和数量有限的专名（即非构造性的单称词项，不包括变元）。所以就能够把由一个专名和一个基本谓词组成的每一个语句都列举出来。因此，就能通过把每一个这样的语句作为一个公理而从一种真理理论中衍推出每一个像（T）那样的语句。这种方法显然（迄今为止）避免了求助于指称概念——并且没有对这个概念做任何说明。

既然谓词可以由联结词和变元组建起来，那么谓词会以任何复杂度出现；而单称常项（constant singular terms）也可以是复杂的。因此，我们刚才所探讨的那种方法一般来说行不通。就谓词而论，正如我们所知，塔尔斯基的方法要求助于满足这一概念，即在谓词与该谓词对之适用的 n 元实体（实际上是 n 元实体序列）之间的一种关系。满足概念显而易见很类似于谓词的指称概念——实际上我们也许会把一个谓词的指称对象定义为满足这个谓词的那类实体。困难在于，一种绝对的真理理论并没有真正地对满足关系做出阐释。当这种理论得以为譬如说“x 飞翔”这个谓词表征满足时，它只是告诉我们：一个实体满足“x 飞翔”当且仅当那个实体飞翔。如果我们要求对这种关系做出进一步说明或分析，我们便会感到失望。

从中可以看到这样一个事实，即绝对的真理定义没有对指称概念做出分析，这也就是说，倘若人们想象出一个新谓词并把它增添到原来的那种语言中（或者说，所得到的语言除了进一步包容了一个单独谓词之外跟原有的那种语言一样），那么，已做出的那种对真理和满足的解释没有表明**如何进一步处理这个新情况**。（这番话并不适用于那些递归性规定：这些规定是对一个合取［无论其合取支项是什么］何时为真所做的**一般性**说明。）

可以（通过弗雷格-戴德全［Dedekind］的技术）对满足下一个明确定义（我们一直把满足视为按递归方式来表征的），这个事实不应当使我们以为我们把握住了一个一般概念。因为，这个定义（就像适用于它的递归步骤一样）把满足这个概念的适用范围明确地限制在218 一系列确定的、数量有限的谓词（以及这些谓词的复合词）上。因而，倘若关于满足的一种理论（或定义）适用于某种特定的语言，然后又在这种语言中增添一个新谓词，譬如说，“x 飞翔”，那么就会得出这样一个结论：“x 飞翔”不为一个飞翔的对象（或其他任何东西）所满足。

类似的说法也适用于单称常项。确实，如果存在一些复杂单称词项，就有必要使用下述这类递归性规定来表征一种像指称之类的关系：与一个名称 a 连用的“……的父亲”指称 a 所指称的那个人的父亲。可是，对于潜在的专名来说，所出现的不过又是一个表列。这并没有对专名指称对象意味着什么做出分析。

我刚才花了很大精力所阐述的论点在于，绝对的真理理论并没有清晰地阐明谓词和名称这些基本词汇的语义特征。这一论点是人们所熟悉的。人们常常把这种不满与另外一种不满联系在一起，即认为塔尔斯基式的真理理论并没有深刻地把握住真理概念。倘若我们接受下述这样一种看法的话，这种不满便不会造成什么损害，即认为在一种真理理论中，“是真的”这个表达式（或任何代替它的其他表达式）被独立地理解。之所以可以把约定 T 接受为真理理论的标准的理由在于：（1）T-语句显然是真的（前分析地为真）——是某种仅当我们已经（部分地）理解“是真的”这个谓词时才能识别的东西；（2）T-语句的全体唯一地确定真理谓词的外延。一种被视为关于自然语言的经验理论的真理理论的重要性，并不在于它告诉我们真理一般地是什么，而在于它显示某种特定语言 L 中的每一个语句的真实性依赖于该语句的结构和构成成分。

因此，我们没有必要为一种真理理论没有对前分析的真理概念做出充分分析这个事实而担忧。可以姑且承认这一论点而不对这种真理理论的重要性提出非议。（我还要回过头来讨论这一点。）还有一个我也承认的断言，即这种真理理论没有对指称概念做出解释或分析。而这似乎是一个严重失败，因为它损害了这种理论自诩要对语句的真实性提出一种全面解释的抱负。

一些批评者以日益坚定的态度向我指出真理理论的这种特性。吉尔伯特·哈尔曼主张这一论点旨在提出真理理论是否能像我所断言的那样代替意义理论这样的疑问。[1]他实际上认为，只能把真理理论看 219
做是提出逻辑常项的意义（它给出语句的逻辑形式，并在这种含义上给出语句的意义），它并没有在这一基础上给出意义理论的丰富内容。哈特里·菲尔德（Hartry Field）提出我在前面几页里已谈到的那些看法，并得出结论说，塔尔斯基式的真理理论只是一种完全的理论中的一部分。[2]他认为除此以外，我们还必须为谓词和专名增添指称理论。（我引用他的表述。）凯思林·派恩·帕森斯（Kathryn Pyne Parsons）、希拉里·普特南和保罗·贝纳塞拉夫（Paul Benacerraf）也提出相关的批评。[3]

我一直在说明的是为什么我们似乎不能不接受指称概念。现在让我来说明一下我为什么认为我们不应当勉强接受这个概念。我所关注的是我所认为的（至少从历史角度来看）语言哲学的中心问题，即如何对诸如（语句或话语的）真理、（语言的）意义、语言规则或约定、命名、指称、断定之类的语言概念做出具体解释，这也就是说，如何依据另外一类概念来对上述这些概念中的某些概念或全部概念做出分析。有关语言的每一件事物似乎都会令人困惑，倘若我们能把语义概念归约为其他概念，我们就会更充分地理解这些语义概念。如果“归约”和“分析”这些字眼太强烈（我认为它们太强烈），那么我们或许可以（尽量含糊其辞地）说成是：借助其他概念来理解语义概念。

在目前的语境中，“接受”指称概念是指把它当做一个依据非语言学概念对之做出独立分析或解释的概念。指称概念是否可依据其他的诸如满足概念之类的语义概念加以明确定义或是否可按递归的方式加以表征，这个问题并不是基本问题，基本问题在于，指称概念是否是在语言理论与从非语言的角度加以描述的事件、行动或对象之间的直接联系的**唯一的**立足点（或至少是立足点之一）。

如果我们能对指称概念做出所希望的那种分析或归约，那么我料想一切就都会顺利地实现。直接对专名和谓词的语义特征做出解释之后，我们就能接着对复杂单称词项和复杂谓词的指称做出解释，就能表征满足（作为一个推导出的概念），最后表征真理。这幅如何研究
220 语义学的图景是（抛开细节不谈）一幅古老而又自然的图景。人们常常称之为堆积木理论（Building-Block theory）。人们屡次尝试建构这种理论。而这种理论是没有希望的。

要列举一些很明显的堆积木理论的例子，我们不得不回溯到早期的英国经验主义者（贝克莱、休谟、穆勒）。奥格登、理查兹和查尔斯·莫里斯奢望对意义做出行为主义的分析，这些例子并不是很清楚，因为这些作者们想要混淆语词和语句的区别（如在“开火!”、“锯成厚板!”、“挡住!”的场合下），而他们的说法大部分实际上只可清晰地适用于作为分析之基本原子的语句。蒯因在《语词和对象》的第二章试图提出一种行为主义分析，可是，尽管他的最有名的例子（“嘎瓦盖”①）是一个简单的词，但蒯因明确地把它作为一个语句来处理。格赖斯（如果我没有误解他的计划的话）则想要最终求助于非语言的意向来对语言意义做出解释，但要依据其他东西来分析的又是**语句**的意义，而不是语词的意义。

这番大大简化了的历史描述表明，随着所论及的那些问题变得更清楚、所使用的那些方法变得更精致，行为主义者和其他要对语言和交流做出彻底分析的人便放弃了那种堆积木式的处理办法，转而赞成一种使语句成为经验解释之焦点的研究方向。

而这无疑是我们应当期待的结果。语词除了在语句中发挥作用以外别无其他功能，这也就是说，它们的语义特征是从语句的语义特征

① “嘎瓦盖”（Gavagai）是某个土著民族的人在看见兔子跑过时发出的喊声。蒯因用这个例子说明彻底翻译的不确定性。

中抽象出来的，正像语句的语义特征是从**语句**在帮助人们达到目标或实现意向时所起的作用中抽象出来的一样。

如果“乞力马扎罗”（Kilimanjaro）指称乞力马扎罗山，那么，毫无疑问，对讲英语（或斯瓦希利语）的说话者，这个词与这座山之间存在**某种**关系。可是，人们竟能在不首先对这个词在语句中的作用做出解释的情况下解释这种关系，这是不可思议的。倘若是这样一种情况，就不可能直接依据非语言的东西对指称做出解释。

有趣的是，蒯因在《语词和对象》的第二章里并没使用指称概念，他也没有试图构造这个概念。蒯因强调的是翻译的不确定性以及指称的不确定性。他论证说，一个听者可获得的全部证据不足以确定出把一个人的语词翻译成另外一个人的语词的唯一方式；甚至确定不出指称**手段**（用单称词项、量词还是用同一式）。我认为蒯因没有对实际情况做出充分的表述。倘若在我们知道把他的话语译成我们的话 221
语的那个可接受的翻译手册是什么的情况下，真的总结出旨在解释语言的可容许的证据，那么，这种证据与指称问题和本体论问题无关。因为一个翻译手册仅仅表明从一种语言中的语句转换成另外一种语言中的语句所采用的方法，我们从中无法推导出有关语词与对象之间的关系的结论。当然，我们知道（或我们认为我们知道）在我们自己的语言中的语词所指称的东西，但是翻译手册并不包括这种知识。翻译是一个纯句法概念。指称问题并不在句法问题中出现，更谈不上在其中加以解决了。

因此，简言之，这里出现了这样一个指称悖论：有两种研究意义理论的途径，一种是堆积木式的方法，即首先处理简单语词的语义特征，然后据以构造其他表达式的语义特征；另一种是整体论的方法，即首先处理复杂表达式（至少从语句开始）的语义特征，然后从中抽象出复杂表达式的组成部分的语义特征。如果我们能对指称做出一种非语言的表征，第一种方法会是很不错的方法，但是不可能对指称做出这种表征。第二种方法的研究起点（即语句）正是我们能有希望把语言与从非语言的角度描述的行为加以连接的地方。但是，这种方法似乎不能对语句组成部分的语义特征做出一种完全的解释，而没有这样一种解释，我们便显然无法解释真理。

再回到我们所面临的那个主要困境上，这里的问题是我认为如何才能摆脱这个困境。我打算为那种整体论的解决办法的一种说法加以辩护，坚决主张我们必须放弃作为关于语言的经验理论之基础的指称概念。我将概述我之所以认为我们能这样做的原因。

反对放弃指称概念的那种论点认为，需要用指称概念来对真理做出完全的解释。我承认，塔尔斯基式的真理理论既没有对前分析的真理概念，也没有对前分析的指称概念做出分析或解释，它充其量只是对某种带有确定的初始词汇的语言给出了真理概念的外延。但是，这并没有表明，一种绝对真理理论无法根据个别语句的语义结构来解释这些语句的真实性；它只是表明，在解释这种真理理论时我们无法使语词的语义特征成为基本的语义特征。为了摆脱这种关于指称的两难困境，就需要在真理理论**内部**的解释与**关于**真理理论的解释之间做出区别。在真理理论的内部，一个语句的成真条件是由诉诸所设定的结
222 构以及像满足和指称这样的语义概念来确定的。但是，当要对作为一个整体的真理理论做出解释时，必须与人的目标和活动联系在一起的正是被应用于闭语句的真理概念。与物理学的类似之处是很明显的：我们可以假定一种未被观察到的微观结构来解释宏观现象。但物理学理论是在宏观层次上被检验的。诚然，我们有时很幸运地发现检验原先假定的那种结构的额外的（或更直接的）证据，但这对于物理学研究并非必不可少的。我的建议是，语词、语词意义、指称和满足都是一些我们需要用来完成真理理论的设定。当它们用做这一目的时，无须为它们提供独立的确证或经验的基础。

现在应当弄清这一点了，即我为什么在本文起首段中说，一种正确的真理理论能有助于摆脱关于指称的这种明显的困境。这种帮助来

自下述事实：真理理论帮助我们回答如何能够通过语言进行交流这个根本的问题，这也就是说，这样一种理论满足我们（在第二段中）对一种适当的回答所提出的两个条件。这两个条件与刚才所做出的那个区别有直接关系，即在依据真理理论对某件事物做出解释与解释这种真理理论之所以成立的原因（也就是把这种理论与更基本的事实相联系）之间的区别。

让我们首先考虑第二个条件。如何能对一种绝对真理理论提出经验的解释呢？在目前场合下必须提出的要求是：把这种真理理论与使用并不特定于所涉及的那种语言或语句的术语来描述的行为和态度相联系。塔尔斯基式的真理理论提供了建立这种关系的明显的所在，即 T-语句。倘若我们知道所有这些 T-语句都是真的，那么，一种可从中衍推出这些 T-语句的真理理论便会满足约定 T 的形式条件，并且会对每一个语句提出真值条件。实际上，我们应当想象这种真理理论的建立者会为建立一种可靠的理论而假定有些 T-语句根据证据（无论是什么样的证据）为真、并进一步检验其他的 T-语句以便确证这种理论（或为修改这种理论提供依据）。一个典型的 T-语句（现在使之相对于时间）也许是这样：

> “苏格拉底正在飞翔”（在史密斯的语言中）在 t 时是真的当且仅当苏格拉底在 t 时正在飞翔。

从经验上看，我们所需要的是史密斯与“苏格拉底正在飞翔”这个语句之间的关系，我们能够用不造成循环论证的术语来描述这个语句，并且这个语句为真当且仅当苏格拉底正在飞翔。当然，这种理论会对诸如满足或指称这样的概念做递归处理，但是，我们必须把这些概念看做是理论构造，它们在陈述语句的真值条件时充分发挥其功能。就此而论，归之于语句的逻辑形式以及全部语词工具（名词、谓词、联结词和量词）亦然。其中没有一样东西是可以直接面对证据的。根据 223

这种处理看法，提出下述抱怨是讲不通的，即认为一种理论尽管会一再地提供正确的真值条件，但却把逻辑形式（或者说深层结构）搞错了。我们对指称也应当采取同样的看法。我们同意的是，这样一种理论至少没有在下述这种含义上解释指称：它没有直接向名称或谓词与对象之间的关系指派经验内容，而是通过向 T-语句赋予内容而**间接地**向这些关系赋予内容的。

因此，这种真理理论以放弃指称作为经验化的一部分代价。然而，不能把它说成是放弃了本体论。因为，这种理论把每个单称词项都与某个对象相联系，它告诉我们每个谓词为什么样的实体所满足。没有指称也行，这项对策根本不意味着没有语义学或本体论也行的对策。

我还没有说明什么东西算做对 T-语句的真实性的证据。[4] 目前的工作表明的是，通过仅仅使 T-语句与证据相联系如何能对这种理论提供支持。已弄清的是，（无论什么样的）证据都不能以事先把这种证据与任何一种特定语言相联系的术语来描述，这表明我们所诉诸的真理概念具有这种理论不可能希望对之做出解释的一般性。

我并不是说在 T-语句中所使用的真理概念能明确地用非语义的术语下定义或能归约为更具有行为主义色彩的概念。正如我在本文开头所说的那样，人们对于归约和定义期待过多。而理论与证据之间的关系无疑会松散得多。

这种真理理论预设一个前分析的一般性真理概念。正是因为我们具备这个概念，所以我们能够说出什么东西才算做 T-语句之真实性的证据。但是，这种理论却不对满足和指称这两个概念提出同样的要求。这两个概念所发挥的是理论上的作用，因而，当我们知道它们如
224 何发挥其表征真理的作用时，我们便知道了有关它们的全部知识。我们在构造一种适当的真理理论时无须一般性的指称概念。

我们不需要指称概念，我们也不需要指称本身（无论会是什么样的指称）。因为，倘若存在一种向表达式指派实体的方式（即表征“满足”的方式），这种方式产生一些有关语句真值条件的可接受的结

论，那么，就会存在无穷的其他方式，它们也产生有关语句真值条件的可接受的结论。因此，没有理由把这些语义关系中的任何一种称做“指称”或“满足”。[5]

一种绝对真理理论如何能对交流做出解释或被认为是一种意义理论呢？它并没有向我们提供对诸如“意谓”、“含义与……相同”、“是……的翻译”之类的短语下定义或进行分析的材料。下述这种看法是错误的，即认为在 T-语句显示为真、而我们不对 T-语句施加限制的情况下，我们便能**自动地**把 T-语句解释为向语句“提供意义”。

要探究的问题是，某个知道语言 L 的真理理论的人是否会有足够的知识来解释 L 的说话者所说的话。我认为，探究这个问题的正确方式是必然也问对真理理论的经验限制和形式限制是否足以限制可接受的真理理论的范围。例如，假定**每一种**满足这些限制条件的真理理论都为“苏格拉底飞翔”这句话提出上面所建议的那些真值条件，那么，显然的，知道这种真理理论（并且知道它正是满足那些限制条件的理论**这一点**）便是知道 T-语句**唯一地**提出“苏格拉底飞翔”这句话的真值条件。而这的确意味着具有关于 T-语句在语言中的作用的足够知识。

我一时想象不出会出现这样一种唯一性。但我的确认为，对关于 T-语句的解释所施加的一些合理的经验限制（我们依据这些限制条件来判定 T-语句为真）以及形式限制，会充分地在那些不同的真理理论之间确定出不变因子，它允许我们断言：一种真理理论把握住了每个语句的本质作用。做出一个大致的比较可能会有助于人们了解这种看法。一种温度测量理论把作为温度衡量尺度的数字指派给测量对象。这类理论对这些指派施加一些形式上的限制，还必须从经验上把这类理论与在性质上可观察的现象相联系。所指派的数字并非由这些限制条件唯一地确定的。但是，指派的**范型**是很重要的。（华氏温度和摄氏温度互为对方的线性变换，这种数字指派唯一地符合线性变换。）以大致类似的方式，我建议把意义作为可接受的不同真理理论 225

之间的不变因子。通过给一个语句在构成语言的语句范型中指派一个语义位置，便给出了这个语句的意义（或对它做出了解释）。不同的真理理论可能会对同一个语句指派不同的真值条件（这就是蒯因所说的翻译不确定性的语义类似物），而这些理论对语句在语言中的作用的看法是（大致上充分地）一致的。

主旨是很简单的。对于堆积木理论以及那些试图直接根据非语义的证据（譬如说典型地表达出一个语句时所带有的意向）赋予每个语句以丰富内容的理论来说，它们的尝试走得太远，步子也迈得太快。而目前的想法倒不如说是要在每一方面找到最低限度的关于真理理论的正确性的知识，造成差别的正是这些潜在无穷多的方面。一种尽管未获得很有力的支持、但却在足够多的方面获得支持的强化的真理理论，可能会产生我们所需要的全部有关原子和分子（在这个场合是指语词和语句）的知识。

概括地说：我们并非试图通过为语词的意义提出证据，而是通过为关于语句所属的那种语言的理论提出证据，来弥补关于个别语句的意义之证据的不足。语词和把它们与对象相联系的某种方式是我们需要用来完成真理理论的构造物。

关于如何研究意义理论的这番想法在本质上是蒯因的。我对蒯因的基本见解所补充的是这样一个建议，即意义理论应当采取绝对真理理论的形式。如果它的确采取这种形式，我们就能把语句的结构重新恢复为由单称词项、谓词、联结词和量词所构成，并带有通常的那种本体论含义。然而，指称退出了舞台；它在解释语言与实在之间的关系时不再发挥必不可少的作用。

（牟博　译）

【注释】

〔1〕哈尔曼：《意义与语义学》(Meaning and Semantics)。

〔2〕菲尔德：《塔尔斯基的真理理论》(Tarski's Theory of Truth)。

〔3〕帕森斯：《含混性与真理理论》(Ambiguity and the Theory of Truth)；普特南：《"意义"的意义》(The Meaning of 'Meaning')；贝纳塞拉夫：《数学真理》(Mathematical Truth)。

〔4〕参看论文9～11。

〔5〕参看华莱士：《语词仅在语句的语境中才有意义》(Only in the Context of a Sentence do Words Have Any Meaning)。

论文16　指称的不可理喻性（1979年）

227　蒯因关于指称的不可理喻性的论题是，没有任何方法可以告诉我们，一种语言中的单个语词指的是什么，它的谓词又是对什么东西为真，至少是没有什么方法可以从整个（实际的和潜在的）行为证据来告诉我们这些，而这种证据都是与意义和交流问题密切相关的。指称的不可理喻性来自《语词和对象》中的明显考虑，但这个词和这个论题只是在《本体论的相对性》一文中才成为核心内容。这个论题的重要性在于，翻译的不确定性直接来自于它，对这个论题可以比其他形式的不确定性更容易提供清楚的根据。

这些清楚的根据是由例证给出的：蒯因等人已经表明，如何构成对其他指称图式的系统例证，就是说，如果其中之一符合了所有可能的相关证据，那么，其他的也就可以符合了。蒯因认为，这个事实应当使我们认识到，对象与语词（或话语）之间的指称关系是相对于对指称图式（或翻译手册）的随意选择，事实上也相对于进一步的基本参数。这种相对主义的论证使我感到困惑，因为我认为不可能用一种可以接受的方式构成一种相对化的指称概念。在本文中，我将讨论这些困难，并为蒯因寻找一条出路。当然，我希望我的出路就是蒯因心中一直想到的。如果这样的话，这里的讨论对他就没有什么用处了，但对我却是会受益无穷的。

为了从一开始就澄清我的一般立场，我接受蒯因的关于指称不可理喻性的论题以及翻译的不确定性论题。我认为，我接受这些论题是基于我从蒯因那里得到的论证。但我并不清楚，这些论证如何以蒯因所相信的方式表明了指称是相对的。我认为，蒯因本人的看法隐含着 228
这样的观点，本体论是可以相对化的。

凡是在蒯因谈论本体论相对性的大多数地方，我都一直用的是指称相对性这个词。我做出这种改变的理由在于，我想集中关注指称的不可理喻性这样一种特别简单明了的例证。在这种例证中，整个本体论都被看做是确定的，但句子的真则被解释为以不同的方式把对象与语词对应起来。在我更多地谈论这些例证之前，让我来强调一下本文的狭窄范围，即澄清蒯因讨论的各种各样的不确定性，因为它们都使得指称变得不可理喻了。

首先，真理本身可能是不确定的；对每一种语言都可能有这样一种翻译手册（或更确切地说，就目前的目的而言，是一种真理理论），它满足了所有的相关经验要求，并使得某个句子成真，同样可以有另外可接受的理论，它没有使得那个句子成真（当然，也可以有其他的区别）。我随后会简要地讨论这种情况，但只是顺便提及一下。

其次，逻辑形式可能是不确定的：两种令人满意的理论可能的区别就在于被它们看做单称词或量词或谓词的东西，或者是在隐含的逻辑本身方面。

再次，即使逻辑形式和真理是确定的，可接受的理论在它们赋予相同语词的指称方面也可能是不同的。这里我们可以细分为这样一些情况，即整个本体论的不同和并非不同的情况。我会全力以赴地考虑这第三类不确定性中的第二种情况。

我相信，所有这些不确定性都是可能的，但是除了我马上要讨论的最后一种，我大概会认为，不确定性的范围比蒯因所认为的要小一些。我会把第一种不确定性看做是至关重要的，它是比蒯因所想象的对宽容原则的更为深远的应用。第二种不确定性自动归属于一个更大的控制，只要是像我所做的那样，把塔尔斯基式的真理理论看做是可接受的翻译手册的基础。在我看来，整个本体论的变化都只能在一种有限的程度上得到理解；有一种相反宽容（reverse charity）的原则，
229 它判断一种理论更好些，是因为它把自身更多的资源理解为一种语言，对这种语言来说它就是一种理论。我这里对这些观点不会给出理由，但我也不会依赖于它们。

然而，如果不把指称放到一种真理理论的语境中，就很难谈论它。因为对指称的一种令人满意的说明，就是把一个外延赋予了一种语言中的每个谓词和单称词，而这需要一个可以处理量词以及函项的递归式刻画。无论如何，如果这种语言有了我们确信自然语言会具有的这种资源，我们就会引入一个类似于满足这样的概念，它比指称更为普遍，由此就可以定义真理和指称（至少对谓词而言）。随后我会断定，在名称与可能被说成是得到命名的东西之间的指称关系，在单称词与可能被说成是得到指示的东西之间的指称关系，在 n 阶谓词与 n 对可能被说成是真的东西之间的指称关系，所有这些指称都被类似于满足这样的一个概念连接在一起，这就为闭语句带来了一个定义。当然，所有这些“可能被说成”都是在捍卫指称的不可理喻性。

要表明指称是不可理喻的，一种最简单、最少疑问的方式取决于一种对宇宙排列的观念，即每个对象都与另一个对象一一对应。让我们假定 ϕ 是这样一种排列。如果我们对谈论这个宇宙的语言有一种令人满意的指称图式，我们就可以使用这个排列而带来另一种指称图式：根据第一种图式，每当一个名称指称一个对象 x，那么根据第二种图式，它就指称了 $\phi(x)$；根据第一种图式，每当一个谓词指称了每个事物 x（使其为真）使得 Fx，根据第二种图式，它就指称了每个事物 x 使得 $F\phi(x)$。假定指称关注的是对这每种情况中的满足关系都做出了恰当的刻画，那么，我们就很容易地看到，第二种图式赋予句子的真值条件，在每种情况中都等于由第一种图式赋予句子的真值条件。[1] 的确，正如华莱士指出的那样，我们可以使我们的真理理论和指称理论对所有的句子都产生相同的真值条件，只要我们为这个 230 理论增加这样一个假定，使得我们相信 ϕ 就是这个宇宙的排列。

据我所知，使用了宇宙排列去表明指称的这种含糊性质的，最早的例子是由理查德·杰弗瑞在一篇评论中提出的。[2] 但他的主要目标不是指称，他的例子也不完全符合我们这里的目的。进一步的例子出现在以上提到的约翰·华莱士和哈特里·菲尔德的著作中，简单说明如下：假定每个对象都有一个而且只有一个影子。[3] 于是，我们就可以把 ϕ 表达为语词“某物的影子”。根据第一种理论，我们用名称“韦尔特”去指韦尔特，用谓词“是高的”去指高的东西；根据第二种理论，我们用“韦尔特”去指韦尔特的影子，用“是高的”去指高的东西的影子。第一种理论告诉我们，“韦尔特是高的”这个句子是真的，当且仅当韦尔特是高的；第二种理论告诉我们，“韦尔特是高的”是真的，当且仅当韦尔特的影子是高的东西的影子。它们的真值条件显然是相等的。如果某人不介意谈论事实，他就可以说，同一个事实在这两种情况中都使句子为真。

我认为，存在一些不需要虚构的那种必需的排列。如果我们想得到关于指称不可理喻性的结论，显然还需要另外假定，如果某个真理理论（或翻译理论或解释理论）在所有（实际的和潜在的）相关证据看来是令人满意的，那么，通过排列而从第一种理论中产生的任何理论，也都会在所有相关证据看来是令人满意的。当然，许多哲学家反对这个假定，但由于在这一点上我同意蒯因的观点，我这里就不再对此做出论证了。我赞同蒯因的关键之处可以说是这样：一切赞同或反对真理理论（解释理论或翻译理论）的所有证据，最终都以事实的形式出现，世界中关乎这些事实的事件或情况就使得或可能使得说话者赞成或不赞成说话者语言中的每个句子。我们可能在细节上有所不同。蒯因用刺激模式去描述事件或情况，而我则愿意用更像是被研究过的句子这样的东西来描述；蒯因以观察性对句子的层次赋予了比我
231 更多的分量；他喜欢赞成或不赞成，因为它们表明了一种行为主义的检验，而我则放弃了行为主义，大胆地采纳对句子的内在态度，譬如当做真。就我的理解而言，这些不同并没有影响对指称不可理喻性的论证。重要的是，引起说话者产生反应或态度的是客观的情况或事件，而这种反应或态度直接指向的是句子或句子的说出。只要我们这样认为，就不可能存在任何相关的证据使得我们在理论与它们的排列之间进行选择。

根据刚才的理解和解释，指称的不可理喻性支持了指称应当被相对化这个观点了吗？它的确表明了这一点。因为我们无法接受这样的结论，即允许我们采纳这样两个说法："韦尔特"是指韦尔特；"韦尔特"是指韦尔特的影子。只有在这两者都为真的情况下，我们才可以毫无矛盾地接受它们，但显然不存在这样的情况。

我们可以不用相对化来解决这个问题。我们所需要的是弄清楚，"指称"一直是被用做两种方式，加下标就可以把这一点说清楚。"韦尔特"指称$_1$韦尔特，"韦尔特"指称$_2$韦尔特的影子；这个合取可以是真的，这正是我们所论述的情况。这样就没有相对化的问题了，虽然使用同一个具有不同下标的词，目的在于一个共同的特征，即相对化是可以得到澄清的。希望把指称相对化的进一步理由是，我们想说

些这样的东西：相对于我们做事的第一种方式而言，对这个问题的回答是，“韦尔特”所指的就是韦尔特；相对于第二种方式而言，它指的是韦尔特的影子。由于做事的方式并非是需要量化的有吸引力的实体，蒯因提出，指称应当相对于翻译手册。哈特里·菲尔德已经指出这并不起作用。[4]因为陈述使“x 指称 y 相对于 TM”得以成立之条件的自然方式是这样：TM 把 x 翻译为“y”。必须放弃这个想法，因为你无法量化引号。

我认为，对指称无法按照蒯因提出的方式加以相对化，有一个一般的理由，这种方式对于试图推进我们所反对的那种表述毫无用处。当我说“按照蒯因提出的方式”，我实际上反对的并非是把指称相对化的**任何**方式，因为我最终要提出一种方式。我所反对的是这样一种观点，即认为指称是可以按照确定本体论的方式加以相对化的。我不 232
能理解的正是本体论的相对性。假定我们通过把“指称”相对化来确定关于它的本体论。然后我们就会去确定我们正在使用“指称”这个词加以刻画的语言或说话者的本体论。人们可以这样说，但是这种确定仅仅是相对于任意的选择。这种选择不是由相关的证据要求的。因而这是不可理喻的。这种回答没有抓住困难的要点。确定指称和对象语言的本体论，始终是基于任意选择的结果；但是任意选择的成功仅仅是由于，元语言中相对化的“指称”一直是得到确定的。这就是说我们所论证的东西无法用于任何语言。

或许正是这条推理思路使得蒯因说，指称和本体论是**双重**相对的，时而相对于我们所选择的一种翻译手册，时而相对于某种理论背景或语言。[5]由于元语言对指称的相对化无法限制指称和对象语言的本体论，除非元语言中相对化的指称谓词有毫不含糊的语义学，蒯因把理论和语言看做有无限的层次，其中每一层次都试图（徒劳地）确立为其提供理论的语言的指称图式。蒯因把指称对背景理论的相对性，比做位置对坐标系的相对性。但这种比较没有起到作用。在位置的情况中，事情很清楚。我们不可能有意义地仅仅询问一个对象在哪里，但我们却可以有意义地去询问一个对象在哪里是相对于其他对象的——一个坐标系（当然，这种相对性可能并没有被提到，因为某种指称框架是被断定了的）。相对化的问题（“布朗克斯家族地址簿中的布朗克的房子在哪里?”）是清楚的，可以回答的，答案是完整的。这里没有隐藏什么进一步的参数。当然，我们可以进一步提出另一个类似的问题：“布朗克斯家族在哪里?”而只有把这个问题相对化后，它才是有意义的。但是一旦把它相对化了，它就是清楚的，可以回答的。在被相对化的位置谓词背后没有隐藏什么带有额外位置的谓词。

那么，我们如何表达指称对背景语言的相对性呢？蒯因认为，
233 “我们可以并且的确有意义地和明显地谈论兔子及其部分，数字和公式”，但只是相对于我们自己的语言。[6]这或许表明，相对主义可以进入我们的语言。然而，我们很容易看到这是不可能的：如果我的语言中的指称问题没有得到解决，试图用同一种语言去说些什么东西就无助于解决这个问题。如果你理解了我，你就会正确地解释我的话“韦尔特的个子高”。如果有什么问题，即使我补充道“用英语说”，这对你也没有什么帮助，因为相同的问题会迫使我对每次成功地扩充我的句子补充相同的话。所以，如果指称是相对于我的语言中已然存在的指称框架，所有对我的话赋予一个指称的东西，都只是由于我说出了我的语言。这对我把“指称”一词用于其他的语言，一定同样是真的。但这恰好又是蒯因所否定的。

蒯因把相对于背景语言的指称相对性比做真理和满足方面的情况；他提醒我们，我们在这里仍然有后退的可能。我们可以用 M 但不是用 L 去定义对 L 的真，用 M' 但不是用 M 去定义对 M 的真，如此等等。这对指称同样如此。

这种类比看来是有问题的。我们无法用 L 加以定义的东西，并不是通过补充一个参数就可以得到定义的。我们也不可能把用 M 定义的东西看做在 L 中也是真的，这多少相对于把用 M' 定义的东西看做在 M 中是真的。真理是相对于对象语言的，而不是相对于元语言

的。正如在 M 中出现的“在 L 中是真的”这个谓词，具有我们仍然可以（只要我们愿意）用另一种语言加以刻画的意义。但这如何使得 L 中的真理相对于这第三种语言或者相对于 M 呢？

概念相对主义的某个概念似乎促使蒯因认为，指称、真理和本体论一定是相对于一种背景理论或语言的。当他说我们可以并且的确有意义地和明显地谈论兔子及其部分，但这相对于我们的指称框架，对这种说法的解释最后无非是说，当我们说话的时候，我们一定是在说一种我们知道的语言。然而，这是不言自明的，不用我们去表明或要求对我们的话语相对于某个东西给出一个清楚的陈述。正如蒯因所认为的，我们可以陈述这种相对性，只要我们是转向了另一种语言，但是，如果再次要求这种策略，这就会在每次都被提出来：这是一个无穷后退。如果是这样的一种情况，本体论就不仅仅是“最终无法理喻的”[7]，任何关于指称的说法，虽然经过多次相对化，都会像“苏格拉底比更高”这样的句子一样是无意义的。 234

当然，蒯因意识到了文化相对主义中的这个悖论：他在其他地方写道，某人“无法宣称文化相对主义，除非他超越了它，而且如果没有放弃它，他也无法超越它”[8]。我会把这句话送给针对背景理论或语言的本体论相对主义和指称相对主义。蒯因在我上面引述的文章中再次使我们对相对主义问题悬而未决。他竭力使我们确信，可能有两种理论，它们都包含了所有真的观察句，它们是同样简单的，但在逻辑上是不相容的。[9]因而，真理在表面上是相对于理论的。但蒯因最终确立了一种“大胆的二元论”，其中各种不同的记号被用来陈述理论。这些理论最终又是不可相互还原的，但并不相互冲突。这里仍然没有相对主义。

在我看来，教训在于，我们无法使真理、指称或本体论相对于背景理论或语言。问题并不是说，我们一定开始了一个我们无法完成的后退。问题在于，我们并不理解第一步。让我把对此的一般论证以略微不同的方式再说一遍。假定 B 用自己的话对说话者 A 陈述了两种真理理论。他的一个理论蕴涵着或阐明了“韦尔特”指称韦尔特，而另一个理论则是说，“韦尔特”指称韦尔特的影子。现在来了一个 C，他想提出一种理论来解释 B 所说的东西。他自然很快就发现，对“指称”一词必须给出两种解释：C 自言自语道，B 一定是使用了不同的词，或者是把谓词相对化了。无论如何，如果 C 要去理解 B，他就必须对 B 关于 A 的词“韦尔特”的两个句子给出不同的真值条件，无论 B 是否担心使用两个词，或担心清楚地提到进一步的参数。但是，C 可以不任意地给出 B 的谓词的外延吗，无论它们是否加上了下标或被相对化？不，因为他为了理解 B 所拥有的令人满意的任何理论都可以被转换为无数同样令人满意的理论。B 所说的**任何东西都无法**改变这一点。B 可以明显地和有意义地谈论 A 的语词与对象之间
235 两种不同的关系。但任何人都无法有意义地唯一刻画使一个谓词为真的那些对象，无论是任意的还是相对的。

或许某人（不是蒯因）想要说，“但至少说话者知道他正在指称的是什么”。我们应当坚定地反对这种思想。语言的语义学特征就是公共的特征。就本质而言，没有人可以从相关证据中描绘出来的东西，就不能构成任何意义。由于每个说话者至少在隐晦的意义上一定知道这一点，他就无法试图使用具有独特指称的语词，因为他知道，他的话无法把这种指称传递给他人。

概括一下，对指称不可理喻性的论证有两个步骤：在第一个步骤中，我们承认不同的指称图式在经验上是等值的。在第二个步骤中，我们表明了，虽然图式的解释者可以区别不同的图式，但存在对解释图式者的其他等值图式，就使得解释者不可能唯一地确定图式者谓词的指称，特别是他的谓词“指称”（无论是索引式的还是相对化的）。解释者无法根据经验基础决定图式者语词的指称，这不可能是这些语词的经验特征。所以，即使是来自各种随意的选择，这些语词也没有唯一地确定一个指称图式。因而，指称是不可理喻的。这并不会带来本体论的相对性，因为它表明，只要做出了足够的决定（无论是任意

的还是其他什么），唯一的指称就是有可能的，而这却是与我们关于指称不可理喻性的论证相反的。

如果我们可以（通过某种随意的或其他的选择）唯一地确定指称，那么就会使得菲尔德（及他人）有可能宣称，这种选择并不是随意的，因而指称也就不是不可理喻的了。事实上，菲尔德正是这样说的。在菲尔德看来，指称的作用并不是完全表现在对句子真值条件的贡献。〔10〕结果，我们就有理由在各种指称理论之间做出选择，这些理论对句子带来了等值的真值条件。其中的一些理由是，名称与它们所指之物之间以及（如果普特南是对的）谓词与使它们为真的东西之间的某些因果联系。

这个话题很大，也很复杂，我这里只能简而言之。而且，这也与 236
我和蒯因观点之间的区分无关。不过，这也的确与目前的讨论有些联系。在我看来，菲尔德混淆了这个问题，他认为，如果在语词与对象之间存在（比如说）因果联系，那么，真理（和意义、指称）理论就不可能仅仅由关于句子及其说出的证据所检验。他迷恋于这样的事实，标准的真理理论解释了使句子为真的东西，把语义作用赋予了其组成部分。所以，他相信，我们必定可以独立地说明（指称、命名、满足）这些组成部分的语义性质，只要真理理论对其解释性的说法和性质为真。这种处理问题的方式没有注意到解释真理与提供证据之间的区别，前者是提供理论，而后者则是使这个理论对某个说话者或共同体为真。应当完全一致地认为，理论只有在句子的水平上才能得到检验，而只有根据内在的结构才能解释句子的特征。但如果是这样的话，应当被看做是最直接与证据联系在一起的，就是句子的语义特征（例如真理），而语词的语义特征（虽然是被设定的）则只是提供了对句子特征的解释：采取这种立场就是认为，真理比指称更容易与非语言的证据联系在一起。对此我认为我们可以提供一个很好的案例。〔11〕

但不是在这里。我现在的主题是，即使语词与它们所指称的东西之间有（譬如）因果联系，这也并不意味着，真理理论的恰当性不应当在句子的水平上得到检验。假定某个因果的名称理论是真的。我们如何对具体说话者或共同体的语言去确立这个事实成立呢？我认为，只有通过发现这种因果理论说明了说话者的（潜在的和现实的）语言行为。这个行为主要关心的是句子及其话语。可以想象一下，当语词**没有**被用在句子中的时候，有一些证据与对象有某种因果联系，但这个事实并没有说明，这些语词是如何被用在句子中的。的确，我们可以得出，第一种现象与对语言的说明是没有关系的。如果真是这样的237 话，确定有一个指称的因果理论对说话者为真，就必定取决于正如在其他语言理论中那样说明如何看待或使用句子的证据。

让我们来假定，在语词或它们的用法与对象之间存在因果联系。那么，类似“韦尔特的个子高”这样的句子可能为真，仅仅在于（除了其他事情之外）在这种语词情景中说出的这个词“韦尔特”在因果上是与韦尔特联系在一起的。我们现在（至少是部分地）把图式者从纯粹随意地选择说话者的指称图式中拯救出来了吗？

根据华莱士和菲尔德解释的理由，看来还没有。如前假定，ϕ 是宇宙的排列，Cx, y 则是一个语词与对象之间的恰当因果关系。一种好的理论认为，“韦尔特”指称了韦尔特，仅当 C“韦尔特”，韦尔特（我是在推诿语词与它们的说出之间的区别），而另一种在经验上不可区分的理论认为，“韦尔特”指称 ϕ（韦尔特），仅当 C“韦尔特”，ϕ（韦尔特）。当然，“指称”和“C”在这两种理论中不可能有相同的解释，但它们对应的下标则很容易刻画。这两个理论显然是不同的，因为“指称$_1$”无法具有与“指称$_2$”相同的外延，“C_1”无法具有与“C_2”相同的外延。但假定第一个理论是令人满意的，我们就可以根据“指称$_1$”、“C_1”和“ϕ”定义“指称$_2$”和“C_2”，使得第二种理论在经验上相等。

因果理论和其他对指称的“物理主义的”分析，都不会影响我们对指称不可理喻性的论证，至少我们承认，一种令人满意的理论会带来对语词行为和倾向的可接受的解释。因为对指称与因果性（或其他什么）之间关系的限制，总是同样可以通过把语词与对象比对起来的其他方式得到。对图式的解释会像前面一样能够告诉我们，图式者的图式相互之间是不同的，但他不会挑选出一个比对图式者语词与对象的唯一正确的方式。因而，图式者无法使用决定了唯一图式的语词。指称仍然是不可理喻的。

关于命名的因果理论，或更为一般地说关于指称的因果理论，是有争论的，某些形式可能也是真的。如果是这样，以前的命名和指称概念就必须得到修正。但指称的因果理论是否成立这个问题，却是独立于（如果我是对的话）常常与思想相关联的两个问题：一个问题 238
是，真理理论是否应当由说话者对句子的反应或态度加以检验，另一个就是指称的不可理喻性问题。

我们已经表明的或试图表明的，并非说指称不是相对的，而是说不存在任何可以把指称相对化的可理解的方式，它证明了本体论相对性的概念。这种相对化必须表现在有被相对化的谓词出现的语言之中（因而也就无法是相对于那种语言或相对于那种语言的理论），而且我们无法认为，它解决了所有语言中的指称问题。但**的确有**东西需要解决，而相对化则是解决这个东西的唯一有吸引力的方式。一方面，可以为说话者或共同体所接受的所有“指称图式”都有重要的共同因素：它们对所有的句子都带来了相等的真值条件，或许它们是以可具体化的方式把指称与因果或其他东西联系起来。另一方面，这种图式是相互区别的，的确这不是基于证据，而是因为它们使用了无法具有相同外延的谓词。这两个事实共同强烈地表明了一种相对化的概念。此外，有一个我们可以给出回答的问题：“你在对说话者的语词给出那种解释的时候使用的是什么图式?”如果我把一个说话者的词“韦尔特”解释（翻译）为指称了韦尔特的影子，我可能就需要解释我应如何解释他的谓词“是高的”，以便符合相应于我解释“韦尔特”的图式。在某种意义上说，我的解释或翻译是相对于或基于某个特殊的图式。这个图式可能并没有解决指称问题，但它却解决了我如何回答所有关于说话者用一个词或句子所意味或指向的东西之类的问题。蒯因经常这样来表达这个问题："说一个理论的对象是什么，这是没有意义的，应当说如何以另一种方式去解释或重新解释那个理论"[12]，或者说："有意义的不是去说一个理论的对象是什么，绝对地说，应当是说一种对象理论如何可以用另外一种方式得到解释或重新解释。"这第二句话使我感到困惑，因为"绝对地说"就表明了，有一种相对谈论的方式，它会（或许是随意地）决定**对象**是什么，而这正是我强烈反对的。但我们无法否定，如果给定了一种解释图式或翻译图式，我们就决定了我们可以用我们语言中的什么语词去解释说话者的语
239 词。要对我们的图式标志出我们解释的相对性，有什么无法反驳的方式吗？我认为有。

我们由相对化所能确定说出的一切，就是我们回答关于指称问题的方式，而不是指称本身。所以在我看来，要解释有时为必需的清晰的相对化，自然的方式就是我们所熟悉的一种：我们把说话者看做是在说某一种语言。如果我们把他的词"兔子"看做是指称兔子，我们就把他看做是在说一种语言。如果我们把他的词"兔子"看做是指称作为兔子之ϕ的东西，我们就把他看做是在说另一种语言。如果我们决定改变指称图式，我们就决定他是在说一种不同的语言。在某些情况中，这个决定就是我们的；某些语言是相同的，就是说，说话者在具体条件下说出句子的倾向是相同的。没有任何方式可以告诉我们一个人说的是哪一种语言。

如果我们考虑到关于某人语言的经验理论并非单独成立时，这一点似乎就会不那么乏味了：这是一种更为一般的理论，它包括了关于他的信念、愿望、意向以及更多东西的理论。如果我们改变了我们对某个人语词的解释，那么，只要给定了相同的整个证据，我们就必须同样改变我们赋予他的信念和愿望。毫不奇怪，我们可以把同一个人看做是在说不同的语言，假定我们可以用我们赋予他的其他态度加以

补偿性调整。

如果我们暂时放弃我们一开始设定的限制，而仅仅考虑没有改变句子真值的理论，这个问题就更清楚了。我相信蒯因的说法，经常有这样的情况，某个人行为的整个相关证据同样可以由这两种真理理论中的一个来处理，假定我们用关于他信念和其他态度的理论做出了补偿调整，而根据其中的一个理论，一个具体的句子是以使其为真的方式加以解释的，根据另一个理论，则不是这样。依安·哈金曾向我这样表达这个困惑：如果一种理论使得某个话语成真，而另一种则不能，那么这两种真理理论如何都可以被接受呢？这不是一个矛盾吗？只要这些理论都相对于一种语言，正如所有的真理理论那样，这就不是一个矛盾。我们的错误在于认为，存在一种唯一属于给定话语的语言。但我们可以毫无矛盾地把这种话语看做是属于某一种语言，假定 240
我们允许改变我们关于某人的全部理论的其他部分。

于是，有一种把真理和指称相对化的合理方式：句子为真和语词指称都是相对于语言的。这可以表现为一种人们所熟知的明显观点，在某个方面也的确如此。但有一些细节方面在于我们如何去理解它。例如，这不是一个经验陈述，即“韦尔特”是用 L 指称了韦尔特。因为如果它是一个经验陈述，L 就应当被刻画为某人或某些人在特定时间说出的语言。这样一种刻画并没有达到我们的目的，因为我们承认，一个人说什么语言并不完全是一个经验问题；证据允许我们对语言做出某种选择，甚至在某一点上允许我们把相互冲突的真值条件赋予相同的句子。但即使我们把真理看做是不变的，我们也可以用比对语词与对象的各种方式去适合证据。宣布我们所选择的这种方式的最好方式就是命名这种语言；但这样，我们就必须把这种语言刻画为，指称、满足和真理一直是被赋予了特殊的作用。的确，经验的问题仍然存在：这是一种允许我们把证据赋予这个说话者的语言吗？

允许我们对说话者选择各种语言的是，证据（指向句子或话语的态度或行动）不仅意味着对言语的解释，而且意味着赋予信念、愿望和意向（无疑还有其他的态度）。[13]这个证据使我们选择各种语言，因为我们可以通过恰当地选择信念和其他的态度而平衡已有的选择。这表明了有不止一种方式使我们可以把真理理论或指称理论相对化：如果有了关于信念性质和其他态度的某些假定，我们就可以表明，一旦我们决定了一个人的态度是什么，选择一种语言就不再是一种摄取。如果有了对信念、愿望、意向以及类似东西的全面说明，那么，一个人说什么语言就是一个经验问题。所以，我们最终就有了一种令人吃惊的方式，可以有意义地询问一个词指称什么。

我希望这表明了，认为我们多少可以首先确定一个人的信念、愿
241 望、希望、意向、担心等，然后继续明确地回答他的话是指什么这样的问题，这是一个错误。因为所有这些问题所依赖的证据，并没有给我们任何方式可以一个个地区分出思想、行动、愿望和意义。整个理论正是我们必须构造的东西，而许多理论又是同样有效的。这就再次表述了指称的不可理喻性这个论题，但这也暗示了支持这个论题的理由。

（江怡　译）

【注释】

〔1〕关于进一步的细节以及对各种难题的解答，参见华莱士的《语词仅在语句的语境中才有意义》。另见菲尔德（Hartry Field）的两篇文章《蒯因和符合论》（Quine and the Correspondence Theory）和《语义学中的约定论和工具论》（Conventionalism and Instrumentalism in Semantics）。本文极大地受到了华莱士和菲尔德文章的影响。

〔2〕杰弗瑞：《评〈逻辑、方法论和科学哲学〉》（Review of *Logic*, *Methodology*, *and the Philosophy of Science*）。

〔3〕更恰当地说，一切事物都是以及都有一个影子。

〔4〕菲尔德：《蒯因和符合论》，206页。

〔5〕蒯因有时说“背景理论”，有时说“语言”。参见《本体论的相对性》，

48、54、55、67页。

〔6〕同上书，48页。

〔7〕同上书，51页。

〔8〕蒯因：《论经验上相等的世界体系》（On Empirically Equivalent Systems of the World），328页。

〔9〕蒯因：《本体论的相对性》，51页。

〔10〕参见脚注〔1〕中提到的菲尔德的两篇文章。

〔11〕我试图在论文15中给出这个案例。还可参见华莱士的《语词仅在语句的语境中才有意义》。

〔12〕蒯因：《本体论的相对性》，50页。

〔13〕这一点在论文10和11中得到了强调。

字面意义的限度

论文 17　隐喻的含义*
(1978 年)

隐喻（metaphor）是语言之梦的产 245
物，就像人们所做的一切梦那样，对隐喻的解释既是对梦者一方的反映，又在同样程度上是对解释者一方的反映。对梦的解释需要梦者和醒者的合作（即使这两者是同一个人）；并且，做出解释这一行为本身便是想象的产物。理解一个隐喻也如此，它既是在做出一个隐喻，又在同样程度上是一项努力做出的有创造性的工作，这项工作很少为规则所左右。

---

* 本文首次发表于《批判性的探究》(*Critical Inquiry*)，第 5 卷 (1978)，31～47 页。

除了在程度上有所不同以外，这些说法并没有使隐喻区别于那些更普通的言语行为，这也就是说，一切通过言语所完成的交流活动都假设了创造性的建构与创造性的解释之间的相互作用。隐喻不同于通常的话语，前者为后者增色，但前者并未使用超乎后者所依赖的手段之外的语义手段。并没有设计隐喻的指令规则；并没有确定一个隐喻的“含义”或“述说的内容”的可资对照的手册；并没有对于不对口味的隐喻的检验办法。[1]一个隐喻蕴涵着某种程度上的艺术成功；不存在不成功的隐喻，正如不存在不好笑的笑话一样。存在一些没有味道的隐喻，但是，这些隐喻总还算是隐喻，即使它们所述说的某种内容不值得被搞成隐喻或能够被搞成更好的隐喻。

本论文所关注的是隐喻的含义；本论文的论题是，隐喻的含义无非就是其所涉及的那些语词的含义（按照对这些语词的最严格的字面上的解释）。既然这个论题公然违背我所熟悉的一些当代的看法，因此，我所要说的很多内容是批判性的。但我认为，在消除了错误和混
246 乱之后对隐喻的描述会使隐喻成为一种更有趣的（而不是不那么有趣的）现象。

我将猛烈抨击的主要错误是这样一种看法，即隐喻除了其字面上的含义或意义之外还有另外的含义或意义。这种看法为很多撰写过关于隐喻的论著的人所共有，这种看法可以在下述这些人的论著中找到，即像理查兹、恩普森（W. Empson）和温特（I. Winter）这样的文学批评家，从亚里士多德到马克斯·布莱克的哲学家，从弗洛伊德等早期心理学家到斯金纳（B. F. Skinnet）等后期心理学家，以及从柏拉图到乌列尔·魏因赖希（Uriel Weinreich）和乔治·拉科夫（Lakoff）的语言学家。这种看法具有多种表现形式（从亚里士多德的比较简单的形式到布莱克的比较复杂的形式）。这种看法出现在坚持认为可以对隐喻做出精确的字面上的释义的论著之中，但那些认为通常无法对隐喻做出精确的字面释义的人也具有这种看法。有些人强

调隐喻所能引发的特殊见识，他们重视这样一件事实，即日常语言在其通常发挥的作用中没有产生这样的见识。不过，这种观点也把隐喻看做是一种与普通的交流活动并行不悖的交流形式；隐喻差不多就像较清楚明白的语言那样传递关于世界的真理或谬误，尽管所传递的信息可以被认为是更异乎寻常的、更深刻的或被更精巧地装扮过的。

在我看来，认为隐喻主要是一种传递思想（即使是异乎寻常的思想）的手段这种看法，就如同认为一个隐喻具有某种特殊意义的母看法（parent idea）一样是错误的。我赞同这样一种看法，即无法对隐喻做出释义；但我认为，这并不是因为隐喻说出了某种就字面上的表达而言过于新奇的内容，而是因为隐喻中根本就没有要去进行释义的东西。无论是否可能，释义对于**已被说出**（said）的内容来说是适当的，这也就是说，在释义中，我们试图用另外一种方式把这个内容说出来。但是，倘若我的看法是正确的话，那么，一个隐喻并没有说出超乎其字面意义之外的任何内容（做出这个隐喻的人在使用这个隐喻时也没有说出超乎其字面含义之外的任何内容）。当然，这并不是要否认隐喻具有寓意，也并不是要否认能够通过进一步使用其他语词把这种寓意显示出来。

以往，那些否认隐喻除了具有字面含义之外还具有认识内容的人常常力图表明，隐喻造成混乱，它们仅仅具有情感上的含义，它们不适用于严肃的、科学的或哲学上的谈话。不应当把我的看法与这种传统联系在一起。隐喻不仅在文学中，而且在科学、哲学以及法学中都是一种合法的表达手段；它在褒贬中，在祈祷和推销中，在描述和法规中都在有效地发挥作用。除了我也认为隐喻比起通常的话语起着更多的作用，而这些更多的作用在性质上是不同的之外，我在大多数问题上不同意马克斯·布莱克、保罗·亨勒（Paul Henle）、纳尔逊·古德曼（Nelson Goodman）、门罗·比尔兹利（Monroe Beardsley）等人对隐喻所起作用的解释。 247

我不赞同对隐喻如何取得惊人效果的那种说明。需要预先指出的一点是：我的讨论依赖于语词的含义与使用语词来做的事情之间的区别。我认为，隐喻仅仅属于语言使用的范围。隐喻是通过对语词和语句的富于想象力的运用而造就出的某种东西，隐喻完全依赖于这些语词的通常意义，从而完全依赖于由这些语词所组成的语句的通常意义。

为语词设定一些隐喻的或比喻的意义，或者设定一些特殊种类的关于诗的或隐喻的真理，这种做法对于说明语词在隐喻中的作用是无济于事的。这些看法并没有对隐喻做出说明，它们反而要由隐喻来说明。一旦我们理解了一个隐喻，我们可以把我们所把握住的内容称做“隐喻的真理”，（这时）我们才能说“隐喻的意义”是什么。可是，简单地把这种意义纳入隐喻，这种做法就如同是通过说一粒药丸具有催眠作用来说明这粒药丸之所以使你入睡的原因。可以脱离语言使用的特定语境向语词和语句指派字面意义和字面上的真值条件，这便是论及这些字面意义和字面上的真值条件这种做法之所以具有说明力的原因。

我试图确立我的关于隐喻含义的否定性看法，并通过考察某些关于隐喻性质的错误理论来引入我的一些有限定的肯定性断言。

一个隐喻使我们注意到在两个或更多个事物之间的某种相似性（常常是新奇的或令人惊奇的相似性）。这个司空见惯的正确观察结果导致（或者说似乎导致）一种关于隐喻意义的结论。试考虑通常的相似性或类似性：两朵玫瑰花是类似的，因为它们都具有是玫瑰花这个特性；两个婴儿是类似的，因为他们都具有婴儿这种性质（infanthood）。或者更简单地说，因为每朵玫瑰花都是一朵玫瑰花，所以玫瑰花都是类似的；因为每个婴儿都是一个婴儿，所以婴儿都是类似的。

假定某人说“托尔斯泰曾经是一个婴儿”。作为婴儿的托尔斯泰以怎样一种方式相似于其他婴儿呢？合适的回答是：依据他对婴儿性质的展示，这也就是说，依据他是一个婴儿这一点而忽略某些无关的东西。倘若我们对“依据”这个字眼感到厌烦，我们似乎仍然可以通过下述说法而使上述说法更清楚明白一些，即作为婴儿的托尔斯泰同其他婴儿一样也享有这样一个事实：“是一个婴儿”这个谓词适用于他。假定给出了“婴儿”这个词，我们就可以毫无困难地精确说明作为婴儿的托尔斯泰是如何类似于其他婴儿的。我们不用“婴儿”这个词也能做到这一点，我们所需要的只是其他的与“婴儿”具有相同含 248
义的语词。最终结果是相同的。通常的类似性依赖于通过语词的通常意义所确立的编组分类。这样的类似性在下述含义上是自然的和不令人惊奇的，即人们所熟悉的那些对对象进行分门别类的方式是与通常语词的通常意义相联系着的。

一个著名的批评家说过，托尔斯泰是“一个伟大的进行道德说教的婴儿”。这里所指称的那个托尔斯泰显然不是作为婴儿的托尔斯泰，而是作为成年作家的托尔斯泰；这便是隐喻。那么，托尔斯泰在什么样的含义上是类似于一个婴儿的作家呢？或许，我们要做的事情是考虑那类包括一切普通婴儿的对象，此外再考虑作为成年人的托尔斯泰，然后再反躬自问那个对象类中的成员具有什么样的令人惊奇的共同特性。颇能打动人心的想法是这样，只要有足够的耐心，我们就能根据需要尽可能具体地确定出那种适当的特性。如果我们找到的语词恰恰具有隐喻性的词“婴儿”所具有的含义，那么，我们无论如何都能完成这项任务。从我的观点看来，问题的要害并不是我们是否能找到其他的完美的词，而在于这样一个假定：存在某种期望得到的东西，即一种要使之一致的隐喻意义。到现在为止，我所做的事情不过是粗略地概述一下意义概念是如何逐渐地被纳入对隐喻的分析的，而我暗示出的回答是，既然在我们看来通常的多种多样的类似性与在我们看来通常的多种多样的意义是一致的，那么，为了有助于说明隐喻所引起的类似性而设定一些不通常的或隐喻的意义，这是很自然的。

因此，顺理成章的看法便是：在隐喻中，某些语词呈现出新的

（或人们常说的“扩展出的”）意义。例如，当我们读到“上帝的圣灵逼近水面（face）”这段话时，我们会把“face”（脸面）这个词看做是具有一种扩展出的意义（我且先忽略这段话里所包含的其他进一步的隐喻）。这种扩展出的意义凑巧适用于哲学家所谓的这个词的外延，即这个词所指称的那类实体。“face”这个词在这里可用于指通常所说的脸面，此外还可用于指水。

这种解释无论如何都不可能是完全的，这是因为，如果“脸面”和“婴儿”这些词在这些语境中可正确地用于水和成年托尔斯泰，那么，水便确实具有脸面，托尔斯泰便确实是一个婴儿，而隐喻的一切意思便都消失了。倘若我们要把隐喻中的语词看做是直接在完成这样一项工作，即被应用于它们确实可恰当地适用于的那些东西，那么，
249 隐喻和把一个新词项引入我们的词汇之间便没有任何差别了，这也就是说，做出一个隐喻便是在扼杀这个隐喻。

没有考虑到的是求助于隐喻中的语词的原有意义。不论隐喻是否依赖于新的或扩展出的意义，隐喻都无疑以某种方式依赖于其中语词的原有意义；对隐喻的适当解释必须使语词的最初意义或原有意义依然在其隐喻环境中发挥积极作用。

因此，我们或许能把隐喻解释为一种含混性，这也就是说，在隐喻的语境中，某些语词既具有新的意义又具有原有的意义，而隐喻的力量则依赖于我们在这两种意义之间犹疑不定的不确定性。例如，当梅尔维尔①写道“基督是一座天文钟（chronometer）”时，隐喻的效果便是出自下述事实：我们首先按其通常含义来理解“chronometer”，然后又按某种异乎寻常的或隐喻的含义来理解它。

难以看出这种理论如何能是正确的。因为语词的含混性（倘若有这种含混性的话）是出于下述事实：在通常的语境中，语词有一种意思，而在隐喻的语境中，它又有另外某种意思；可是，在隐喻的语境

① 梅尔维尔（Herman Melville，1819—1891），美国作家。

中，我们却并非必然要对语词的意义犹疑不定。当我们确实犹豫时，这通常是要判定在若干种对隐喻的解释中，我们将接受其中哪一种解释；我们很少对我们所面临的是一个隐喻这一点表示怀疑。而在对于对一段隐喻做隐喻性解释这一点确信无疑的情况下，隐喻依然易于发挥其效力。因此，不能把隐喻的效力归结为这种含混性。〔2〕

另外一种牌号的含混性看来也许会提供一个更好的建议。有时，一个语词在单一语境中会具有两种我们都打算记住并使用的意义。或者说，如果我们把语词这种东西本身看做是蕴涵着意义的相同性，那么，我们就可以把所论及的那种情况描述为：在这种情况下，看来是单一的一个词实际上是两个词。当莎士比亚的剧①中人物克瑞西达像 250
妓女一样被迎入希腊营地中时，涅斯托说："我们的将军（our general）要用一个吻来向您致敬。"在此，我们能以两种方式来理解"general"：这个词既可以适用于作为将军（general）的阿伽门农，又可一般地（in general）适用于每一个人，而不限于某个特定的人。我们实际上得到的是下述两个语句的合取：我们的将军（general）阿伽门农要用一个吻来向您致敬；大家（everyone in general）都要用一个吻来向您致敬。

这是一种合法的表达手段，即双关语，但这种表达手段不同于隐喻。因为在隐喻中没有必要做出重复；不管我们向语词指派什么样的意义，只要我们正确理解所论及的那段隐喻，这些意义便被保留下来。

可以对上一个建议做出一种似乎合乎情理的限定，即把一个隐喻中的那个关键词（或一些关键词）看做是同时具有两种不同的意义，

① 指莎士比亚的剧作《特洛伊罗斯与克瑞西达》。克瑞西达（Cressida）是特洛伊祭司卡尔卡斯之女，阿伽门农（Agamemnon）是希腊将军，涅斯托（Nestor）是希腊将领。下面所引用的涅斯托的那句话孤立地看可以做戴维森所说的那两种理解，但在剧中情节的上下文里只能做第一种理解。参看西森（C. J. Sisson）编：《莎士比亚全集》（*William Shakerspear——The Complete Works*），奥德汉斯出版有限公司，791 页。

即一种字面意义和一种比喻意义。试把那种字面意义想象成潜在的，即某种为我们意识到的、能够对我们起作用而又不在语境中起作用的东西，而那种比喻意义则直接发挥作用。最后，还必须有一种规则把这两种意义联系起来，因为否则的话，所论及的那种解释便会陷入一种含混性理论的形式。这种规则（至少对于隐喻的很多典型情况而言）说的是，语词在发挥其隐喻作用时适用于它在发挥其照字面解释的作用时所适用的每个东西，然后才适用于另外的某种东西。[3]

尽管这种理论看起来可能会很复杂，但它却惊人地类似于由弗雷格提出的、用以解释在模态语句和关于命题态度（如信念和愿望）的语句中的指称词项之行为的理论。根据弗雷格的看法，每个指称词项都有两种（或更多种）意义，一种意义在通常的语境中确定该词项的指称，另一种意义在由模态算子或心理动词所造成的特殊语境中确定该词项的指称。可以把联系这两种意义的规则做如下表述：语词在特殊语境中的意义使得在特殊语境中的指称同一于在通常语境中的意义。

这里是完整的描述（表述弗雷格的看法以及一种弗雷格式的关于隐喻的看法）：我们应把语词看做是具有两种特殊的或超世俗的应用领域（除了其世俗的应用领域之外），一种是关于隐喻的应用领域，另外一种是关于模态语境等等的应用领域。在这两种场合下，原有意
251 义依据一条把各种不同的意义联系在一起的规则依然发挥其作用。

在强调过在隐喻意义与弗雷格的那种关于间接语境的意义之间可能具有的相似关系之后，我转而讨论一种在坚持这种相似关系时所碰到的给人深刻印象的困难。假定你正在接待一名来自土星的来访者，试图教会他使用“地板”这个词。你试图通过那些为人们所熟悉的窍门来教会他这个词，即领着他从地板走到地板，指向地板，用脚踩踏地板，同时嘴里反复说“地板”这个词。你促使他实验一下，即让他用手尝试性地轻拍这个词所指的对象，同时对他的正确和错误的尝试予以奖罚回报。你想要让他最终不仅知道这些特定对象或表面是地

板，而且知道如何在他看到或接触到地板时辨别出地板。你所上演的这出滑稽剧并没有**告诉**他他需要知道什么，而是靠碰运气帮助他获知这一点。

我们是否应当把这个过程称做学到关于世界的某件事情或学到关于语言的某件事情的过程？这是一个奇怪的问题，因为所学到的东西不过是：所论及的那一点语言指称所论及的那一点世界。然而，不难在学会一个词的意义这项活动与在学会这种意义之后使用这个词这两者之间做出区别。对这两种活动进行比较之后，采取下述说法是很自然的，即第一种活动涉及学习关于语言的某件事情，而第二种活动则通常是学习关于世界的某件事情。如果你所接待的那位土星人已学会如何使用“地板”这个词，你便可以试图告诉他某件新的事情，即**这里**是地板。倘若他已经掌握了关于这个词的窍门，你便已经告诉了他关于世界的某件事情。

现在，你的来自土星的朋友穿过宇宙把你运到他的故土，他回首遥望你对他说过的地球，对着地球点头说“地板”。或许他会认为这仍然是教他学会这个词的课堂教学的一部分，并假定“地板”这个词可恰当地应用于地球（至少从土星的角度看来）。可是，假如你本以为他已经知道“floor”的意义，而你又想起但丁①是如何从天空中某个类似的地方把人们居住的地球看做是“使我们热情洋溢的小圆场(floor)”，那将怎么办呢，你的意图旨在做出隐喻，而不是训练语言使用。你的土星朋友以何种方式来理解“floor”这个词会对他产生什么影响呢？就所考虑的那种隐喻理论而论，这只会造成微乎其微的影响，这是因为，根据这种理论，一个语词在一种隐喻语境中具有新的意义；因此，隐喻的场合将是学习新的意义的场合。我们应当同意的是：在某个给定的语境中我们究竟是认为一个语词以隐喻的方式被使用还是认为它是以一种先前未知的、但又是严格的方式被使用，这

① 但丁（Dante Alighieri，1265—1321），意大利诗人及教士。

252 在某些方面只造成相对小的差别。恩普森在《关于田园诗的一些看法》一书中援引了约翰顿①的这样几行诗句："当我们的血液竭力分娩出/精灵的时候，就如同它能产生灵魂一样……/纯洁无瑕的情人的灵魂也必定如此降生……"恩普森指出，现代的读者差不多一定会从隐喻的角度来理解这段诗中的"spirits"这个词，尽管就外延而论，这个词只适用于某种精神上的东西。但是，对于约翰顿来说却毫无隐喻可言。他在其《训诫》一书中写道："圣灵（the Spirits）……是血液中有活力的精细部分，它们是介于灵魂和肉体之间的一种中间物。"知道这一点并没有多大重要性；恩普森的下述说法是正确的："语词的变化（即在我们看来语词所意谓的东西的变化）不致影响诗意，这是难以理解的。"[4]

至少在有些场合下，这种变化可能是难以意识到的，但是，除非有某种变化，否则的话，大部分被认为是隐喻之趣味所在的东西便会丧失殆尽。我一直通过把学习一个旧词的新用法这一点与使用一个已被理解的语词这一点进行对比来证明上述论点的正确性。我说过，在前一种情形下，我们的注意力指向语言；而在另外那种情形下，我们的注意力则指向语言所论述的东西。我提出过这样一个建议，即隐喻属于第二个范畴。通过对亡隐喻（dead metaphors）的考察也可以看到这一点。我假定，从前河流和瓶子不像现在这样，严格地说：它们都没有口（mouth）。再考虑"mouth"这个词现在的用法，我们是否把这个词看做是含混的，这无关紧要，因为它不仅适用于动物的口，而且适用于河口和瓶子口，或者说，我们认为存在一个单一的宽广的应用领域，它包括上述两者。重要的在于，当"mouth"这个词仅仅以隐喻的方式应用于瓶子时，这种应用便使听者**注意到**动物的口与瓶子的口之间的相似性。（试考虑荷马②把伤口说成是 mouths。）一旦

① 约翰顿（John Dunne，约 1572—1631），英国诗人。
② 荷马（Homer，公元前 9 世纪左右），古希腊诗人。

人们按现在的用法来使用这个词（即可以根据其字面含义把这个词应用于瓶子），那么便没有什么要注意的东西了。不存在要去寻求的类似性，因为它仅在于由相同的语词所指称。

新奇性并不是要争论的问题。一个语词在其语境中一旦被当做一个隐喻，它在第一百次被听到的时候依然是一个隐喻，而在一个语词按照它的一种新的字面含义来发挥作用时，即使是第一次碰到这种新的字面含义，人们也可以轻而易举地辨别出它来。我们在隐喻中称为新奇或令人惊奇的因素的东西是指我们能再三体验到的一种内在的美 253
学特征，就像在海顿[1]的第 94 号交响曲中所蕴涵的那种令人惊异的感染力或一种为人们熟悉的，但易于使人误解的节奏一样。

倘若隐喻涉及另外一种意义（正像出现含混性时那样），我们也许会期望能够通过等到所论及的隐喻变成亡隐喻来详细说明一个语词在隐喻语境中的特殊意义。应当在亡隐喻的字面意义中使活隐喻（living metaphor）的比喻意义得以延续。不过，尽管有些哲学家提出过这种看法，但它似乎是完全错误的。“他被火烧着了”（He was burned up）这句话具有名副其实的含混性（因为这句话可以在一种含义上为真，在另一种含义上为假），可是，尽管“burned up”这个俚语式的成语毫无疑问是一个亡隐喻，但“他被火烧着了”现在仅仅是暗示他十分愤怒。当这个隐喻尚有活力时，我们会生动地想象出所论及的那个人眼中冒火，耳里冒烟。

我们可以通过把隐喻与明喻（similes）进行比较而学到很多有关隐喻含义的知识，因为一个明喻部分地告诉我们一个隐喻仅仅要引起我们注意到的东西。假定戈内丽尔想到李尔王[2]时说，“老傻瓜又像婴儿一样耍孩子气了”，那么，她便使用这些语词断定了老傻瓜与婴儿之间的类似性。当然，她实际上说的是“老傻瓜又变成婴儿耍孩子

① 海顿（Franz Joseph Haydn，1732—1809），奥地利作曲家。

② 戈内丽尔（Goneril）和李尔王（King Lear）是莎士比亚剧作《李尔王》（1605）中的两个人物，戈内丽尔是李尔王的大女儿。

气了”，她是如此使用这些语词来提示所论及的那个明喻所断言的类似性。按照这些思路来思考可以导致另一种关于隐喻的比喻意义或特殊意义的理论，这种理论认为，一个隐喻的比喻意义是与之相应的明喻的那种字面意义。例如，“基督是一座天文钟”这句话就其比喻意义而言与“基督就像一座天文钟一样”这句话同义，而“他被火烧着了”这句话曾隐含的隐喻意义是在“他就像是某个被火烧着了的人一样”（或许是“他就像是被火烧着了一样”）这句话中表现出来的。

诚然，在识别出与某个给定的隐喻相应的明喻上存在困难。弗吉尼亚·伍尔夫①说过，一个有高度文化修养的人是指“这样一个具有严格训练过的智力水平的男人或女人，他或她驾驭着其心智飞驰在田野上去追逐一个思想”。什么样的明喻相应于这个隐喻呢，或许是一个如下的明喻：“一个有高度文化修养的人是指这样一个男人或女人，其智力就像是一匹受过严格训练的马，他或她坚持不懈地思考一个思想，就像是一个飞驰在田野上去追逐……某个东西的骑手一样。”

一个隐喻的特殊意义等同于一个相应的明喻（无论怎样对“相应的”做出详细说明）这种看法不应当与这样一种普通理论相混淆，即

254 认为一个隐喻也就是一个省略了的明喻。[5]这种理论没有在隐喻与某种相关的明喻之间从意义上做出区别，没有提出谈论比喻意义、隐喻意义或特殊意义的任何根据。就简单性而论，这种理论轻而易举地占了上风，但它看来也过于简单，以至于发挥不了作用。因为，如果我们使隐喻的字面意义成为与之一致的一个明喻的字面意义，那么，我们便否认了我们可以了解我们原来当做隐喻的字面意义的东西，而我们从一开始就差不多同意这样一种看法：不管可以在非字面意义方面必须引入其他的什么样的东西，这种意义对于隐喻的作用方式来说是必不可少的。

无论是那种把隐喻看做省略了的明喻的理论还是它的更精致的说

---

① 伍尔夫（Virginia Woolf，1882—1941），英国女作家。

法（这种说法把隐喻的比喻意义等同于一个明喻的字面意义），都有一个共同的致命缺点。它们都使隐喻的隐含意义变得太明显和太便于理解了。在每种情形下，这种隐含意义都可以简单地通过注意到一个通常是十分平凡的明喻的字面意义而寻求到，即这个东西像那个东西一样，如托尔斯泰像一个婴儿一样，地球像一块地板一样。它之所以是平凡的原因在于：每一个东西都像每一个东西一样（并且是以无穷无尽的方式）。隐喻经常是非常难以被解释的，因此人们说隐喻经常是不可能被释义的。但是就这种理论而论，解释和释义通常在最不精于此道的人那里是唾手可得的。

我认为，这些明喻理论之所以让人感到是可接受的原因仅仅在于，有的人把它们与一种完全不同的理论混为一谈了。试考虑马克斯·布莱克的这样一种说法：

> 当斯宾塞把几何学证明称做捕鼠器时，根据这样一种看法，他实际上是在说（尽管没有明确地说）："一个几何学证明就像是一个捕鼠器，因为两者都先提供一种欺骗性的好处，然后逐渐地引诱它们的牺牲品，最后导致意想不到的不愉快结局，如此等等。"这是一种把隐喻视为一种被缩聚了的或省略了的明喻的看法。[6]

在此我要区别两个结论。第一，倘若隐喻是省略了的明喻，那么前者便**明确地**说出了明喻所要说出的内容，因为省略是一种简缩形式，而不是释义形式或间接表述形式。可是（这是更重要的问题），布莱克关于隐喻述说的内容的陈述大大超出了相应的明喻所给出的内容的范围。所论及的那个明喻仅仅说一个几何学证明就像是一个捕鼠器。它 255
没有进一步**告诉**我们应注意所论及的那个隐喻所给出的是什么样的类似性。布莱克提到三种类似性，当然，我们总是能向这个列举各种类似性的一览表上继续添加新项目。但是，在以正确的方式对之修改和补充之后，难道可以把这个表列设想为给出了明喻的字面意义吗？当然不行，因为明喻所断言的仅仅是类似性。如果把这个表列设想为提供了明喻的比喻意义，那么，我们从与明喻的比较中学不到任何关于隐喻的知识，而仅仅获知两者都具有同样的比喻意义。纳尔逊·古德曼的确做出过这样一种断言，即“明喻与隐喻的差别是微不足道的”。他继续说道：“无论所用的措词是‘就像是……一样’还是‘是’，比喻都是通过挑选出某种共同特征而把图片**比做**人……”[7]古德曼所考虑的是，在说一张图片是悲哀的与说这张图片就像是一个悲哀的人这两种说法之间的差别。显然，这两种说法都的确把图片比做人，但在我看来，认为这两种说法都“挑选出”一种共同特征，这是一个错误的断言。明喻说的是存在一种相似性，并把挑选出某种或某些共同特征的工作留给我们；虽然隐喻并没有明确断定一种相似性，可是，倘若我们把它接受为一种隐喻，我们就又被诱使去寻求一些共同特征（它们未必同于与之相关的明喻所表明的特征，不过这是另外一个问题）。

恰恰是因为一个明喻十分明显地表明一种类似，因此，在我看来，坚持认为存在另外一种隐含的意义，这种看法在明喻的场合下远不如在隐喻的场合下合乎情理。在明喻的场合下，我们注意到它在字面含义上所述说的内容，即两个事物彼此相像；在这种场合下，我们注意到所论及的那些对象，并考虑在所论及的语境中恰好是什么样的类似性。判定出是什么样的类似性之后，我们也许会说明做出该明喻的人想要使我们（即有意让我们）注意到那种类似性。但是，在意识到所论及的那些语词的含义与做出明喻的人通过使用这些语词所完成的行为之间的差别之后，我们就会感到，几乎没有什么东西会诱使我们通过赋予那些语词本身以另外一种意义或比喻意义来说明所发生的东西。语言意义这个概念的目的在于解释能够用语词所做出的事情。可是，明喻的那种被假定出的比喻意义却解释不了任何事情。那种比喻意义并不是语词先于并且独立于语言使用的语境而具有的一种语词特征，它并不是建立于任何语言习俗（除了那些支配通常的意义的语言习俗之外）的基础之上的。

语词以其字面意义在明喻中确实做出的事情，它们也必定能在隐 256
喻中做出。一个隐喻使注意力指向与之相应的明喻所表明的同一种类的类似性（如果不是指向相同的类似之处的话）。但在这种情况下，隐喻旨在引发的那些出乎预料的或微妙的相似之处或类似之处，则不必依赖于（就引发这些相似之处而论）超出语词的字面意义之外的其他什么意义。

隐喻和明喻仅仅是无数多的用来（通过使我们做出比较）提醒我们注意到世界的诸多方面的手段中的两种。我从 T. S. 艾略特[1]的《河马》这首诗中援引以下几节诗：

那只肩背宽厚的河马
把肚皮贴在泥淖上休息；
虽然他显得坚不可摧，
却也仅仅是血肉之躯。

血肉之躯可又弱又脆，
经受不起神经上的震荡；
而真正的教会永不倾颓，
因为它建筑在岩石之上。

为了把物质的目的达到，
河马无力的脚步也许偏离，
而真正的教会从不需要

① 艾略特（Thomas Stearns Eliot，1888—1965），生于美国的英国诗人及文学评论家，曾获 1948 年诺贝尔文学奖。

动一动来收进它的红利。

河马永远也不能够
吃到芒果树上的芒果，
但来自海外的梨子和石榴
使教会生机勃勃、精神振作。〔8〕①

在这里，我们既没被告知那座教堂与一匹河马相像（正如在明喻中那样），也没被迫使做出这种比较（正如在隐喻中那样），但毫无疑问的是，可以通过使用这些语词把我们的注意力指向在那座教堂与河马之间的相似之处。在这种场合下，我们也不应当抱有很多要设定比喻意义的期望，因为，我们要把这些比喻意义纳入什么样的语词或语句之中呢？河马确实把肚皮贴在泥淖上休息；诚如诗中照字面解释而说，真正的教会永不倾颓。当然，这首诗的确暗示出很多超出诗中的语词的字面意义的东西。但是，暗示并不是意义。

上述论证到目前为止导致这样一个结论，即凡是能够依据意义来解释的隐喻都可以、并且的确是必须通过求助于语词的字面意义来解释。还可得出这样一个推断，即出现隐喻的语句是以通常的、严格的
257 方式而为真或假的，这是因为，如果语句中的语词没有特殊意义，那么语句也就没有特殊的真。这并没有否认存在诸如隐喻真理之类的东西，只是否认语句有这类东西。隐喻的确使我们注意到在其他场合下可能会注意不到的事情，并且，在我看来，有理由说这些由隐喻引发出的想象、思想和情感是有真假的。

如果一个以隐喻的方式来使用的语句是在通常含义上有真假的，那么，它通常是假的，这一点是清晰的。明喻与隐喻之间的最明显的

① 这四节诗的译文取自裘小龙译文，见艾略特：《四个四重奏》，桂林，漓江出版社，1985，54页。诗中把世俗生活比做河马，以与教会形成对照；诗中所谓的"真正的教会"是指罗马天主教教会，因为后者自称为"真正的教会"。

差别是，一切明喻都是真的，而大多数隐喻是假的。地球便是一块地板，亚述人（Assyrian）就像狼一样袭击羊群，因为每个东西都像是每个东西一样。可是，一旦把这些语句转变成隐喻，也就使它们变成假的了，因为地球像是一块地板，但它并不是一块地板；长大成人的托尔斯泰像是一个婴儿，但他并不是一个婴儿。我们通常只是在我们知道相应的隐喻为假的情况下才使用明喻。我们说 S 先生像是一头猪，因为我们知道他不是一头猪。假如我们使用隐喻，说他是一头猪，那么，这并不是因为我们对所论及的事实改变了想法，而是因为我们选择用另一种不同的方式来理解“他是一头猪”这一看法。

重要的并不在于我们以隐喻方式来使用的那个语句实际上是假的，而在于我们把那个语句看做假的。请注意在下述场合下所发生的情况，即我们用做隐喻的一个语句（我们认为它为假）由于据认为是关于世界的事实的变化而被认为是真的。当据报道海明威[①]所乘坐的飞机被目击在非洲失事后，纽约《镜报》用大字标题写道：“海明威在非洲遇难（lost）[②]”，“lost”这个词被用来暗示海明威已去世。当结果表明海明威还活着时，《镜报》仍用这个大字标题，不过是从其字面含义上[③]来理解它。或者考虑这样一个事例：一个女人梦见她穿着一件漂亮的衣服，便说“真是一件梦幻中的衣服”，然后就醒了。这个隐喻的要点在于，那件衣服像是一件人们会梦见的衣服，因此，它并不是一件梦幻中的衣服。[④] 亨勒从《安东尼与克莉奥佩特拉》（2.2）这个剧作中找到了一个很好的例子：

---

① 海明威（Ernest Hemingway，1899—1961），美国小说家，曾获 1954 年诺贝尔文学奖。

② lost，作为隐喻取其暗示。

③ 即“失踪”这个含义。

④ 戴维森用这个例子来说明，被用做隐喻的、被认为假的语句可能会由于事实而变成真的。在这个例子中，所梦见的那件漂亮衣服事实上也正是一件梦幻中的衣服，“真是一件梦幻中的衣服”这个当时被认为假的语句现在变成真的了。

她坐的那艘画舫就像一尊在水上
燃烧的发光的宝座。①

这里，明喻和隐喻以奇怪的方式相互作用，可是，如果人们想象以字
258 面含义来理解燃烧，其中的隐喻便会消失。如果人们过于认真地看待其中所论及的那个比较，就能以大致相同的方式破坏明喻的效果。伍迪·艾伦②写道：“发生在随后几周的审判就像是一场马戏表演，尽管让大象走进审判室有某种困难。”[9]

一般来说，仅仅在一个语句被看做是假的情况下我们才可以把它看做是一个隐喻，才开始去搜寻那种隐含的暗示。大概是出于这个理由，大多数隐喻语句都**显然**是假的，正如一切明喻都以平凡的方式为真一样。一个隐喻语句中的荒谬和矛盾保证了我们不会相信它，并且使我们（在一些恰当的场合下）以隐喻的方式来理解这个语句。

隐喻通常显然是假的，但有时也会显然为真。“交易就是交易”这句话就其字面意义而论是太显然了，以致不能把它看做是被说出传递知识的，因此我们寻求另外一种使用；特德·科恩（Ted Cohen）在这同一方面提醒我们说，任何人都不是一座孤岛。[10] 这里所论及的要点是同样的。在语言使用的语境中的通常意义很奇特，足以促使我们漠视关于严格照字面解释的真理的问题。

现在让我通过把做出一个隐喻与撒一个谎进行比较来提出一个有点柏拉图式的问题。这种比较是很易于做出的，因为撒谎就像做出一个隐喻一样，也与语词意义无关而与语词的使用有关。有时人们说，撒谎可以衍推出假话；但这个看法是错误的。撒谎并不要求你说的话是假的，而要求你认为它是假的。既然我们通常相信真语句，不相信

① 《安东尼与克莉奥佩特拉》（*Anthony and Cleopatra*）系莎士比亚剧作。这段译文取自朱生豪译文，见《莎士比亚全集》（十），北京，人民文学出版社，1978，35页。

② 艾伦（Woody Allen，1935— ），美国演员、作家和电影导演。

假语句，那么，大多数谎言是假的；但在任何一个特定场合下，这都是一件偶然事件。同一个语句在不改变意义的情况下既可用于做出隐喻又可用于撒谎，这个事实便强调了做出隐喻与撒谎之间的一致性。因此，一个信任女巫但认为她的邻居不是女巫的女人可能会说，“她是一个女巫”，并以隐喻的方式来解释这句话；但这同一个女人会在对女巫和她的邻居持同样看法的情况下有意骗人，她可能会使用同样的话语来达到十分不同的效果。既然语句和意义在这两种场合下都是同样的，因此，有时便难以证明哪一个意向隐藏在上述说法的后面。例如，一个说“拉铁摩尔是一名共产党员”这句话并有意撒谎的人始终能以是在做出一个隐喻为理由来试图为自己开脱罪责。

造成谎言与隐喻之间的差别的东西并不是在所使用的语词或这些 *259*
语词的含义（就意义的严格含义而论）上的差别，而是在如何使用这些语词上的差别。当然，使用一个语句来说谎和使用它来做出隐喻是完全不同的用法，以至于它们互不干扰，正像（譬如说）完成一个行动和说谎这两者互不干扰一样。在说谎时，一个人必须做出一个论断以便表示他本人相信他并不相信的事情；在完成一个行动时，则要把论断排除在外。隐喻不顾及这种差别。对一个人说“你是一头猪”可能是一句骂人的话，因而是一个论断。可是，当（我们不妨这样假定）奥德修斯对他的在西尔斯宫中的伙伴们说出同样的话语时，便不涉及任何隐喻；的确，这是一种描述，因而并不是论断——但所论及的那个语词至少有一次是按照其字面解释来说到人的。

任何一种关于隐喻意义或隐喻真理的理论都无法帮助说明隐喻是如何发挥作用的。隐喻是沿着那条与最清楚明白的语句所走的同一条为人们所熟悉的语言轨道而行进的，从对明喻的考察中我们看到了这一点。区别出隐喻的东西并不是意义而是使用——就此而论，隐喻像是论断、暗示、说谎、允诺或批评。我们在隐喻中对语言的特殊使用并不是（不可能是）“说出某种特殊的东西”（无论多么间接）。因为一个隐喻**说出来**的仅仅是表面看来所表明的东西，这种东西通常显然是假的或是荒谬的真理。并且，这种人们都很明白的真或假无须释义——它的意义是按照所论及的语词的字面意义给出的。

我们在用于描述隐喻内容的方法和手段上已经花费和正在花费大量精力，我们要由此达到什么样的目的呢？心理学家罗伯特·维布拉格（Robert Verbrugge）和南希·麦卡雷尔（Nancy McCarell）告诉我们：

> 很多隐喻所注意的是共同的关系系统或共同的变换，在这些隐喻中，参与者的同一性是次要的。例如，试考虑下述语句：**一辆汽车像是一个动物，树干是干渴的树叶和树枝的麦秆**。第一个语句把注意力指向能量消耗、呼吸机能、自我诱导运动、感觉系统之间的关系系统。在第二个语句中，类似之处则是一种更受约束的变换类型：从液体源中通过一个垂直取向的圆柱体吸收液体送至目的地。〔11〕

维布拉格和麦卡雷尔认为在语词的严格照字面解释的使用与隐喻性使
260 用之间没有明确的界限；他们认为，很多语词都具有一种要由语境确定（倘若确实可被确定的话）的“模糊”意义。可是，无论对这种模糊性做出怎样的例示和说明，这种模糊性都确实无法消除在一个语句的字面含义（假定给出了它的语境）与它“把我们的注意力所引向的”东西（假定给出了它的由语境确定的字面含义）之间的界限。我援引的那段话并没有使用这样一种区别，这也就是说，在它看来样本语句把我们的注意力引向由这些语句的释义所表达的事实。维布拉格和麦卡雷尔仅仅想要坚持这样一种看法，即一种正确的释义可能强调的是“关系系统”，而不是对象之间的类似。

根据布莱克的相互作用理论，一个隐喻使我们把一个与隐喻词联系在一起的“老生常谈的系统”应用于隐喻论及者，例如，在“人是一只狼”这句话中，我们把狼的一些通常属性（老一套的属性）归之于人。布莱克说，隐喻便是这样“通过蕴涵着一些通常适用于辅助论及者的关于主要论及者的陈述而选择、强调、抑制和组织主要论题的种种特征”〔12〕。根据布莱克的看法，如果释义失效，这并不是因为隐喻没有特殊的认识内容，而是因为释义“不会有与原有意义相同的阐释力。……我很想要强调的几个论点之一是，在这类场合下的损失便是认识内容上的损失；严格的字面释义的相关弱点并不在于它可能会是冗长得令人不耐烦或明确得使人厌烦；它未成为一种翻译的原因在于它没有给出隐喻所给出的那种见识”〔13〕。

这种看法怎能是正确的呢？倘若一个隐喻具有一种特殊认识内容，为什么把它表述出来竟会如此困难或不可能呢？如果（正如欧文·巴菲尔德所断言的那样）一个隐喻“说的是一回事，它的含义又是另一回事”，为什么在我们试图把它的含义弄得明确起来的情况下所取得的效果竟会如此弱（“用那种方式表述之”，巴菲尔德说，“几乎所有的使隐喻带有一半诗意的光彩照人之处都消失了。”）？〔14〕为什么布莱克认为一种严格的字面释义“不可避免地做了过多的说明（并且做了错误的强调）”？为什么是不可避免的？倘若我们更聪明，我们为什么就不能随心所欲地接近隐喻的本意？

就此而论，明喻是如何在没有一种特殊的中介意义的情况下发挥作用的？一般来说，批评者们并没有暗示明喻说的是一回事，其含义又是另一回事——他们并没有假定明喻具有除了语词的表层意义之外的任何**意义**。正像隐喻一样，明喻也可以使我们思考深刻的思想；在这种情况下，人们怎么会不求助于明喻的“特殊认识内容”呢？并且，请记住艾略特的《河马》一诗，尽管在诗中既没有明喻也没有隐喻，但是，该诗似乎达到的效果恰如明喻和隐喻所达到的效果。难道有人提出艾略特的诗中所用的**语词**具有特殊意义吗？ 261

最后，倘若隐喻所用的语词带有被编码的意义，那么，这种意义如何能区别于这些同样的语词在所论及的隐喻**消亡**的情况下（即当它最终变成语言的一部分时）所带有的意义呢？为什么现在有意使用的

"He was burned up" 这句话的含义不**恰好**是这个隐喻开始使用时曾具有的含义？不过，这个亡隐喻的含义不过就是他十分愤怒——这是一个不难弄清的概念。

因此，在关于隐喻的通常看法中存在一种不融洽的状态。这是因为，一方面，这种通常看法想要坚持这样一种观点，即隐喻做出了平铺直叙的话语无法做出的事情；另一方面，它想要通过求助于认识内容来说明隐喻的所作所为，而这种认识内容恰恰是平铺直叙的话语旨在表达的那种东西。只要我们处于这种心智框架之中，我们就必须至少在某种程度上对**能够**通过求助于认识内容来说明隐喻这一点表示怀疑。

有一条走出这个死胡同的简单出路。我们必须放弃这样一种看法，即认为隐喻带有一种信息，它具有一种内容或意义（当然，这是指除了它的字面意义之外的某种意义）。我们一直在考虑的那些各种不同的理论误解了它们的目标。在它们认为它们为译解被编码的内容提供出一种方法的场合，它们告诉我们（或试图告诉我们）的实际上是某种关于隐喻对我们所造成的**效果**的东西。普遍的错误在于把注意力集中到了隐喻引出的思想的内容上，并把这些内容理解成隐喻本身。毫无疑问，隐喻常常使我们注意到我们以前没有注意到的事物的诸多方面；毫无疑问，隐喻使我们注意到惊人的相似之处和类似之处；正如布莱克所说，隐喻的确提供了一种透镜或框架，我们可以通过它来考察相关现象。问题并不在于此，而在于隐喻是如何与它使我们见到的东西相联系的。

可以公正地说，断言一个隐喻诱发或引起某种关于其论及者的观点，而不是直接把它说出来，这种说法不过是一个老生常谈；实际上也正是这么一回事。例如，亚里士多德说隐喻导致"对相似之处的领
262 悟"。布莱克仿效理查兹的看法说，一个隐喻"唤起"某种反应："一个适当的听者会被一个隐喻引导去建构一个……系统。"[15] 这种看法由赫拉克利特关于特尔斐的神谕的说明简洁地概括为："它既没有说

出也没有隐藏，它做出暗示。”〔16〕

我对于这些关于隐喻效果的描述没有什么异议，我只对那些与之相联系的、论及隐喻理应**如何**产生这些效果的看法提出异议。我所否认的是：隐喻通过具有一种特殊意义、一种特殊的认识内容而发挥作用。我不像理查兹那样认为，隐喻是通过具有一种由两种想法的相互作用引起的意义而产生其效果的；在我看来，欧文·巴菲尔德的下述说法是错误的，即一个隐喻“说的是一回事，其含义又是另一回事”；布莱克的下述说法也是错误的，即一个隐喻凭借一种特殊意义来断定或蕴涵某些复杂事情，并**由此**来完成其产生一种“见识”的任务。一个隐喻是通过其他中介来发挥作用的——假定它能仅仅通过传递一种被编码的信息来发挥效力，这就像是认为一个玩笑或一个梦会做出某种可以由聪明的解释者用大白话重新表述的陈述。玩笑、梦或隐喻就像是一幅图画或是当头一棒，使我们意识到某个事实——但并不是通过代表（或表达）这个事实来做到这一点的。

如果这是正确的，那么，我们在对一个隐喻“进行释义”时设法做到的就不可能是给出该隐喻的意义，因为那依赖于其表层意义；倒不如说，我们设法唤起隐喻使我们注意的东西。我可以想象有人会姑且承认这一点，但又会不以为然地认为这不过是要坚持对“意义”这个词的使用施加限制。这种看法是错误的。当在隐喻问题上的主要错误采取关于隐喻意义的理论这种形式时它最易于受到人们抨击，但隐藏在这种理论之后的则是这样一个可独立地加以表述的论题：与一个隐喻相联系的是做出这个隐喻的人想要传递的一种确定的认识内容，倘若解释者要得到有关信息的话，他就必须掌握这种认识内容。无论我们是否把这种所谓的认识内容叫做意义，这种理论作为一种关于隐喻的完整解释都是错误的。

甚至在最简单的隐喻的场合下，都十分难以判定那种认识内容恰恰应当是什么，这应该使我们对这种理论产生怀疑。我认为，常常十分难以做出上述判定的原因在于，当我们实际上始终把精力集中在隐喻使我们所注意的东西上时，我们便想象存在一种有待捕获的内容。
263 倘若隐喻使我们注意到的东西在范围上是有限的、在性质上是命题性的，那么，这就其本身而言不会造成麻烦；我们不过是把隐喻使我们想到的内容投射到隐喻上去。但实际上对一个隐喻使我们注意到的东西并没有什么限制，并且，促使我们注意到的那些东西的大部分并不是命题性的。当我们试图说明一个隐喻的"含义"时，我们很快就会认识到我们想要提到的东西是无穷尽的。[17] 如果有人用手指沿着一张地图上的海岸线画或提到毕加索的一张蚀刻画上的一条线很漂亮巧妙，那么，究竟有多少事物引起你的注意呢？你也许会罗列出很多很多事物，但你不可能完成这一表列，因为人们不会清楚地应用关于完成的概念。一张照片传递出多少事实或命题？究竟是没传递出任何事实，还是无穷多事实，或是一个不可表述的异乎寻常的事实？这是一个不适当的问题。一幅图画的价值不是一千个词或任何其他数量的词。语词不是用来交换一幅图画的正当货币。

我们在被引向从一种新的角度来看待某件事物时，不仅无法提供关于被注意到的东西的一个详尽无遗的目录，而且所碰到的是更为根本的困难。一般来说，我们注意到或看到的东西并不是命题性的。当然，这种东西**也许**是命题性的，而在这种场合下，通常可以用相当清楚明白的词语把它表述出来。但是，倘若我向你展示维特根斯坦的鸭兔图，并且说"这是一只鸭子"，那么，碰巧你把它看成是一只鸭子；如果我说"它是一只兔子"，那么你会把它看成是一只兔子。可是，任何命题都没有表达出我引导你所看到的东西。或许你已意识到，那幅图可以被看做是一只鸭子，也可以被看做是一只兔子。但是人们能在从没有把那幅图看做是一只鸭子或看做是一只兔子的情况下最终认识到这一点。把某个东西看做是某个东西并不意味着我们所看到的就是那个东西（seeing as is not seeing that）。隐喻通过做出某个引发或促成所论及的那种见识的陈述来使我们把一个东西看做是另外一个东西。既然在大多数场合下隐喻促成或引发的东西并不完全是（乃至完全不是）要识别出某个真理或某件事实，所以，企图对隐喻内容给予照严格字面解释的表述，这乃是完全误入歧途的。

因此，试图求助于一种隐匿的信息来说明隐喻的理论家（就像企图陈述这种隐匿信息的批评家一样）从根本上陷入了混乱。无法得到 264
任何这类说明或陈述，因为这种信息根本不存在。

当然，这并不是说对隐喻的解释或阐释是杂乱无章的。如果我们要看到做出隐喻的人想要使我们看到的东西，要看到更灵敏的或有知识的读者所领会到的东西，那么我们当中的很多人都需要得到某种帮助。所谓释义的合法功能乃是使懒惰的或无知的读者像有技能的批评家一样具有一种想象力。可以这么说，批评家同做出隐喻的人进行有益的竞争。批评家力图使他本人的艺术创造在某些方面比原作更易于理解或更具有透明度，但同时他又力图在原作对他造成的那些影响的其他某些方面进行再创造。在做这项工作的时候，批评家还（或许是通过他所掌握的最佳方法）关注隐喻本身的美或恰当性（即它本身所蕴涵的力量）。

（牟博　译）

【注释】

〔1〕我认为布莱克（Max Black）的下述说法是错误的："我们语言的规则确定某些表达式必定被当做隐喻"。[《隐喻》(Metaphor)，29 页。] 并不存在这类规则。

〔2〕纳尔逊·古德曼说，隐喻与含混性的主要不同在于，"一个仅仅是含混的词项的若干用法是共时性的又是相互独立的"，而在隐喻中，"一个具有由习惯确立的外延的词项在那种习惯的影响下被应用于其他场合"；他提出，随着我们对隐喻中的"两种用法"的历史的意识逐渐消失，隐喻词就变成仅仅是含混的了［《艺术语言》(*Languages of Art*)，71 页］。实际上在很多出现含混性的场合下，一种用法是从另外一种用法中产生出来的（正如古德曼所说），因此这种用法不可能是共时性的。但是，古德曼和其他人都犯了这样一个基本错

误，即认为在隐喻中涉及的两种“用法”与在含混性中涉及的两种“用法”完全一样。

〔3〕所描述的这种理论在本质上是保罗·亨勒在《隐喻》一文中所提出的理论。

〔4〕恩普森：《关于田园诗的一些看法》（*Some Versions of Pastoral*），133 页。

〔5〕J·米德尔顿·默里（J. Middleton Murray）说，一个隐喻也就是一个“被简缩的明喻”[《心智的领域》（*Countries of the Mind*），3 页]。马克斯·布莱克则把一种类似的观点归之于亚历山大·贝恩（Alexander Bain）：《英语作文与修辞学》（*English Composition and Rhetoric*）。

〔6〕布莱克：《隐喻》，35 页。

〔7〕古德曼：《艺术语言》，77～78 页。

〔8〕艾略特：《诗选》（*Selected Poems*）。

〔9〕艾伦：《被定罪者》（Condemned）。

〔10〕科恩（T. Cohen）：《比喻的言语和比喻的行为》（Figurative Speech and Figurative Acts），671 页。既然一个隐喻的否定似乎始终是一个潜在的隐喻，因此，在潜在的隐喻中可能有和在实际的隐喻中的荒谬同样多的老生常谈。

〔11〕维布拉格和麦卡雷尔：《隐喻性理解：对回想和类似的研究》（Metaphoric Comprehension：Studies in Reminding and Resembling），499 页。

〔12〕布莱克：《隐喻》，44～45 页。

〔13〕同上文，46 页。

〔14〕巴菲尔德（O. Barfield）：《诗的用语和正当的虚构》（Poetic Diction and Legal Fiction），55 页。

〔15〕布莱克：《隐喻》，41 页。

〔16〕我用的是汉纳·阿伦特（Hannah Arendt）对“σημαινει”的有趣的翻译；在这种语境中，显然不应当把它译成“means”（意谓）。

〔17〕斯坦利·卡维尔（Stanley Cavell）提到这样一个事实：多数人试图以“如此等等”来结束释义；他还引用恩普森的下述说法：隐喻是“意味深长的”[《现代哲学中的美学问题》（Aesthetic Problems of Modern Philosophy），79 页]。但是卡维尔并没有像我那样说明释义的无穷性，这一点从下述事实中可见：他

认为这种无穷性使隐喻区别于某些（“但或许并非全部”）照字面解释的话语。我认为，我们所谓的关于一个隐喻的释义的无穷性是由这样一个事实造成的，即这种释义试图详细说明隐喻使我们注意到的东西，而对此并没有什么清楚的限度。我对于语言的任何一种用法都会采取同样的说法。

论文18 交流与约定（1984年）

265 约定明显地刻画了我们的许多活动，例如玩纸牌、说话、吃饭。约定对玩纸牌是至关重要的，但对吃饭却不是。要解释玩纸牌是怎么回事儿，我们就不能不去说明用来定义这个游戏的规则；要解释吃饭是怎么回事儿，我们就不需要提到规则或约定。那么说话的情况呢？约定是纯粹的权宜之计还是社会的要求？它们对语言交流的存在是必需的吗？

这个问题很棘手，因为这不是关系到语言是否真的必定为约定的这种说法，而是关系到约定在语言中的重要性和作用。

这个问题也可以反过来说：没有约定，可以有语言的交流吗？根据戴维·刘易斯的看法，“人们通常认为——只有哲学家才会梦想否认这一点——存在着语言约定”[1]。的确，要否认许多约定都涉及语言，这是很荒谬的，比如说，无论天气如何，我们都会说“早上好”；但这并不是语言的存在所依赖的那种约定。刘易斯的意思无疑是说，语词与它们所意谓的东西之间的关系是约定的。或许只有哲学家才会否认这一点；但如果是这样的话，理由就可能是，只有哲学家才会首先这样去说它。显然足以成为通常看法的是，用某个声音去指称或意味它所做的事情，这是任意的。但是，约定的东西在一定意义上是任意的，而任意的东西则并非必然是约定的。

就某个方面而言，当我们可以说出有意义的话语究竟是什么，每个实际的或潜在的话语究竟意味着什么，我们就完全可以描述一种语 266
言。但这种描述断定了我们已经知道一个话语拥有某个具体意义究竟是什么。要理解这个问题（即传统的意义问题），就需要我们以明显的方式把意义概念与信念、愿望、意向和目的联系起来。这主要是在语言的意义与人类的态度以及以非语言的方式询问约定用法的行动之间建立某种联系或某些联系。对此人们提出了许多不同的理论。我把它们分为三种：第一种，有一些理论认为，有一种约定把带有这种或那种语法语气（或包含了一个明确的完成式短语）的句子与以言行事的意向或更宽泛的目的联系起来；第二种，有一些理论寻求的是每个句子的约定用法；第三种，有些理论认为，有一种约定把单个的词与外延或内涵联系起来。这些都不是可行的理论。在细节上，这些理论是可以结合在一起的。我按照以上排列的顺序依次讨论这三种理论。

达米特在早年的一篇很有影响的文章中认为，有一种约定支配着我们对陈述句的使用。[2]他最近这样来表达这一点：

> ……说出一个［陈述］句子并不需要一个赋予其意义的具体语境……说出一个句子，就是在断定某个东西……因而有一种普

遍的约定，除了在特殊的语境之外，说出一句话就被理解为带有说出一个真句子的意向。[3]

这是一个很复杂的，或许并非完全清楚的说法，但我把它解释如下。在说出一个陈述句与用它去做出断定（人们除了在特殊语境之外是在做出一个断定）之间，有一种约定性的联系；在做出一个断定与说出真的东西的意向之间，有一种概念性的（或许也是约定性的）联系。我认为，这种解释的道理是由达米特最有说服力的论证带来的。他开始考察了塔尔斯基式的真理定义。达米特提醒我们（这是在马克斯·布莱克的一篇早期文章之后，虽然他可能并不知道这篇文章[4]），塔
267 尔斯基表明了原则上如何对一种具体的（形式化的）语言构造一个真理定义，但他的确没有证明，没有人可以至少用他的方法去定义一般的真理。塔尔斯基由此就无法说明，对每个真理定义都给出相同概念的定义究竟意味着什么。约定 T 是塔尔斯基用于判定真理定义正确性的标准，它并没有说明一般的真理是什么，而是利用了我们在拥有这个概念时的直觉把握。

达米特在真理与赢得一场游戏之间做了一个类比。如果我们想知道赢得一场游戏是什么意思，我们就不会满足于得知赢得每场游戏的定义；我们想知道是什么造成了确定赢得每场游戏的情况。关于真理，这个问题可以这样来说：如果我们要对我们所不知道的一种语言的说话者说话，而我们已经得到了塔尔斯基式的真理定义，我们如何告诉他们这个定义是否用于那种语言？这是一个很好的问题，但我并不相信可以用达米特提出的约定来回答它。因为在我看来，语言中没有任何东西以相关的方式对应于赢得一场游戏。这一点非常重要，因为如果达米特是对的，要理解语言中有什么东西类似于赢得一场游戏，就是要在真理理论所描述的意义与交流语境中的语言用法之间建立一种关键的联系。[5]

赢得类似下棋这样的游戏有这样一些特征：首先，玩游戏的人通

常是想获胜。无论他们是否想获胜，游戏的条件就是，他们表达了自己想获胜。这不同于他们假装地想获胜，或试图使他人相信他们想获胜。但是表达了自己想获胜就意味着，如果发现某人不想获胜或并不努力去获胜，那么他就会受到谴责。其次，人们可以获胜只是根据游戏规则完成了动作，而获胜则完全是由规则确定的。最后，获胜可以是并通常就是目的本身。[6]据我所知，没有任何语言行为可以结合这些特征；如果是那样的话，达米特在游戏与语言之间的类比就完全有 268
问题了。

有意地说出一句恰好为真的句子，这种意义上的说出真相就像是获胜吗？在这方面来说，说出真相也就是一个真理理论寻求确定的东西。因而，**就此而言**，当话语的真值条件事先已为说话者和解释者所知道，并且他们对交流的条件达成了一致意见，**那么**说出真相就是获胜的一个特征。（我随后会探问这在什么范围内是真的。）但这缺乏其他的人，因为说出一个句子的人通常并不想说出真的句子。有时他们是这样，但通常的情况下则不是这样。为了从事语言游戏，他们并不需要把自己看做是在试图或想要说出真相；并没有这样的一般假定，认为说出了一个陈述句的某人想要或试图说出真相，即使他这样做了，他也不是有意的。最后，在说出一个真句子的意义上，说出真相绝不是目的本身。

作为与说出真相相反的断定，可能更适合成为获胜的语言对应物的候选者。某人做出一个断定，就是表示自己相信他所说的东西，或许证明了他的信念。由于我们希望自己的信念是真的，我们似乎就可以同意达米特的观点，当某人做出一个断定，他就是表示自己试图说出真的东西。（这就表明了我是怎样看待达米特的这个看法，即说话者是“被理解为”拥有说出真句子的意图。）正如在玩游戏的情况中一样，这种表示可能是骗人的，也可能不是骗人的。（说谎者做出一个断定。）断定者在做出断定的时候，他可能是在也可能不是试图使他的听话者相信，他相信他所说的东西。于是，做出一个断定就像是玩一场游戏，而说出真相在这方面则不是：有一种公共的目的假定。然而，在其他方面，断定则不像是获胜，因为做出一个断定并不受一致的规则或约定所支配。[7]

如果断定概念提供了在目的与真理之间的约定性桥梁，那么有两点是必须坚持的：一定存在支配着断定的约定；一定存在把断定与信以为真的东西联系起来的约定。我认为这两种说法都不成立。

269 许多哲学家都认为，存在支配着断定的约定。因此，达米特在前面引述的话中我删去的地方说："说出一个句子就是在断定某个东西……"[8]让我们先来考虑一下，断定是否受约定的支配。当然，如果我们约定了，在说出一个句子的时候它就意味着字面上的东西，那么，约定就涉及了所有的话语以及断定。但字面的意义可能没有（在我看来它并没有）超越真值条件。我认为，没有人会否认同一个陈述句可以有相同的意义，无论是把它用来做出断定、讲笑话、惹烦恼、写旋律或提问题。所以如果有一个约定，那么就一定有进一步的约定性话语标志，使得这个约定成为一个断定。当然，说这个语境中的**某个东西**使得它成为一个断定，这是不够的。这的确是真的，但对约定于事无补。我们也可以说，这个语境中的东西使得它成为一个断定，虽然事实上我认为，我们所能说的还仅仅是相对模糊和不完全的东西。但即使充分必要条件是清楚的，人们都一致同意，这也并不能推出，这些条件是约定的。我们都认为，一匹马一定有四条腿，但马有四条腿并不是一个约定。

关于断定还有一些东西表明了，约定可能是被卷入的，这个事实就是，在做出断定的时候，断定者一定试图做出一个断定，他一定试图使这个意图被他的听者所认识。断定就是要做出公共的表现，而这个线索就是恰当地把这种表现特征确认为可以断定的东西。所以，我们自然会认为，一旦有一个约定就会是很有用的，这是我们在使断定意图更为清楚时的便宜之计。

但弗雷格肯定是对的，他说："语言中没有这样一个词或记号，它的功能仅仅是为了断定某个东西。”我们知道，弗雷格开始纠正的一件事情，就是引入了这样一个记号，即竖号“⊢”。弗雷格这样做是基于一种有效的原则：如果有一种约定的语言特征，它就一定可以用符号系统表示出来。然而，在弗雷格引入断定记号之前，他应当自问一下，为什么以前没有这样的记号。想象一下：演员正在演一场戏，假定是着火了。（例如，阿尔比的《可怜的爱丽丝》。）他的角色 270
是要竭力地模仿一个人在这种情况下试图警告别人着火了。剧本这样写道，他或许补充道：“我指的是这。看那烟！”等等。这时，真的着火了，演员就试图（徒劳地）警告现场的观众。“着火了！”他叫道，“我指的是这。看那烟！”等等，如果只有他有弗雷格的断定记号。

应当很显然的是，断定记号并没有什么用处，因为演员在第一次用它的时候仅仅是在演戏。类似的推理会使我们相信，把舞台或舞台拱桥说成是带来了约定的背景，它否定了断定的约定，这也是无助于事的。因为如果是这样的话，演戏的约定就也可以被写成符号了；当然，没有哪个演员或导演这样做。演员的这种困境总是与我们相伴。人们对做出断定并没有一致公认的、共同认可的约定。就此而言，或者是发出命令，提出问题，或者是做出承诺。这些就是我们所做的一切，有时是成功的，而我们的成功则部分地取决于我们拥有去做这些事情的公共意图。但这并非由于约定我们才获得了成功。

达米特说法的第二点是，存在这样一种约定，即说话者在做出一个断定的时候，他是“被理解为”是以说出一个真句子的意图在说话。这在我看来也是错的，虽然是在某个不同的方面。被理解的东西是，如果说话者断定了某个东西，他就表现为使自己相信它——正如说出一个句子，他就相信为真。但这并不是一个约定，它仅仅是对所断定的东西的分析。做出一个断定就是要使自己相信所断定的东西。显然，不可能有这样的约定记号，表明了人们正在说他所相信的东西；否则每个说谎者都会用它了。约定不能把可能总是秘密的东西（说出真的东西的意向）与必定是公共的东西（做出一个断定）联系起来。不存在关于诚实的约定。

如果字面的意义是约定的，那么语法语气上的区别（陈述的、祈使的、命令的、选择的）就是约定的。这些区别是显而易见的，希望得到认识的；句法通常正是完成这个工作。这表明了，语法语气与以言行事的力量无论如何密切联系，都无法只是由约定联系起来。

虽然我关注的是断定，但同样关注到所有种类的以言行事力量。
271 然而，我这里的主要兴趣不是以言行事力量的性质，或诸如断定、承诺、命令等这样的行动，而是这样的一种想法，即约定可以把我们语词的意谓（它们的字面语义性质，包括真理）与我们使用它们的目的（例如，说出真相）联系起来。

我们已经讨论了这样一些说法，即存在各种各样的目的，约定把它们与语言交流联系在一起——这些目的就是，用达米特的话说，赋予我们使用语言的“要点”。我现在转向另一种有些不同的理论，即试图从说出句子的非语言的目的派生整个句子（而不只是语气指示词）的字面意义。我在本文中关心的理论都是使得这种派生依赖于约定。

大致地说，这种理论认为，每个给定的句子都有一个单一的用法（或某些有限的用法），这种用法赋予了这个句子以意义。由于说出一个句子事实上总是存在无数的用法，而意义则不会改变，那么在这单一的用法与这个句子之间的联系就是约定的；正是这种用法被称做是标准的用法。

当然，这过于简单，但这是一种有吸引力的、自然的想法。因为在“吃你的茄子”这个句子与意图在说出这句话的时候使某人吃掉他的茄子之间，似乎并没有重要的联系。你可能会说，使某人吃掉他的茄子正是这个英语句子“吃你的茄子”所要做的事情。如果这种直觉可以得到清楚的表达，并且可以不求助于问题而得到捍卫，那么这就允许按通常的非语言目的说明字面的意义，而这总是隐藏在句子的话语之中。

所有说出的话语都体现了所存在的意向，因而，如果我们可以察觉到它们，我们通常就会知道说出的话在字面上是指什么。因为某人不可能说出“吃这个茄子”，而这些话字面上是指某人要去吃掉他的茄子，除非他想要这个句子具有这个意义，想要他的听者把它解释为具有这个意义。当然，纯粹的意向并没有**赋予**这个句子那个意义；但是如果说出一个带有那个意义的句子时具有这个意向，而事实上它却没有那个意义，那么，它就没有任何语言意义。如果要有字面上的意义，字面上的意义和意向的字面意义就必须相符合。但这个事实即使 272
为真，也很重要，却直接无助于我们理解字面意义这个概念，因为关键的意向必须要涉及字面意义才能得到刻画。约定在此也无所贡献，因为我们是在寻求使约定把非语言的目的转换为带有字面意义的执行式。把使用语词的意向与某种字面意义即这些语词的字面意义联系起来的约定，并没有解释字面意义这个概念，却是依赖于这个概念。

我们所寻求的是用非语言的内容（即说出句子的**言外之意**）刻画的意向。（这个概念可能与奥斯汀所谓的以言取效的行动联系起来。）

我先前简单地提到过，现在想坚持认为，语言话语总是具有言外之意；这正是我提出这个说法的一个理由，即纯粹的语言活动并不像是赢得一场游戏。这里或许存在一些规定的因素，但我并不把这叫做言语行为，人们这里说出的“语词”仅仅是听到声音，或使人入睡；一个行动只有是关系到字面意义的时候才是语言的。但只要关系到了意义，就总是存在言外之意。当人们说话时，人们的目的是为了指导、传递、娱乐、冒犯、劝阻、警告、提醒或帮助计算。人们甚至可能说话时是为了使听者感到厌倦，但并非希望人们不去注意到这个意义。

如果我是对的，语言的每个用法都有言外之意，那么，人们就必须总是想要通过使自己的话得到解释而带来某种非语言的效果。马克斯·布莱克已经否认了这一点，他指出，“……一个人可以写下讲座大纲，或写一个便条以便提醒自己有一个约会，或在没有听者的情况下简单地说出一句话，比如‘天多好呀！’”〔9〕。前面的两种情况清楚地表明了意义问题，这里存在一个听者可以去解释这些话，这就是随后的他自己。在最后一种情况中，我们有理由认为这个人是在自言自语；这也涉及这些话的用法，以及它们的意义。这里一定存在某种**理由**说明为什么要用带有这种意义的这些话而不是其他的话。布莱克引述乔姆斯基的话说明类似的效果：

> 273 虽然考虑到意向的效果会避免某些问题，这也最多会提供一种成功交流的分析，但这不是关于语言的意义或用法，它们并没有涉及交流，甚至没有试图去交流。如果我用语言去表达或澄清我的思想，或用语言故意欺骗或避免尴尬的沉默，或用于许多其他的方面，我的话就有了严格的意义，我可以清楚地表明我的意思，但要完全理解我希望听者相信或去做的事情，则几乎没有或完全没有表明我的话的意义。〔10〕

在我看来，在这些话里，乔姆斯基是从含混的或不相关的前提得到正确的结论。问题是，句子的意义是否可以派生于说话者的非语言意向。我相信，乔姆斯基正确地得出结论，它们不能。但这与意向的效果是否一定涉及这个说话者而不是其他的说话者这个问题没有关系，对是否存在意向的效果这个论证也无关紧要。为了澄清思想而说话或写作，的确设定了某个意向的效果。但这也与我们如何使用“交流”这个词没有关系。重要的在于，当并没有意图使用意义的时候，一个活动是否可以有意义地被看做是语言的。撒谎就是强调字面意义的情况；说谎者有一种言外之意，只有在他的话被理解为他所意图的意义时，他的言外之意才起了作用。

如我所言，乔姆斯基正确地认为，关于我意图我的听者相信或去做的事情，这些并不会必然产生我的话的字面意义。如上所述，即使这种说法也必须限定在用非语言的术语描述我的意向。因为如果我意图我的听者去做或相信某个事情，这一定要通过对我的话的字面意义的正确解释。

现在比较清楚的是，一个约定必定要做的是，要把说出句子的非语言目的（言外之意）与说出这些话时这些句子的字面意义联系起来。这个约定一定是以说话者和听话者都理解的方式以及在意向上可以确定的方式，领会了言外之意直接产生字面意义的那些情况。我是指这样的情况，例如，用英语中通常的意义说出“吃你的茄子”，说话者是通过听者对这句话的理解以及说出这句话的以言行事力量，意图使听者去吃他的茄子。这里再次表明，在我看来，不仅不存在这种 274
约定，而且不可能存在这种约定。因为即使与我所论证的相反，某个约定支配了这个话语的以言行事力量，联系到应当履行这个要求或命令的意向，就要求说话者是**诚实的**——这表明他自己是想要或试图去做他事实上想做或正在试图去做的事情。但这再清楚不过地表明，不可能存在标志着诚实的约定。

我必须重复一下，把约定说成是句子总是意指在说话者诚实、认真等的情况下言外之意所揭示的东西，这样说也是于事无补的。这最多是对字面意义、诚实和意向之间关系的部分分析。这并没有表明公共认可的检验、标准或实践。

人们有时认为，语言只能在诚实的断定（命令、承诺等）的环境中才能得到学习。即使情况是这样，这也并没有证明关于约定的公认作用。但我同样怀疑这个说法本身，这部分因为大量的语言学习发生在游戏的过程中，在听故事和在假扮的过程中；部分因为语言的获得在这种程度上无法依赖于我们幸运地拥有认真诚实而有决断力的游戏伙伴和父母。

对于像下棋或玩纸牌这样的游戏来说，它们的本质不仅在于存在着对要玩的东西互相认同的标准，而且对获胜的东西也有互相认同的标准。这些游戏的关键在于，通常对游戏的结果不会存在任何异议。

这种游戏的本质还在于，获胜就可以是目的本身，游戏者就是表示要想或试图获胜。但是由说话者的真理理论或意义理论所给定的决定话语字面上意谓的标准，并没有决定他是否实现了他的言外之意，也没有任何一般的规则使得说话者把自己看做是具有进一步的目的，而不仅仅是使用具有某种意义和力量的语词。言外之意可以是也可以不是明显的，它可以是也可以不是有助于解释者去确定字面意义。我由此认为，一个话语的言外之意和它的字面意义相互对立，这并非是语言的偶然特征，就是说，后者不可能派生于前者：这关乎语言的本质。我把语言的这个特征称做意义的自主性原则。在讨论以言行事力量时
275 我们就得到了一种应用，这就是说我们发现了，在字面意义上所表达的东西逐渐可以用于言外（非语言的）之意——以及以言行事的履行。[11]

在结束讨论头两个理论之前，以下的评论可能会有用处。我所说的东西从来没有表明，在语气指示词和关于某个以言行事行为的观念之间不存在任何联系。我相信存在这样一种联系。例如，说出一个执行式句子，在字面上就完全把自己标志为一个命令的行为。但这正是说出的这句话的字面意义，它并没有在说话者的以言行事意向与他的话语之间建立任何联系，无论是约定的还是其他什么联系。我们很容易混淆这两个完全不同的论题：一方面，（正确的）论题是，每次说出一个执行式句子都**标志着**（真的或假的）命令；另一个论题是，存在一种约定，即在“标准的”条件下，说出一个执行式句子**就是**一个命令。第一个论题可以解释一个执行式句子与一个陈述句之间的意义区分，而第二个论题则无法解释这个区分，这个区分完全不依赖于以言行事的力量而存在。第二个论题无法做出这种解释，是因为它设定了一个只有在“标准的”条件下才能起作用的约定。你无法通过违反这个约定而去**使用**它，你只能**滥用**它。但执行式句子与陈述句之间的区分，却可以并常常是被相当恰当地用于语气和以言行事的力量并不“标准”的情况中。这并不是说，一个演员戴着皇冠就表明了他在扮

演国王的角色。如果这里涉及了约定，它就是支配着字面意义的约定。戴着皇冠，无论是在开玩笑还是认真地，这都像是在说“我是国王”。

这个评论的要点也可以用于那种力图从“标准的”用法中派生出每个句子的字面意义的理论。由于这个字面意义在没有出现这样的用法时会像出现了这个用法时一样起作用，因而没有什么只是在“标准的”情况中才起作用的约定能够赋予字面意义。

我们已经考虑过这样一种观点，一般的语言回答就像是一场游戏，其中有一个约定的目的（实话说，就是要获胜），而这只有通过遵守或使用一致的公共规则才会得到。然后，我们讨论了这种说法，认为每个句子的字面意义是通过约定而联系到标准的非语言目的（言 276
外之意）。这两种观点经过考察都被证明是不可靠的。现在我们就要评价这样一个“老生常谈”，即一个词的意义是约定的，就是说，当我们说出或写下单个的词和句子时，我们就对它们赋予了意义，这是一个约定。

根据戴维·刘易斯的观点[12]，约定就是行动中的**规则** R 或是行动或信念，这是不止一个人必定会卷入的规则。这个规则具有这样一些特征：

> (1) 每个人都要符合R。(2) 每个人都相信其他人也符合。(3) 相信其他人也符合 R，这就有充分的理由去符合 R。(4) 所有相关的人都承认应当存在对 R 的符合。(5) R 不是满足后两个条件的唯一可能的规则。(6) 最后，每个人都知道 (1)—(5)，并且知道其他每个人都知道 (1)—(5)，等等。

泰勒·伯奇对最后条件的内容提出了合理的怀疑（约定需要每个人都知道有不同的选择吗？）[13]，我对此感到担忧。但在这里没有理由去争辩对约定概念分析的细节；与此相关的是提出这样一个问题：

一种合理意义上的约定是否或在什么程度上有助于我们理解语言的交流？我不再询问（例如）对规则的什么样的“符合”会对规则本身有所补益，我只是保证，类似刘易斯的六个条件这样的东西，大致有助于说明我们对相同语言的说话者所要求的东西。这是一个对语言多么重要的事实！

刘易斯的分析明确要求，这里至少涉及两个人，因为谈话取决于相互理解的实践。但这个分析并不要求比两个人更多的东西。两个人就可以有约定，就可以共用一种语言。

什么东西是完全必要的约定？这不可能是说，说话者和听话者通过说出相同的句子而意味相同的东西。因为这种符合或许是完全公共的，但对交流并不是必需的。每个说话者可以说他不同的语言，这并没有妨碍交流，只要每个听话者理解了说话的人。也可以是这样的情
277 况，每个说话者从一开始就有自己独特的说话方式。当然，接近这种情况的东西就是实际情况。不同的说话者拥有不同的专名，不同的词汇，对语词赋予了不同的意义。在某些情况中，这就降低了相互理解的水平；但这并不是必然的，因为我们作为解释者非常擅长于对我们以前没有听到过的语词给以正确的解释，或者是赋予我们以前没有听到过的语词以说话者正在给予它们的意义。

这样，交流并不要求说话者和听话者用相同的语词意味相同的东西；但约定则需要在至少两个人那里得到符合。然而，这里仍然存在必要的一致形式：如果交流获得了成功，说话者和听话者必须对说话者的语词赋予相同的意义。而且，正如我们所见，说话者必定意图听话者以说话者所意图的方式去解释他的语词，他一定有恰当的理由相信，听话者会成功地按照说话者的意图去解释他。说话者和听话者都一定相信，说话者这样说是有意图的，如此等等；总之，刘易斯的许多条件似乎得到了满足。的确，这正是实践或约定的最弱意义，完全不同于对公共实践的一般观念。人们仍然会认为，这种相互理解的解释方法正是语言交流中至关重要的约定核心。

但刘易斯约定（规则）分析的最为重要的特征还需要得到说明。这种语境中的规则一定意味着超越时间的规则，而不仅仅是此时此刻的一致。如果真的要有刘易斯意义上的（或者我可以说是任何意义上的）约定，那么，就一定有某个东西是不断得到重复或重现的。我们具有的这种重现的唯一选择就是对声音模式的解释：说话者和听话者一定是以相同的方式（或由可以事先澄清的规则联系起来的方式）反复地、有意地以及相互一致地解释着说话者相对类似的声音模式。

我不怀疑所有的人类语言交流都表明了一定程度上的这种规则，或许有人会倾向于把应当存在这样的规则称做一个活动成为语言活动的条件，然而，我怀疑的是这种说法的清晰性以及它对解释和描述交流的意义。这种清晰性成为一个问题，是因为我们很难准确地说明， 278
说话者和听话者对说话者语词解释的理论是如何必定相符的。当然，它们是在说出了一句话**之后**必定相符，否则交流就会受到影响。但除非它们是事先相符，规则和约定的概念并没有明确的说法。但我们肯定可以得到对说话者所说的话究竟是什么的一致，即使说话者和听话者关于如何解释说话者事先具有不同的理论。能够得到这种一致的理由在于，说话者可以用他的话以及说话的方式和地点充分地提供线索，使听话者可以得到正确的解释。当然，说话者一定有**某种**想法，如何使听话者恰当地使用这些相关的线索；听话者也必须对所要得到的东西有大量的了解。但这种一般的了解很难还原为规则，更不用说是约定或实践了。

我们很容易错误地想象语言在社会中的作用。的确，语言是一种社会技艺。但认为在我们已经注意到社会是如何把语言习惯转变成了一种公共规则时我们就深入到了语言交流的核心，这就是一个错误的想法。我们对语言的约定（如果有的话）在于，人们力图像他们的邻居那样大量地说话。但表明了这种约定成分，或者表明了使说话者在他的朋友和父母那里得到大致的语言摹本这样一个有条件的过程，我们不过就是解释了一种融合；我们对造成这种融合的技艺本性并没有得到理解。

这并不是要否认与理论相对的社会条件的实践意义。共同的条件保障是，就一点而言，我们可以断定，我们对他人所使用的或我们断定他人对我们使用的相同的解释方法，对新的说话者同样适用。我们没有时间、耐心或机会去为每个说话者提供一个新的解释理论，让我们省心的是，从我们所未知的某人张嘴那一刻开始，我们就对适合于他的那种理论有了大量的了解——否则，我们就知道我们不知道这种理论。但如果他说的头一句话是（比如说）英语，我们就有理由断定，他所显现出的语言条件与我们的相似（我们可以猜测或知道差别）。要买一个气筒，点一顿餐，给出租车司机指路，我们就是根据这种假定行事的。直到现在还没有出错；到那时，我们就可以修正我
279 们关于他一时冲动时所说的话的理论。谈话持续的时间越长，我们的理论就会越好，最为适合这个说话者的东西就越多。因而，关于语言约定的知识就是解释的实践拐杖，没有这个拐杖，我们就无法诉诸实践活动——但在最佳的交流条件下，我们最终可以扔掉这个拐杖，而且如果没有它，我们本来从一开始就可以在理论中做到这一点的。

彻底的解释是一种常识，就是说，我们把标准的解释方法仅仅看做是理解说话者的一个有用的出发点，这个事实是被许多东西对我们隐藏起来了，其中最主要的东西就是，句法更多地被看做是社会的而不是语义学的。其理由大致地说就是，构成我们所谓的语言的框架就是由逻辑常项带来的推理模式和结构：句子联结词、量词和互为指称的工具。如果我们可以把我们一般的解释方法完全应用于说话者，如果我们可以一开始就根据假定他的语言与我们的类似而去理解他，这就完全是因为我们把他的形成结构的工具看做是与我们的完全一样。这就确定了他的句子的逻辑形式，决定了他的话语。毫无疑问，某些重要的谓词一定翻译成了明显同音的方式，只要我们不是离得太远；但我们这样就可以很好地解释或重新解释新的或明显类似于进一步的谓词。

解释得以发生的这个图像，就以一种新的眼光把形式方法应用于自然语言。它有助于表明，为什么形式的方法最好能被用于句法；这里至少有一个理由可以期望，相同的模式能很好地适合于许多说话者。但没有清楚的理由可以说明，为什么每种假定的解释方法不能成为我们在松散意义上所谓的语言的形式语义学。然而，我们无法期望的是，我们可以把这样一些考虑加以形式化，这些考虑会导致我们去调整我们的理论，以适应新信息的涌入。毫无疑问，我们通常把恰当地改变基础的能力解释为我们所谓的"知道这种语言"。但在这种意义上，我们就不能说某人必须知道是谁知道这种语言；因为直觉、运气和技巧在这里都一定起到了关键作用，这如同在一个领域中提出了一种新的理论；而趣味和同情心则起到了更大的作用。

因而，最后我想提出的是，语言交流并不需要由规则支配的重复，虽然人们常常如此使用；这样，约定就无助于解释语言交流的基础，虽然它可能描述了一种通常的（却是偶然的）特征。 280

我最后想到的是，我这里并没有认为（虽然我在其他地方提出过），我们无法肯定地把信念、愿望和意向归属于无法使用语言的生物。〔14〕信念、愿望和意向是语言的条件，但语言也是它们的一个条件。另一方面，能够把信念和愿望归属于一个生物，肯定是与这个生物共有一个约定的条件；如果我在本文中所说的东西没错的话，约定并不是语言的一个条件。于是，我认为，哲学家把约定看做是语言中的必要成分，这是一种倒退。真相在于，语言是拥有约定的一个条件。

（江怡　译）

【注释】

〔1〕刘易斯：《各种语言和语言》（Languages and Language），7 页。

〔2〕达米特：《真理》（Truth）。

〔3〕达米特：《弗雷格：语言哲学》，298 页。

〔4〕布莱克：《真理的语义学定义》(The Semantic Definition of Truth)。

〔5〕与我的论证无关的是，达米特并不相信一种真理理论可以作为一种意义理论。这里的问题是，是否有某种支配了我们说出（陈述）句子的约定。

〔6〕可以作为目的本身的活动（比如吹长笛）与用于进一步目的的活动（比如盖房子），这两者之间的区别当然来自亚里士多德的《尼各马可伦理学》(*Nichomachean Ethics*) 1094a，《大伦理学》(*Magna Moralia*) 1211b。

〔7〕在这一点上，我极大地受惠于索尔·拉森 (Sue Larson)。

〔8〕参见脚注〔3〕。

〔9〕布莱克：《意义与意向：对格莱斯观点的考察》(Meaning and Intention: An Examination of Grice's Views)，264 页。

〔10〕乔姆斯基：《知识和自由问题》(*Problems of Knowledge and Freedom*)，19 页。

〔11〕进一步的讨论以及关于以言取效力与语法语气如何关联的问题，参见论文 8。

〔12〕刘易斯：《各种语言和语言》，5、6 页。

〔13〕伯奇：《关于推理的推理》(Reasoning about Reasoning)。

〔14〕参见论文 11。

论文 10 附录　答复戴维·刘易斯和蒯因（1974 年）

戴维·刘易斯说，本体论的节俭并不是我们讨论的主题，所以，我们完全可以断定对我们有所帮助的任何实体。这正是我的态度，而且我一直是这样认为的。抽象的实体不占据空间，于我们毫无损失。我曾提出的问题是，当我们想要理解语言和思想的时候，类似于命题、意义实体以及信念对象这样的东西，是否对我们有所益处。 281

现在有了更为重要的一点。刘易斯提出的问题是，对超时间（P 事物）的行动者（称为卡尔）的相对完整的物理描述，如何是与用我们的语言（Ao）表达的对卡尔命题态度的正确描述、用卡尔的语言（Ak）表达的他的命题态度以及卡尔句子的意义或真值条件（M）联系起来的。他说，P决定了其他的一切。这里有一个清楚的意义，在我看来是正确的，这就是我与刘易斯共同接受的假定。但这有一个词“决定”。在Ao、Ak和M这些盒子中的一切都是伴随着进入P中的东西。刘易斯对这种伴随性的刻画与我的一样（正如摩尔所给出的，虽然他是针对一种特殊的情况）：你不可能有两个东西在P的名目之下完全相同，而在Ao、Ak和M的名目之下则有所不同。这就是我接受的“决定”，这是唯物主义的温和形式。[1]
282 但还有另一种意义的“决定”，刘易斯似乎认为来自于对伴随性的这种刻画，或者是与这种刻画一致的，而我则以不同的方式把它们区分开来。这种看法就是，假定你在P中的一切证据都为真，那么你就需要决定或可以用于决定在其他盒子里所产生的东西。我认为这个看法错了。我不是想去质疑刘易斯的这种说法，即P中有一种信息被我抛弃了或浪费了。这是不同的观点，它可能是对的。但认为整个证据基础都来自于P的看法，在我看来则是错的：某个证据从一开始就是以意向术语描述了行为者所从事的事情。但这个问题可能太大了，我们无法在这里争论。[2]根据刘易斯的看法，Ak中的任何东西都来自于P；而我的问题则是，我们用出自Ak中的东西究竟能够走多远。如果刘易斯可以表明我们能够或必须使用更多来自P中的东西而不是使用来自Ak中的东西，那么，他就抓住了要点，而我则应当是与他同行了。

我接受刘易斯开列的限制性因素，除了一点之外，我后面会讲到；但他或许已经做完了需要我回应的工作，通过开列出这些因素，他的方法就有了优势，而我的方法则应当抛弃了。

让我从刘易斯改进了的宽容原则开始。这条改进了的宽容原则说明了为什么要断定卡尔在一切事情上都是对的，你可以看见他是在一根柱子后面，他无法看见柱子后面发生的事情，如此等等。的确，如果考虑到可解释的错误，我们就会做得更好。我同意。改进了的宽容原则，只要它说的是在某些情况中你可以从一开始就有例外，那么这就是我支持的。我只是有点担心刘易斯在说它时用的那种非常复杂的方式，他说我们所有的人一开始就怀有一套通常的信念，而它们在用于探索世界的时候却发生了改变。我们可以想象，卡尔做着他所做的事情，我做着我所做的事情，我们提出了他最后的信念，不是使他的信念和我的一样，而是想象一下，如果我做了他所做的事情并且处于他的位置，我会相信什么。作为一种大致陈述出来的原则，我感觉它有很多东西；而作为一种严格的原则，我不肯定它并没有过多地断定在卡尔头脑中必定发生的或应当发生的事情。但这是一个诱人的观点。无论我们采取的这条路线是什么，我心中的核心是，直到我们要从事的理论为止，关键在于所有这些信念的归属就是我们所做的一切，以便使我们的方法有效，而不是独立于一个个可检验信念的东西。刘易斯似乎同意这一点。 283

第二点是关于合理化原则。我看有两种方式可以理解这条原则。一种是在试图得到 Ak 和 M 之前尽快使用 Ao，因为这种关于卡尔之欲之信的假定，将会解释他的可观察行为。好了，这正是我们可以由此到达的地方。我曾认为，我们无法希望重建详尽的信念和愿望，除非我们可以提出一种关于卡尔所言的解释理论，这在我看来仍然是对的。另一方面，如果关键在于，一旦你得到了这个理论，你就应当检验它，看它是否不仅对言语行为而且对其他行为加以了合理化，那么，我就会同意，它大致会带来出自 P 的某个信息。在检验点上，如果我用来描述我方法的方式没有经受检验，那么这就一定是个缺陷。换言之，除了言语行为之外还有一个东西可以用来检验这个理论，这就是其他的行为。我并没有对此一带而过，仿佛只是一个小小的区别。我认为这是一个很大很重要的区别。

最后，如何处理真切原则（the Principle of Truthfulness）？这就是我所质疑的强制。怎么会认为它是有效的？如果它是指我们可以合理地**期望**人们说他们所相信的东西为真，那么我就怀疑它是对的。如果它是指我们有理由对他们感到生气，因为他们在并不相信某个东西的时候却是自认相信这个东西，那么这显然就是真的。但这并没有表明我们在提出这个理论时可以使用这种方法。如果关键在于，一旦我们有了一种非常完整的解释理论和一套信念，我们就可以检验它们，看某些对待言语行为的态度是否符合诚实的意向，如此等等，这样，这就一定是正确的了。这是否比宽容原则要更广泛一些，我并不是很清楚。但无论我们是否可以这样叫它，这肯定是在检验我们就要贯彻执行的活动。

最后一点一定是与不确定性有关。刘易斯说的是，如果存在真正的不确定性，就是我推测蒯因一直坚持的那种不确定性，也就是我的
284 确认为原则上可以提出的那种不确定性，那么，这就证明了不存在足够的限制。但这难道不是一个问题吗？我提出的这个方法的观念在于表明，我们如何能够有一个可行的解释理论和可行的赋予信念的方法，而不用断定可以去消除不确定性。

我现在转向蒯因的评论，它们通常是很慷慨的。我们在大多数观点上都是一致的，但此时此刻我想对问题或批评做出回应。蒯因的问题是，我的宽容原则作为全面地提出真理理论的第一步如何去发挥作用。他看到，这条原则对于类似“Es schneit”这样的句子可能是足以有用的，但他认为，不确定性会引入更为理论性的（或更少观察性的）句子。我也认为它可能会这样。但如果遵循我的建议而不是蒯因的建议，那么这种不确定性的程度可能会更少一些。这里有两条理由。首先，我想把宽容原则用于理论句子以及其他的句子：我把它看做是反对解释理论的砝码，它使其他的东西（根据我的看法）在所有问题上都出错。当然，反对它还只是表面的；一旦最后的妥协被打破，错误就会出现了。其次，由于坚持真理理论，我的方法引入了形式化的限制，它们并没有应用于蒯因的彻底翻译中。这些形式化限制就是，这个理论总是可以得到有限地陈述，它对对象语言中的每个句

子都蕴涵了一个 T-语句。对有限公理化的限制消除了某些无关紧要的东西，使得可接受的理论能够揭示有意义的结构。询问作为定理的 T-语句，就使得真理理论保持与我们关于真理的最好直觉之间有密切联系，并使得这种理论成为可以检验的，在这种程度上，没有一种语义学可以进入真值条件的陈述。这可以由量化的句子得到很好的证明：带有关于满足的循环论证的标准理论，就会蕴涵着"'万物流动'是真的，当且仅当万物流动"，而带有关于真理的循环论证的另一种替换理论，则只会蕴涵着"'万物流动'是真的，当且仅当每个通过把'万物流动'中的'万物'替换为一个单称词而构成的句子是真的"。从我的观点看，一种仅仅带来后面这个结果的理论是无法令人满意的，因为它无法在基本的层面上得到检验，而所产生的这个理论最终也无法用于彻底的解释。

如果我们不再把 T-语句看做是对一种好理论的检验，那么，我们就无法把我们关于真理概念的说明与使用真理的典型情况联系起来。但通过保留这种检验，我希望我们就消除了作为可变选项的替换 285
量化；由此，蒯因提到的不确定性的来源就消失了。蒯因担心，由于坚持可证明性，我们可能就不得不去决定元语言中的什么东西可以看做是必要的。当然，没有人会认为，公理就是必要的真理；我们是在讨论经验理论。的确，元语言中的某种逻辑必定得到了断定。但这种情况在于，是否存在我所提出的关于满足的循环论证，或是否存在蒯因倾向于承认的关于真理的循环论证。在这两种情况中，这都是把逻辑运用在了对这些情况的说明之中。

当我说 T-语句仅仅需要为真，我并不是在讨论它们与真理说明之间的关系，而是在讨论它们是如何得到检验的。对塔尔斯基来说，逻辑只是保证了 T-语句为真；在一种经验理论中，我们就必须发现经验证据。

最后是关于心理学术语的不可还原性和翻译或解释的不确定性的一点评论。当然，我同意蒯因的这种说法，认为不确定性不仅影响到对心理态度句子的解释，而且影响到其主题为物理学的那些句子。然而，这并没有表明这种态度的具体特征没有与一般的不确定性相联系，因为即使我们忘记了关于态度的对象语言句子，说这种语言的说话者的信念也直接进入了对解释理论的构造，这是在理论家赋予说话者的信念与理论家赋予那些带来了不确定性的语词的意义之间的交替。我认为，即使这种不确定性不可能得到消除，心理的东西对物理的东西的不可还原性仍然存在。

（江怡　译）

【注释】

〔1〕我现在很犹豫是否可以把这叫做唯物主义。这种伴随性所强调的就是关于对象和事件的单一本体论，一种形式的一元论。对象和事件有时被描述为物理术语，有时被描述为生理学术语，有时被描述为心理学术语：相同的事物现在被描述为物理的，然后又被描述为心理的和生物的等等。把这叫做物理主义的唯一理由是，我们接受了这样一种附加的说法，即理想的物理学比其他任何的描述体系更为精确和完整，或者我们认为，心理学或生物学的词汇可以从定义上或图表地还原为物理学的词汇。但我们为什么要相信这个？［2000 年补充脚注］

〔2〕我对这个说法的理由参见《心理事件》。

参考文献

Allen, Woody, "Condemned", *New Yorker* (21 November 1977), 59. 287

Arendt, H., *The Life of the Mind*. Harcourt, Brace, Jovanovich, New York (1978).

Austin, J. L., and Strawson, P. F., "Symposium on 'Truth'", in *Proceedings of the Aristotelian Society*, Supplementary Volume 24 (1950).

Austin, J. L., *How to Do Things with Words*. Harvard University Press, Cambridge, Mass. (1962).

Bain, A., *English Composition and Rhetoric*. D. Appleton, New York (1867).

Bar-Hillel, Y., "Logical Syntax and Semantics", *Language*, 30 (1954), 230-237.

Bar-Hillel, Y., "Remarks on Carnap's Logical Syntax of Language", in *The Philosophy of Rudolf Carnap*, ed. P. A. Schilpp. Open Court, La Salle, Illinois (1963).

Bar-Hillel, Y., *Language and Information*. Addison-Wesley, Jerusalem (1964).

Barfield, O., "Poetic Diction and Legal Fiction", in *The Importance of Language*, ed. M. Black. Prentice-Hall, Englewood Cliffs, New Jersey (1962).

Benacerraf, P., "Mathematical Truth", *Journal of Philosophy*, 70 (1973), 661-679.

Beth, E. W., "Carnap's Views on the Advantages of Constructed Systems Over Natural Languages in the Philosophy of Science", in *The Philosophy of Rudolf Carnap*, ed. P. A. Schilpp. Open Court, La Salle, Illinois (1963).

Black, M., "The Semantic Definition of Truth", *Analysis*, 8 (1948), 49-63.

Black, M., "Metaphor", in *Models and Metaphors*. Cornell University Press, Ithaca, New York (1962).

Black, M., "Meaning and Intention: An Examination of Grice's Views", in *New Literary History*, 4(1972—1973), 257-279.

Black, M., "How Metaphors Work: A Reply to Donald Davidson", *Critical Inquiry*, 6 (1979), 131-143.

Bohnert, H., "The Semiotic Status of Commands", *Philosophy of Science*, 12(1945), 302-315.

Burge, T., "Reference and Proper Names", *Journal of Philosophy*, 70 (1973), 425-439. 288

Burge, T., "Reasoning about Reasoning", *Philosophia*, 8 (1979), 651-656.

Carnap, R., *The Logical Syntax of Language*. Routledge and Kegan Paul, London (1937).

Carnap, R., *Meaning and Necessity*. University of Chicago Press, Chicago. First edition (1947), enlarged edition (1956).

Cartwright, R., "Propositions", in *Analytical Philosophy*, ed. R. J. Butler, Blackwell, Oxford (1962).

Cavell, S., "Aesthetic Problems of Modern Philosophy", in *Must We Mean What We Say?* Charles Scribner, New York (1969).

Chomsky, N., *Aspects of the Theory of Syntax*. M. I. T. Press, Cambridge, Mass. (1965).

Chomsky, N., "Topics in the Theory of Generative Grammar", in *Current Trends in Linguistics*, *3*, ed. T. A. Sebeok. The Hague, Mouton (1966).

Chomsky, N., *Problems of Knowledge and Freedom*. Pantheon, New York (1971).

Church, A., "On Carnap's Analysis of Statements of Assertion and Belief", *Analysis*, 10 (1950), 97-99.

Church, A., "A Formulation of the Logic of Sense and Denotation", in *Structure, Method and Meaning: Essays in Honour of H. M. Sheffer*, ed. P. Henle, H. M. Kallen and S. K. Langer. Liberal Arts Press. New York (1951).

Church, A., "Intensional Isomorphism and Identity of Belief", *Philosophical Studies*, 5 (1954), 65-73.

Church, A., *Introduction of Mathematical Logic*, Vol. 1. Princeton

University Press, Princeton (1956).

Cohen, T., "Figurative Speech and Figurative Acts", *Journal of Philosophy*, 72 (1975), 669–684.

Davidson, D., *Essays on Actions and Events*. Clarendon Press, Oxford (1980).

Davidson. D., "Toward a Unified Theory of Meaning and Action", in *Grazer Philosophische Studien*, 2 (1980), 1–12.

Dummett, M., *Frege: Philosophy of Language*. Duckworth, London (1973).

Dummett, M., "Truth", in *Truth and Other Enigmas*. Duckworth, London (1978).

Eliot, T.S., *Selected Poems*. Harcourt, Brace, Jovanovich, New York (1967).

Empson, W., *Some Versions of Pastoral*. Chatto and Windus, London (1935).

Feyerabend, P., "Explanation, Reduction, and Empiricism", in *Scientific Explanation, Space and Time: Minnesota Studies in the Philosophy of Science*, 3. University of Minnesota Press, Minneapolis (1962).

289 Feyerabend, P., "Problems of Empiricism", in *Beyond the Edge of Certainty*, ed, R.G. Colodny. Prentice-Hall, Englewood Cliffs, New Jersey (1965).

Field, H., "Tarski's Theory of Truth", *Journal of Philosophy*, 69 (1972), 347–375.

Field, H., "Quine and the Correspondence Theory", *Philosophical Review*, 83 (1974), 200–228.

Field, H., "Conventionalism and Instrumentalism in Semantics", *Noûs*, 9 (1975), 375–406.

Foster, J., "Meaning and Truth Theory", in *Truth and Meaning*, ed. G. Evans and J. McDowell. Clarendon Press, Oxford (1976).

Frege, G., "On Sense and Reference", in *Philosophical Writings*, ed. M. Black and P. T. Geach. Blackwell, Oxford (1962), 56–78.

Geach, P. T., *Mental Acts*. Routledge and Kegan Paul, London (1957).

Geach, P. T., "Assertion", *Philosophical Review*, 74 (1965), 449–465.

Geach, P. T., "Quotation and Quantification", in *Logic Matters*. Blackwell, Oxford (1972).

Goodman, N., *Languages of Art*. Bobbs-Merrill, Indianapolis (1968).

Goodman, N., "Metaphor as Moonlighting", *Critical Inquiry*, 6 (1979), 125–130.

Harman, G., "Logical Form", in *Foundations of Language*, 9 (1972), 38–65.

Harman, G., "Meaning and Semantics", in *Semantics and Philosophy*, ed. M. I. Muntiz, and P. K. Unger. New York University Press, New York (1974).

Harman, G., "Moral Relativism Defended", *Philosophical Review*, 84 (1975), 3–22.

Henle, P., "Metaphor", in *Language, Thought and Culture*, ed. P. Henle. University of Michigan Press, Ann Arbor, Michigan (1958).

Hintikka, J., *Knowledge and Belief*. Cornell University Press, Ithaca (1962).

Jackson, H., *The Eighteen-Nineties*. Alfred Knopf, New York (1922).

Jeffrey, R., Review of *Logic, Methodology, and the Philosophy of Science*, ed. E. Nagel, P. Suppes, and A. Tarski, *Journal of Philosophy*, 61 (1964), 79–88.

Jeffrey, R., *The Logic of Decision*. McGraw-Hill, New York (1965).

Kripke, S., "Is There a Problem about Substitutional Quantification?" in *Truth and Meaning*, ed. G. Evans and J. McDowell. Clarendon Press, Oxford (1976).

Kuhn, T. S., *The Structure of Scientific Revolutions*. University of Chicago Press, Chicago (1962).

Kuhn, T. S., "Reflections on My Critics", in *Criticism and the Growth of Knowledge*, ed. I. Lakatos and A. Musgrave. Cambridge University Press, Cambridge, England (1970).

Lewis, D., "General Semantics", in *Semantics for Natural Language*, ed. D. Davidson and G. Harmon. D. Reidel, Dordrecht-Holland (1972).

290 Lewis, D., "Radical Interpretation", *Synthèse*, 27 (1974), 331–344.

Lewis, D., "Languages and Language", in *Language, Mind and Knowledge*, ed. K. Gunderson. University of Minnesota Press, Minneapolis (1975).

McCarrell, N. S., and Verbrugge, R. R., "Metaphoric Comprehension: Studies in Reminding and Resembling", *Cognitive Psychology*, 9 (1977), 494–533.

Malcolm, N., "Thoughtless Brutes", in *Proceedings and Addresses of the American Philosophical Association* (1972—1973).

Mates, B., "Synonymity", in *Semantics and the Philosophy of Language*, ed. L. Linsky. University of Illinois Press, Urbana, Illinois (1952).

Mates, B., *Elementary Logic*. Clarendon Press, Oxford (1965).

Murray, J. Middleton, *Countries of the Mind*. Collins, London (1922).

Onions, C. T., *An Advanced English Syntax*. Routledge and Kegan Paul, London (1965).

The Oxford English Dictionary, ed. J. A. H. Murray et al. Clarendon Press, Oxford (1933).

Parsons, K. P., "Ambiguity and the Theory of Truth", *Noûs*, 7 (1973), 379–394.

Prior, A. N., *Past, Present and Future*. Clarendon Press, Oxford (1967).

Putnam, H., "The Meaning of 'Meaning'", in *Mind, Language and Reality*. Cambridge University Press, Cambridge, England (1975).

Quine, W. V., *Mathematical Logic*, Harvard University Press, Cambridge, Mass. (1940).

Quine, W. V., *Methods of Logic*. Holt, New York (1950).

Quine, W. V., *Word and Object*. M. I. T. Press, Cambridge, Mass. (1960).

Quine, W. V., *From a Logical Point of View*. Second edition, Harvard University Press, Cambridge, Mass. (1961).

Quine, W. V., "Two Dogmas of Empiricism", in *From a Logical Point of View*. Second edition, Harvard University Press, Cambridge, Mass. (1961).

Quine, W. V., "On an Application of Tarski's Theory of Truth", in *Selected Logic Papers*. Random House, New York (1966).

Quine, W. V., "Truth by Convention", in *The Ways of Paradox*, Random House, New York (1966), 70–99.

Quine, W. V., "Ontological Relativity", in *Ontological Relativity and Other Essays*. Columbia University Press, New York (1969).

Quine, W. V., "Reply to 'On Saying That'", in *Words and Objections*, ed. D. Davidson and G. Harman. D. Reidel, Dordrecht-Holland (1969).

Quine, W. V., "Speaking of Objects", in *Ontological Relativity and Other Essays*. Columbia University Press, New York (1969).

Quine, W. V., "Comments on 'Belief and the Basis of Meaning'", *Synthèse*, 27 (1974), 325–329.

Quine, W. V., *The Roots of Reference*. Open Court, La Salle, Illinois (1974).

291 Quine, W. V., "On Empirically Equivalent Systems of the World", *Erkenntnis*, 9 (1975), 313–328.

Quine, W. V., "Comments on 'Moods and Performances'", in *Meaning and Use*, ed. A. Margalit. D. Reidel, Dordrecht-Holland (1979).

Quine, W. V., "On the Very Idea of a Third Dogma", in *Theories and Things*. Harvard University Press, Cambridge, Mass. (1981).

Quine, W. V., "Replies to the Eleven Essays", *Southwestern Journal of Philosophy*, 10 (1981).

Ramsey, F. P., "Facts and Propositions", reprinted in *Foundations of Mathematics*. Humanities Press, New York (1950).

Ramsey, F. P., "Truth and Probability", reprinted in *Founda-*

tions of Mathematics, Humanities Press, New York (1950).

Reichenbach, H., *Elements of Symbolic Logic*. Macmillan, London (1947).

Ross, J. R., "Metalinguistic Anaphora", *Linguistic Inquiry*, 1 (1970), 273.

Scheffler, I., "An inscriptional Approach to Indirect Quotation", *Analysis*, 10 (1954), 83-90.

Scheffler, I., *The Anatomy of Inquiry*. Alfred Knopf, New York (1963).

Sellars, W., "Putnam on Synonymity and Belief", *Analysis*, 15 (1955), 117-120.

Sellars, W., "Truth and 'Correspondence'", *Journal of Philosophy*, 59 (1962), 29-56.

Sellars, W., "Conceptual Change", in *Conceptual Change*, ed. G. Pearce and P. Maynard. D. Reidel, Dordrecht-Holland (1973).

Strawson, P. F., and Austin, J. L., "Symposium on 'Truth'", in *Proceedings of the Aristotelian Society*, Supplementary Volume 24 (1950).

Strawson, P. F., "Singular Terms, Ontology and Identity", *Mind*, 65 (1956), 433-454.

Strawson, P. F., *Individuals*. Methuen, London (1959).

Strawson, P. F., "Truth: A Reconsideration of Austin's Views", *Philosophical Quarterly*, 15 (1965), 289-301.

Strawson, P. F., *The Bounds of Sense*. Methuen, London (1966).

Tarski, A., "The Semantic Conception of Truth", *Philosophy and Phenomenological Research*, 4 (1944), 341-375.

Tarski, A., "The Concept of Truth in Formalized Languages",

in *Logic, Semantics, Metamathematics.* Clarendon Press, Oxford (1956).

Tarski, A., "Truth and Proof", *Scientific American*, 220 (1967), 63-77.

Tharp, L., "Truth, Quantification, and Abstract Objects", *Noûs*, 5 (1971), 363-372.

Thomson, J. F., "Truth-bearers and the Trouble about Propositions", *Journal of Philosophy*, 66 (1969), 737-747.

Verbrugge, R. R., and McCarrell, N. S., "Metaphoric Comprehension: Studies in Reminding and Resembling", *Cognitive Psychology*, 9 (1977), 494-533.

292 Wallace, J., *Philosophical Grammar*, Ph. D. Thesis, Stanford University (1964).

Wallace, J., "Propositional Attitudes and Identity", *Journal of Philosophy*, 66 (1969), 145-152.

Wallace, J., "On the Frame of Reference", *Synthèse*, 22 (1970), 61-94.

Wallace, J., "Convention T and Substitutional Quantification", *Noûs*, 5 (1971), 199-211.

Wallace, J., "Positive, Comparative, Superlative", *Journal of Philosophy*, 69 (1972), 773-782.

Wallace, J., "Nonstandard Theories of Truth", in *The Logic of Grammar*, ed. D. Davidson and G. Harman. Dickenson Publishing Co., Belmont, California (1975).

Wallace, J., "Only in the Context of a Sentence do Words Have Any Meaning", *Midwest Studies in Philosophy, 2: Studies in the Philosophy of Language*, ed. P. A. French, T. E. Uehling, Jr., and H. K. Wettstein. University of Minnesota Press, Morris

(1977).

Weinstein, S., "Truth and Demonstratives", *Noûs*, 8 (1974), 179–184.

Whorf, B. L., "The Punctual and Segmentative Aspects of Verbs in Hopi", in *Language, Thought and Reality: Selected Writings of Benjamin Lee Whorf*, ed. J. B. Carroll. The Technology Press of Massachusetts Institute of Technology, Cambridge, Mass. (1956).

Wilson, N. L., "Substances Without Substrata", *Review of Metaphysics*, 12 (1959), 521–539.

索　引

中文版后记

本译本译自《对真理与解释的探究》(*Inquiries into Truth and Interpretation*)2001 年第二版。与 1984 年第一版相比，所增加的内容是其中一篇论文的附录和戴维森的第二版序言。戴维森在第二版序言中提到我过去对此书第一版中论文的翻译；不过需要澄清的是，我过去（大约二十年前）译为中文的并不是全书十八篇论文，而是其中我当时认为比较重要的十篇论文。当然，我这么说并不意味着其余八篇论文不重要；这是当时受限于时间和篇幅而不得不做出的取舍。（该十篇论文加上戴维森另外三篇有代表性的重要论文最后辑集而成《真理、意义、行动与事件——戴维森哲学文选》一书，由商务印书馆于1993年出版。）现在适逢中国人民大学出版社提供机会能够将此书全部译为中文奉献给读者，此乃幸事；这对于我们更全面了解戴维森在本书所论及的相关问题上的观点及其发展脉络是必不可少的和十分有价值的。

本书翻译分工如下。我负责翻译的内容是：论文2、5、7、9、10、12、13、14、15和17，戴维森的序言和导论，以及此书索引。江怡负责翻译其余八篇论文以及论文10的附录。我们各自（译）文责自负，译法风格、遣词用句不强求一致。我仅将其译文标题做了必要的修正和统稿工作。在我的十篇旧译中，我重新核定了《真理与意义》和《论概念图式这一观念》这两篇业已成为分析哲学经典论文的译文；对于其他八篇旧译，我也做了不同程度的修订润色处理。“论文出处”和“参考文献”这两部分就其功能而论显然没必要逐译中文，因此保留其英语原文未做翻译。

在这里，我想顺便谈一下关于“truth”一词的翻译问题；这涉及如何理解戴维森哲学中一个中心概念问题。英语词项“truth”在哲学（特别是分析的语言哲学）语境下有三种相互联系的含义。

（1）“truth”表示真命题（信念或语句）所（应）具有的一种性质（就其前理论理解而论，它指“符合于”或“把握住”事物本身的存在方式）。就“truth”的这种含义而论，可译其为“真”或“真实性”；就“理”一词的基本含义（即表示事物本身的纹络或一定之规）而论，也不妨译为“真理”（这是本译者在哲学语境下使用“真理”一词的含义之一）或“真理性（质）”。（在“truth”的这种含义上、在对“真理”一词的这种相应用法上以及出于语言通顺和避免误解的考虑，在本译文中，“definition of truth”译为“真理定义”；“truth predicate”译为“真理谓词”。）

（2）“truth”用来表示人类主体对上述这种性质的前理论理解或基于前者而进一步做出的反思性理解，两者均为概念性的；这种用法常常出现在一些哲学家讨论如何刻画或定义 truth、如何看待 truth 的解释作用的语境下：对他们而言，出于一些哲学反思上的理由，刻画 truth 与刻画 concept of truth、讨论 truth 的解释作用与讨论 concept of truth 的解释作用在本质上是一致的或后者抓住了前者之所在；在戴维森哲学中便是如此。在“truth”这种用法上，可译其为“对真的理解”或“关于真的概念”；就“理”一词的派生含义之一（即表示对事物本身之纹络或性质的理解）而论，可译为“真理”（这是本译者在哲学语境下使用“真理”一词的另一含义）或“真理概念”（这是本译者就戴维森哲学论著而论在某些语境下常采用的译法）。

(3)“truth”用来表示真的道理（命题、信念或理论）（此时，“truth”有单复数表示）。就“理”一词的另一派生含义（道理、事理）而论，“truth”在这种用法下译为“真理”（这是本译者在哲学语境下使用“真理”一词的再一种含义）。在英语语言共同体，非哲学专业者常常是在这种含义上使用“truth”；哲学家（包括戴维森本人在本论文中的某些语境下）也会在这种含义上使用“truth”一词。

针对“truth”一词在哲学语境下，特别是其出现在戴维森论著中的多重含义，我在翻译戴维森论著时根据具体语境采取两种对策。第一，在一些语境下，用大致相应于英语词项“truth”在哲学语境下多重含义的中文词项“真理”来翻译“truth”：在我看来，借助于中文“理”字本身的上述多重含义而在哲学语境下用“真理”来译哲学语境下的（特别是一些语言哲学家笔下的）“truth”（相对而论）颇为达意乃至传神。尽管“真理”一词在非语言哲学语境下常常用于表达“truth”的上述第三种含义，但这无碍我们在哲学语境下对译文中的一些关键理论词项做出有益于表达的特定界定。第二，根据特定语境的情况而将“truth”明确译为上述三种含义之一的中文表达式。（在此顺便提一下：出于上述诸多理由，在我看来，那种试图将“truth”不问语境一律译为“真”的做法是不可取的。）譬如说，我将论文 2 标题中“truth”一词明确译为“真理”概念来表达戴维森本人在此用“truth”一词的要旨：真理概念（并非真本身）对理解意义起着必不可少的首要解释作用。另外需要指出的是，用逻辑学中对“truth”的某种特定理解来囊括“truth”在哲学（特别是分析哲学和语言哲学）语境下的多重含义是不正确的。很清楚，广义理解下的分析哲学（或戴维森所理解的分析哲学传统）就其广度和在某些方面的深度而言，远超出逻辑学乃至逻辑哲学所包容的范围。

我向此书翻译合作者江怡致谢。我向中国人民大学出版社为此译本出版付出辛勤劳动的李艳辉女士和责任编辑吴冰华女士致谢。

译文不当或谬误之处，敬请读者批评指正。

牟　博

2006 年 5 月 1 日

于美国加州奥尔巴尼

图书在版编目(CIP)数据

对真理与解释的探究/[美] 戴维森著；牟博，江怡译．2版．
北京：中国人民大学出版社，2007
(当代世界学术名著·哲学系列)
ISBN 978-7-300-08027-7

Ⅰ．对…
Ⅱ．①戴…②牟…③江…
Ⅲ．①解释学-研究②语言哲学-研究
Ⅳ．B089.2　H0

中国版本图书馆 CIP 数据核字（2007）第 052436 号

当代世界学术名著·哲学系列
对真理与解释的探究（第二版）
[美] 唐纳德·戴维森（Donald Davidson） 著
牟 博 江 怡 译

出版发行	中国人民大学出版社		
社　　址	北京中关村大街 31 号	**邮政编码**	100080
电　　话	010－62511242（总编室）		010－62511239（出版部）
	010－82501766（邮购部）		010－62514148（门市部）
	010－62515195（发行公司）		010－62515275（盗版举报）
网　　址	http://www.crup.com.cn		
	http://www.ttrnet.com(人大教研网)		
经　　销	新华书店		
印　　刷	河北三河市新世纪印务有限公司		
规　　格	155 mm×230 mm　16 开本	**版　　次**	2007 年 7 月第 1 版
印　　张	25 插页 3	**印　　次**	2007 年 7 月第 1 次印刷
字　　数	330 000	**定　　价**	36.00 元